ullstein

Der Nr. 1-Bestseller aus Schweden!

Die meisten Menschen investieren viel Zeit und Geld in das Einrichten oder Renovieren ihres Zuhauses – und trotzdem sind nur wenige mit dem Ergebnis zufrieden. Woran liegt das und wie kann man die persönlichen Bedürfnisse berücksichtigen, um sich zu Hause richtig wohl zu fühlen? Wie arrangiert man am besten die Möbel? Welche Farben lassen den stressigen Alltag draußen? Welche Formen harmonieren miteinander?

Frida Ramstedt erklärt die Regeln und Grundlagen des stilvollen Einrichtens und zeigt, wie man mit kleinen Veränderungen sein Zuhause entscheidend verschönern kann. Ihr Buch ist eine Toolbox voller Ideen, die jedem die Werkzeuge an die Hand gibt, die man braucht, um die eigenen vier Wände in ein harmonisches und individuell gestaltetes Zuhause zu verwandeln. Ein Zuhause, das man wirklich liebt.

FRIDA RAMSTEDT

Innendesign

Ein Handbuch für alle, die ihr Zuhause lieben

Aus dem Schwedischen
von Wibke Kuhn

ullstein

Dieses Buch ist im Frühjahr 2020 unter dem Titel
»Fühl dich wohl in deinem Zuhause« im Imprint Ullstein extra erschienen.

Besuchen Sie uns im Internet:
www.ullstein.de

Ungekürzte Ausgabe im Ullstein Taschenbuch
1. Auflage April 2021
7. Auflage 2026

www.trendenser.de

Illustrationen: Mia Olofsson

Bei Fragen zur Produktsicherheit wenden Sie sich bitte an
produktsicherheit@ullstein.de
Umschlaggestaltung: Egg chair von Fritz Hansen,
Design von Arne Jacobsen.

Satz: Red Cape Production, Berlin
Gesetzt aus der Adobe Garamond Pro und Sofia Pro
Druck und Bindearbeiten: CPI books GmbH, Leck
ISBN 978-3-548-06470-3

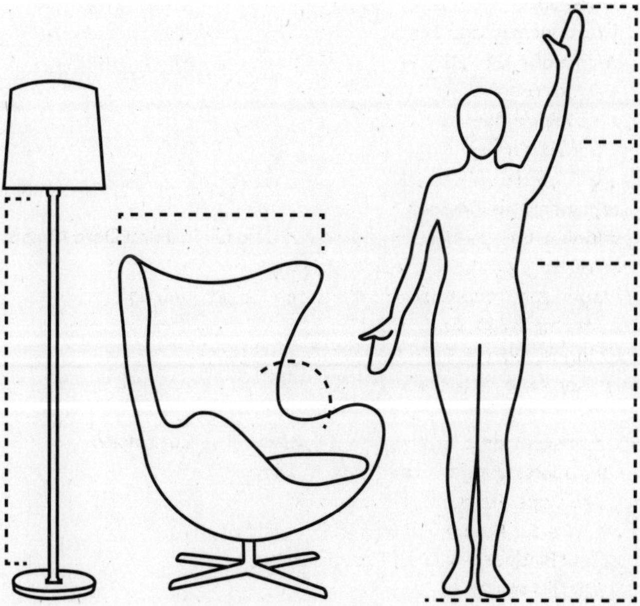

Inhalt

3

ÜBERLEGUNGEN ZUM GROSSEN GANZEN

4

FARBGEBUNG

5

BELEUCHTUNG

6

GESTALTUNGSTRICKS

Ein Zuhause zum Wohlfühlen

Das Buch, das Sie hier in Händen halten, habe ich jahrelang gesucht und nie gefunden. Ich habe Hunderte von Büchern über Inneneinrichtung gelesen, in Bibliotheken gesucht, ältere Bücher auf dem Flohmarkt gekauft und ausländische Titel im Internet bestellt – aber die meisten beschränkten sich auf Fotos verschiedener Interieurs und spektakulärer Häuser. Konkrete Ratschläge für gewöhnliche Wohnungen – Fehlanzeige.

Was ich suchte, war ein Buch, welches die Grundlagen des Einrichtens beschreibt – welches Faustregeln und Tricks verrät, von denen jeder etwas hat, egal welche Art Möbel oder Stil er bevorzugt. Eines, das zeigt, wie sich mit kleinen Änderungen ein großer Unterschied im Gesamteindruck erzielen lässt – ohne dass man massenweise neue Sachen kaufen oder vorhandene rausreißen und renovieren muss.

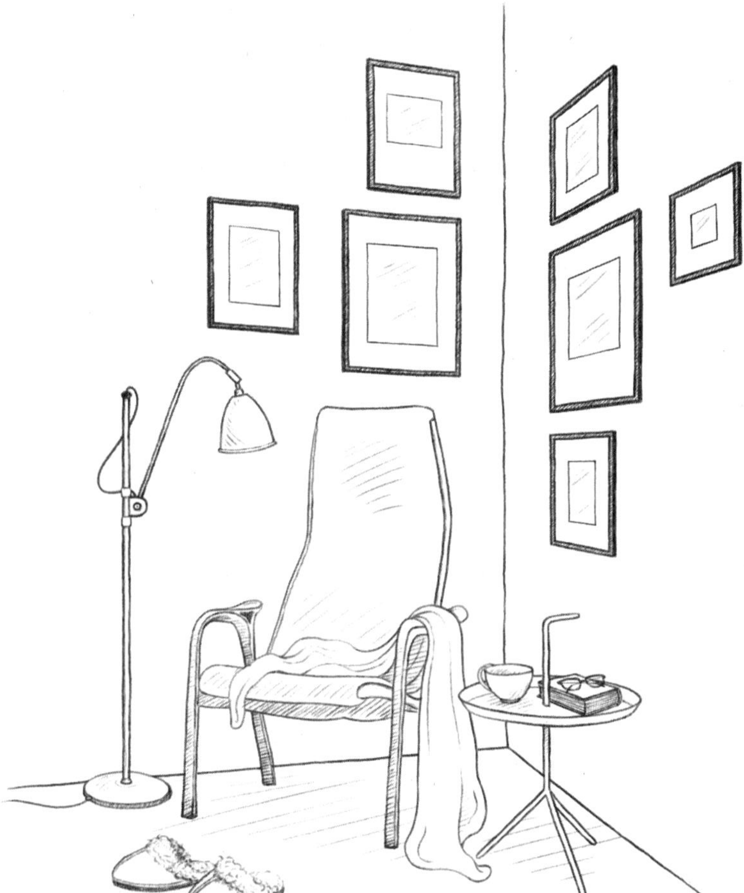

Natürlich gibt es Fachbücher für Leute, die sich hauptberuflich mit Inneneinrichtung befassen, und für Architekten, die Richtlinien und ergonomische Maße liefern, wie man eine Wohnung konstruieren sollte – aber ich habe kein einziges gefunden, das sich an Privatmenschen gerichtet hätte. Ein Buch, das man in die Hand nehmen kann, wenn man seine Wohnung oder sein Haus zu einem Zuhause machen will. Eines, mit dessen Hilfe man sich eigene Lösungen überlegen kann, anstatt sich nur von anderen inspirieren zu lassen.

Als wir von einer älteren Wohnung in ein neu gebautes Reihenhaus umzogen, stand ich vor all diesen Herausforderungen, die entstehen, wenn man eine ganz normale Wohnung hat, die sicherlich praktisch ist, aber eben nur gerade Linien hat und wenig reizvoll ist. In der man keine drei Meter Raumhöhe hat, oder einen Jahrhundertwendebau, auf dessen Charme man sich am Ende immer verlassen kann. Ich kam irgendwann nicht weiter, es wollte mir einfach nicht gelingen, dieses warme, gemütliche Gefühl zu schaffen, das ich mir wünschte. Obwohl ich hauptberuflich Häuser einrichtete und das Design für bekannte Unternehmen entwarf, fiel es mir schwerer als gedacht, meine eigene Behausung einzurichten, und das frustrierte mich ganz schön. Es war anstrengend – aber es bewirkte auch, dass ich ins Nachdenken kam und Einrichtung mit neuen Augen sah. Beruflich wie privat. Wodurch wird Einrichtung eigentlich gemütlich, harmonisch, durchdacht?

Ich notierte meine Überlegungen auf einen Block und baute so den Grundstock für das auf, was ich selbst vermisst hatte – ein Handbuch mit den Grundregeln für Einrichtung und Gestaltung der eigenen vier Wände. Für ganz normale Menschen. Nicht für meine Branchenkollegen oder andere sachkundige Experten. Doch ich begann ihnen Fragen zu stellen, um besser zu verstehen, wie sie in verschiedenen Situationen dachten. Dieses Bauchgefühl, auf das sich geübte Einrichtungsberater und Raumausstatter oft berufen, versuchte ich zu decodieren und in praktische und anwenderfreundliche Ratschläge umzumünzen.

Natürlich gibt es in der Einrichtungsbranche im Grunde kein Richtig oder Falsch oder allzu viele wissenschaftliche Grundlagen (letztlich geht es ja doch um Meinungen und Geschmäcker), aber es gibt eine Reihe von Erfahrungen und gängigen Empfehlungen, nach denen man sich richten kann, wenn man möchte, oder auf die man zurückgreifen kann, wenn man nicht weiterkommt. Nur setzt das eben voraus, dass man sie auch kennt.

Ich hatte den Ehrgeiz, all diese Tipps und Tricks in einem Buch zusammenzufassen, und das, was Einrichtungsberater Intuition nennen, in konkrete und handfeste Inspiration zu übersetzen, die Sie und ich nutzen können, um in unseren Entscheidungen ein bisschen sicherer zu werden. Ich hoffe, dass Sie das Thema Einrichtung nach der Lektüre meines Buches mit anderen Augen sehen – und dass Sie durch die Anwendung der Strategien auf Ihre eigenen Räumlichkeiten schneller ausmachen können, was noch fehlt, damit Sie sich in Ihrem eigenen Zuhause noch wohler fühlen.

Noten lesen oder absolutes Gehör

Ich vergleiche Inneneinrichtung gerne mit Musik. Nicht jeder hat das absolute Gehör, aber viele können lernen, Noten zu lesen. Genauso verhält es sich mit Farben, Formen und Inneneinrichtung. Und ganz bestimmt nicht jeder kommt mit dem intuitiven Gefühl zur Welt, wie man ein Haus genau nach den idealen Vorstellungen einrichtet. Aber die meisten können viel sicherer werden, wenn sie die Grundlagen lernen und ein bisschen üben.

Heutzutage wissen wir Einrichtungsinteressierten wahrscheinlich mehr über Inneneinrichtung und Design als je zuvor. Besser gesagt: Wir wissen sehr viel über Dekoration, Möbel und Trends. Wir könnten Designklassiker, Marken und Modefarben wahrscheinlich herunterrasseln, wenn man uns aus dem Schlaf reißt. Aber gleichzeitig wissen wir meiner Meinung nach sehr wenig über die Grundlagen der Inneneinrichtung – also über Proportionen, wichtige Standardmaße und praktische Anforderungen – und darüber, wie man es eigentlich anstellt, ein gut funktionierendes, harmonisches Zuhause zu schaffen mit all den Dingen, die wir die ganze Zeit kaufen und austauschen. Denn obwohl wir so viel Geld für Konsumgüter und für die Renovierung unserer Behausungen ausgeben, ist es überraschend, dass anscheinend nur wenige von uns den Blick für das große Ganze haben.

Dieses Einrichtungsbuch enthält keine Hochglanzfotos oder Bilder von durchgestylten Wohnungen. Ich glaube nicht, dass wir noch mehr Bücher dieser Art brauchen. Ich habe versucht, pädagogische Erklärungen und Illustrationen zu liefern, die Ihnen als Leser helfen, sich eigene Lösungen auszudenken, ausgehend von *Ihrem* Zuhause und *Ihren* Voraussetzungen.

Ich glaube, es wird Zeit, dass wir mehr darüber nachdenken, *wie* wir einrichten wollen, nicht nur *womit*. Deswegen möchte ich Ihnen das gedankliche Werkzeug an die Hand geben, das Ihnen hilft, mehr Hellhörigkeit für Ihre eigenen Bedürfnisse zu entwickeln und selbst zu entdecken, was in Ihrer Einrichtung fehlt, wenn Sie nicht ganz zufrieden sind – auf dieselbe Art, wie es professionelle Einrichtungsberater machen. Betrachten Sie dieses Buch jedoch nicht als Forschungsbericht oder Fazit, sondern als ein Notenbuch voller Melodien und Akkorde, die Sie selbst nach Belieben arrangieren können, um ein harmonischeres, gemütlicheres Zuhause zu komponieren.

1

Womit fühlen Sie sich wohl?

Bevor professionelle Innenarchitekten oder Einrichtungsberater ein Projekt in Angriff nehmen, führen sie mit dem Kunden eine Bedürfnisanalyse durch. Sie sollen schließlich keine Möbel für sich selbst aussuchen, sondern müssen versuchen, sich ein Bild von den Menschen zu machen, die in dieser Umgebung wohnen werden. Wie leben sie? Welche praktischen Bedürfnisse haben sie und was wollen sie in ihrem Zuhause tun können?

Beim Einrichten der eigenen Behausung passiert es nur zu leicht, dass man diesen Part übergeht und sich stattdessen gleich auf die ästhetischen Fragen stürzt. Man denkt eher darüber nach, wie es aussehen soll, aber nicht darüber, dass es auch im Alltag funktionieren muss.

Wenn Sie also am Ende zufrieden sein und Fehlkäufe vermeiden möchten, lautet mein bester Rat daher: Beginnen Sie mit einer gründlichen Analyse. Nicht jeder hat Geld oder Lust, einen Innenarchitekten zu konsultieren, aber es kostet nichts, damit anzufangen, selbst wie ein Profi zu denken.

Wer sind Sie und was machen Sie (für wen) in Ihrem Zuhause?

Heute ist das Zuhause so viel mehr als nur ein Dach über dem Kopf. Viele identifizieren sich damit, wie sie wohnen, und wünschen sich, dass die Wohnung ihre Persönlichkeit spiegelt – mithilfe von Accessoires, die Gruppenzugehörigkeit oder sozialen Status signalisieren. Das wird nicht zuletzt in den sozialen Medien augenfällig, wo die private Sphäre zur öffentlichen gemacht wird. Wir fotografieren unsere Wohnung und zeigen sie anderen. Mithilfe unseres Zuhauses und seiner Einrichtung scheinen wir ein Bild von uns selbst zu machen, so wie wir schon lange Kleidung und Mode zu diesem Zweck nutzen. Doch das wirkt nur zu leicht eitel und hat zur Folge, dass wir uns vor anderen produzieren, anstatt uns darauf zu konzentrieren, dass wir uns wohlfühlen und es bequem haben.

Möchte man seine Behausung persönlich einrichten, dann geht es schließlich nicht nur darum, anderen seine Charakterzüge vorzuführen, sondern auch darum, seine Einrichtung danach auszurichten, wie man als Individuum tickt. Ich glaube, wenn wir versuchen, die physischen

Man kann nicht bei anderen abschauen, wenn man herausfinden will, was einem selbst gefällt.

Terence Conran

und psychischen Bedürfnisse unserer Persönlichkeit zu verstehen, gelingt es uns besser, ein gemütliches, harmonisches Zuhause zu schaffen, in dem wir uns wohlfühlen und das nicht einfach nur gut aussieht.

Es ist kein Fehler, wenn man es gerne hübsch haben möchte oder sich von anderen inspirieren lässt, aber wir dürfen nicht vergessen, dass wir viele wichtige Antworten nur in uns selbst finden können. Wie wir uns in unterschiedlichen Umgebungen fühlen und reagieren und welche Details warme, angenehme Erinnerungen in uns selbst auslösen – oder wie wir es uns bequem machen, wenn kein Mensch zuschaut. Solche Dinge können unschätzbar wertvolle Fingerzeige sein und dabei helfen, Ihr Zuhause so zu gestalten, damit es für *Sie* gemütlicher wird.

Ängstlichkeit oder Empfindlichkeit?

Ich bekomme oft zu hören, ich sei ein ängstlicher Mensch, weil ich keine starken Farben in meinem Zuhause habe. Viele scheinen anzunehmen, dass ich feige bin und Angst habe, Fehler zu machen, und deswegen eine helle, neutralere Farbskala bei meiner Einrichtung zugrunde gelegt habe. Ich glaube allerdings eher, dass eine intensiv farbige Umgebung mir zu viel Energie rauben würde. Ich merke, dass ich sehr empfänglich für Eindrücke bin und in intensiven Interieurs mit sehr starken Sinneseindrücken, die alle gleichzeitig an meiner Aufmerksamkeit zerren, leicht ermüde.

Ebenso bin ich mir sicher, dass ich mich nur schwer entspannen kann, wenn ich leuchtende Farben um mich habe, genauso viel Verständnis habe ich für Menschen, die es genau anders empfinden – also Personen, die in farblosen Wohnungen ein rastloses, stimulationsarmes Gefühl befällt.

Das eine ist nicht verkehrter oder richtiger, mutiger oder feiger als das andere. Ich glaube, es geht eher um verschiedene Persönlichkeiten und darum, dass wir uns zu äußeren Stimuli unterschiedlich verhalten. Es soll sich einfach physisch wie mental gut anfühlen, bei sich Zuhause.

Möblieren Sie so, wie Sie es gerne sehen möchten – nicht so, wie Sie gerne gesehen werden möchten

Obwohl wir Menschen einzigartige Individuen sind, haben wir verblüffend oft dieselbe Art Grundmöblierung in unseren Behausungen. Das ist im Grunde nicht so richtig logisch. Eigentlich sollten wir uns bei der Einrichtung unserer Wohnungen schließlich danach ausrichten, wie wir sie nutzen möchten. Die Wahl unserer Grundrisse und unserer Möbel steuert in gewissem Maße, was für ein Leben wir darin führen können. Wer in seiner Freizeit vor allem gesellig mit Freunden zusammensitzen will, braucht im Wohnzimmer wahrscheinlich ein großes Sofa mit vielen Sitzplätzen, während jemand, der in seiner Freizeit lieber mit einem Buch entspannt, sein Geld vielleicht eher in einen richtig bequemen Lesesessel investieren sollte. Falls Sie extrovertiert sind und Ihre Energie aus dem Zusammensein mit anderen schöpfen, fühlen Sie sich sicher wohler, wenn Sie Ihren Wohnraum offen gestalten. Menschen, die sich gerne von anderen zurückziehen, um ihre Batterien wieder aufzuladen, geht es vielleicht besser, wenn sie Zimmer mit Türen haben, die man ab und zu auch mal hinter sich schließen kann, um seine Ruhe zu haben.

Wie können Sie Ihr Zuhause entsprechend Ihrer Persönlichkeit optimieren, und wie möchten Sie in Ihrem Zuhause wohnen? Indem Sie analysieren, wann und wobei Sie sich am allerwohlsten fühlen, können Sie dafür sorgen, dass Sie dies viel öfter empfinden.

Ein paar Beispiele

- Sie sind sozial und extrovertiert? Dann optimieren Sie Ihr Haus für Gäste. Investieren Sie in einen größeren Esstisch und sorgen Sie dafür, dass Sie mehr Stühle und mehr Sitzplätze auf dem Sofa haben als Familienmitglieder, damit Sie ohne Probleme Gäste empfangen können.

- Sie sind der zurückgezogene Typ und widmen Ihrem Hobby mehr Zeit als sozialem Beisammensein? Dann richten Sie Ihr Zuhause entsprechend ein. Verschwenden Sie nicht unnötig Platz für ein Riesensofa, auf das viele Gäste passen, oder für einen großen Esstisch, den Sie doch nie benutzen.
- Sie sind gestresst? Dann optimieren Sie Ihr Zuhause so, dass Sie gut ausruhen und entspannen können. Geben Sie dem Wohnzimmer einen Fokus, der für Ruhe sorgt, zum Beispiel ein prasselndes Kaminfeuer oder ein beruhigendes Gemälde. Machen Sie es sich leicht, in Ihrer Behausung runterzukommen – beispielsweise indem Sie ein Buch lesen, Musik hören oder einfach nur entspannen. Sorgen Sie dafür, dass Sie die entsprechenden Plätze dafür haben.
- Sie schauen zu viel auf Bildschirme? Dann möblieren Sie Ihr Wohnzimmer so, dass es stattdessen zu sozialer Aktivität und Gesprächen ermuntert. Stellen Sie zum Beispiel zwei Sofas gegenüber oder eine Sitzgruppe von Sesseln um einen Tisch, anstatt alle Möbel zum Fernseher hin auszurichten.
- Sie sind geräuschempfindlich? Dann minimieren Sie die akustischen Eindrücke. Kaufen Sie leise Dunstabzugshauben, Geschirrspülmaschinen und andere Elektrogeräte. Denken Sie bei der Einrichtung auch an die Akustik, indem Sie Hall und Trittschall dämpfen.

Kinder und ihre Bedürfnisse

Denken Sie daran, dass nicht nur Erwachsene verschieden sind. Auch Kinder und Jugendliche können unterschiedliche Wünsche haben, was soziale Aktivitäten und Sinnesreize angeht. Dass sich die Eltern mit einer bestimmten Art von Einrichtung wohlfühlen, bedeutet noch lange nicht, dass das für ihre Kinder genauso gilt – oder dass ihre Bedürfnisse gleich bleiben, während sie heranwachsen.

Gedankenübung

- Denken Sie an Ihre Kindheit zurück. Haben Sie positive Erinnerungen an einen bestimmte Art von Interieur oder Stil? Versuchen Sie, das Zimmer oder den Ort zu beschreiben.
- Wann geht es Ihnen am allerbesten? Warum?
- Wie sieht Ihr Bild davon aus, wie Sie in der Zukunft leben wollen?
- Welche Farben mögen Sie? Welche Farben mögen Sie nicht?
- Mögen Sie ältere, klassische Möbel, oder fühlen Sie sich öfter zu neuem, modernem Design hingezogen? Mögen Sie eine elegante Einrichtung oder fühlen Sie sich zwischen rustikaleren Möbeln wohler? Versuchen Sie zu ergründen, in welcher Atmosphäre es Ihnen am besten geht.
- Welche Art Holz und welche Art von Oberflächenbehandlung mögen Sie am liebsten (hell/dunkel/unbehandelt/lackiert/bemalt)?
- Welches Einrichtungsgeschäft mögen Sie am liebsten? Warum?
- Haben Sie ein Lieblingshotel oder ein Restaurant, in dem Sie sich richtig wohlfühlen? Warum?
- Wie sieht Ihr Budget aus? Was für einen Betrag finden Sie angemessen für Möbel und Gestaltung des Zimmers oder des ganzen Projekts, das Sie in Angriff nehmen wollen?

Schreiben Sie Ihre Gedanken auf ein Blatt Papier und denken Sie darüber nach oder besprechen Sie sich mit jemandem, der Sie gut kennt. Falls Sie einen Freund haben, der auch ein Zimmer oder ein anderes Projekt im Haus in Angriff nehmen möchte, können Sie sich gegenseitig helfen, indem Sie mit Gedanken und Überlegungen zu Ihrer jeweiligen Einrichtungsgeschichte spielen.

- Sie stören sich an Unordnung? Dann minimieren Sie visuelles Rauschen. Sorgen Sie dafür, dass Sie abschließbare Schränke haben und genügend Möglichkeiten, Kleinkram im Alltag schnell aufzuräumen und zu verbergen.

Halten Sie auch fest, was Sie nicht mögen!

Wenn man nach Inspiration sucht und sich klarmachen möchte, was man mag, überlegt man normalerweise zuerst, was man liebt. Aber um deutlicher erkennen zu können, wo die Konturen meines Geschmacks verlaufen und womit ich mich wohlfühle, benutze ich einen anderen effektiven Trick: Ich bewahre auch Bilder von Interieurs auf, die mir *nicht* gefallen, und analysiere, warum ich sie nicht mag. Legt man sich zwei Ordner im Computer an, beispielsweise einen in Grün und einen in Rot, wird deutlicher, was einen anzieht und was man eher meiden möchte. Manchmal kann es genauso hilfreich sein, darüber nachzudenken, warum einem eine Einrichtung *nicht* gefällt. Indem man zugleich an das denkt, was man erreichen will, und an das, was man vermeiden will, kann man sehr viel über den eigenen Geschmack und seinen inneren Stilkompass lernen.

2

Grundlegende Prinzipien und Faustregeln

Dieses Kapitel ist vielleicht das anspruchsvollste des ganzen Buches, aber es ist wichtig. Hier habe ich versucht, einige der Grundprinzipien zu vereinfachen und zusammenzufassen, auf die sich Architekten, Fotografen und Designer oft beziehen und die sie in ihrer Arbeit verwenden. Wenn Sie diese Grundlagen im Hinterkopf behalten, während Sie den Rest des Buches lesen, werden Sie viel leichter verstehen, wie Sie die konkreten Gestaltungstipps umsetzen können und worauf sie beruhen.

Mathematik beim Einrichten

Rechnen war nie meine große Stärke. Ich habe mehr für Farben und Formen übrig als für Zahlen. Aber genau deshalb ist es ein bisschen lustig (und überraschend), dass mathematisches Denken mich oftmals gerettet hat, wenn ich bei meiner kreativen Arbeit nicht mehr weiterkam.

Fragt man professionelle Innenarchitekten und Einrichtungsberater, wie sie ihrer Meinung nach vorgehen, antworten verblüffend viele mit „Bauchgefühl". Für den Amateur ist das frustrierend zu hören – das hilft einem ungefähr genauso viel weiter, wie wenn ein Koch einem Küchenanfänger empfehlen würde, er solle mehr improvisieren. Wer nicht unbedingt mit einem instinktiven Talent geboren ist, hätte doch gerne ein paar konkrete Tipps, nach denen er sich richten kann.

Selbstverständlich gibt es kein Universalrezept oder keine allgemeingültige Lösung für eine gelungene Einrichtung, aber wenn man mehr über die historischen Methoden lernt, mit denen sich harmonische Kompositionen und Proportionen schaffen lassen, hat man schon einmal einen Ausgangspunkt, um seine eigenen Ansichten und den eigenen Geschmack feinzuschleifen. Und an dieser Stelle kommt die Mathematik ins Spiel. Was manche Leute intuitiv wissen, können andere nämlich üben, indem sie es eine Weile ausrechnen.

Der Goldene Schnitt

Ein Begriff, den man kennen sollte, wenn man sich für Einrichtung und Design interessiert, ist der „Goldene Schnitt", auch bekannt als „Phi" oder göttliche Proportion. Es ist eine mathematische Formel, die seit der Antike benutzt wird, um harmonische Proportionen und Kompositionen in Kunst, Architektur und Musik zu berechnen. Pythagoras und Fibonacci waren angeblich die Ersten, die den Goldenen Schnitt definierten, der danach eine lange, interessante Geschichte hatte. Egal, was man von diesem Ideal weiß oder hält, ist es zweifellos etwas, was unsere Ansichten über Schönheit im Laufe der Geschichte geprägt hat.

Sie brauchen gar nicht den Taschenrechner zu zücken, um die Theorie des Goldenen Schnitts und der göttlichen Proportionen bei Ihrem Einrichtungsprojekt nutzen zu können. Sie setzt sich nämlich auch mit bestimmten geometrischen Formen auseinander. Das Goldene Rechteck, die Goldene Spirale und das Goldene Dreieck zum Beispiel. Diese Denkweise wird mit der Zeit fantastisch anwendbar, auch wenn man keine Zahlen mag. Wenn wir statt mit der Formel des Goldenen Schnitts lieber mit seinen Formen arbeiten, bekommen wir plötzlich etwas Konkretes, worauf wir blicken können, wenn wir uns bei der Suche nach den für uns richtigen Lösungen vorantasten.

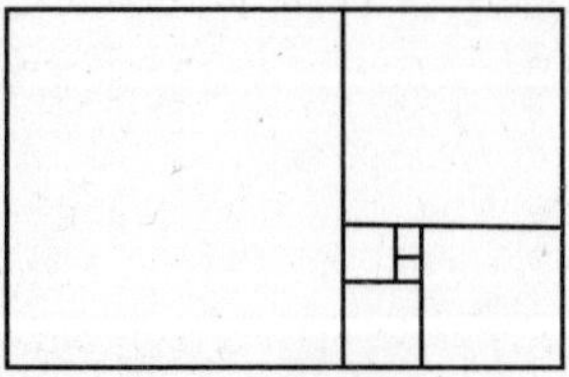

Goldenes Rechteck

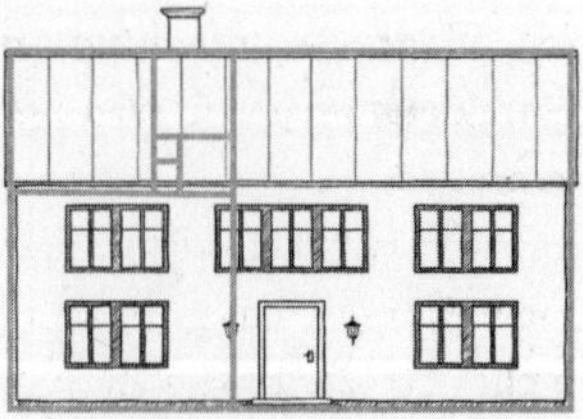

In der Architektur lassen sich Beispiele für die Proportionen des Goldenen Schnitts finden.

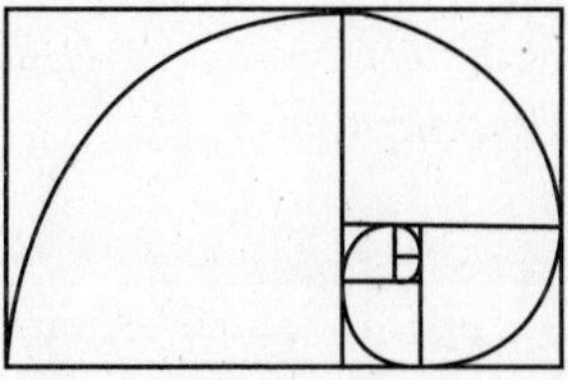

Goldene Spirale

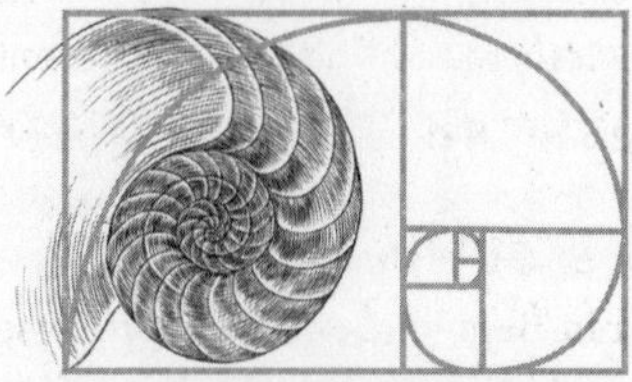

In der Natur lassen sich Beispiele für die Proportionen des Goldenen Schnitts finden.

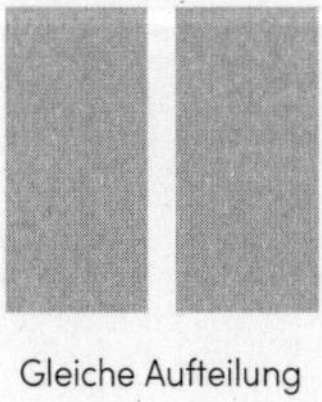

Gleiche Aufteilung

Ungleiche Aufteilung

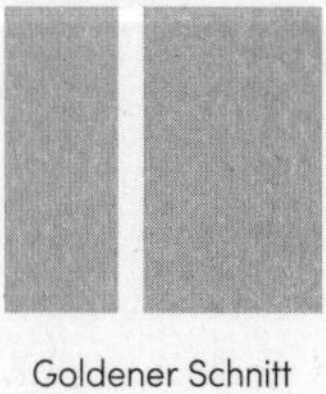

Goldener Schnitt

Mathematisch kann man den Goldenen Schnitt beschreiben als das Verhältnis, das man bekommt, wenn man eine Strecke in einen längeren Teil A und einen kürzeren Teil B teilt, sodass sich die Strecke a + b so zu a verhält, wie sich die Strecke a zur Strecke b verhält. Einfach erklärt: Wenn wir die Gesamtstrecke durch das längere Teilstück dividieren, bekommen wir dieselbe Zahl, wie wenn wir die längere Teilstrecke durch die kürzere dividieren. Der Wert des Goldenen Schnitts beträgt 1,618. Man hat Beispiele dafür überall
in der Natur gefunden, aber auch in der Kunst, in Gebäuden, Galaxien und im menschlichen Körper.

$$\underbrace{\overline{\quad a \quad}\cdot\overline{\quad b \quad}}_{a+b} \qquad \frac{a+b}{a} = \frac{a}{b} = \phi \approx 1{,}61803$$

Die Geometrie besitzt zwei große Schätze; einer ist der Satz von Pythagoras, der andere ist die Teilung einer Strecke nach dem äußeren und mittleren Verhältnis; der Goldene Schnitt.

Johannes Kepler (1571 – 1630)

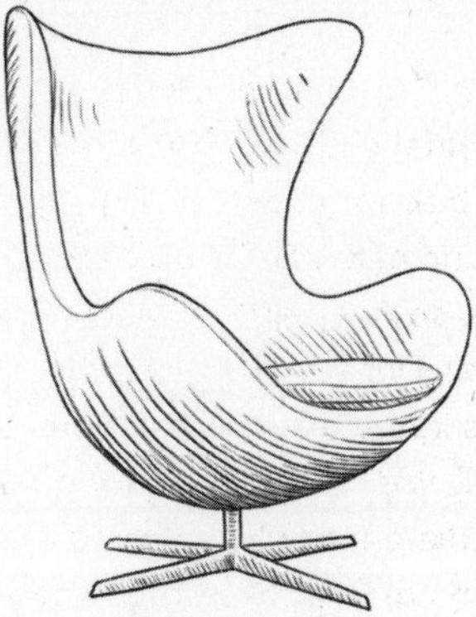

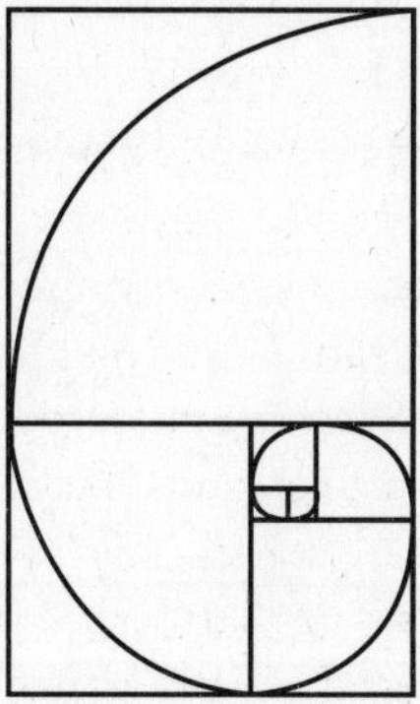

Bei vielen klassischen Möbeln findet man Linien und Größenverhältnisse, die sich von den Proportionen des Goldenen Schnitts oder der Goldenen Spirale ableiten lassen.

Komposition und Proportionen

Die Proportionen, auf denen der Goldene Schnitt aufbaut, haben Architekten und Designer im Laufe der Geschichte geleitet und können auch dem Amateur helfen, der schnell Hilfe bei seinen Entscheidungen in seinem Projekt braucht.

Indem man Fibonaccis Spiralform anstrebt, kann man auch eine spannende Dynamik in dekorativen Gruppenarrangements erzielen, und viele Innenarchitekten benutzen die Proportionen des Goldenen Schnitts, um auszurechnen, wie sie die Farbgebung in einem Raum nach der 60/30/20+S-Formel, auf die wir in Kapitel 4 noch näher eingehen werden, komponieren. Dieses Modell ist auch nichts, was man bis aufs i-Tüpfelchen befolgen müsste, aber wenn Sie Bilder analysieren, werden Sie feststellen, dass Ihnen dieses Prinzip doch in diversen Erscheinungsformen immer wieder begegnet.

Die Drittel-Regel

Sollten Ihnen Rechenbeispiele zu sehr auf die Nerven gehen, reicht es vorerst auch schon, wenn Sie Ihre Flächen in drei Teile aufteilen statt in zwei Hälften. Das ist eine grobe Vereinfachung der Proportionen des Goldenen Schnitts, die einem hilft, schneller die optimalen

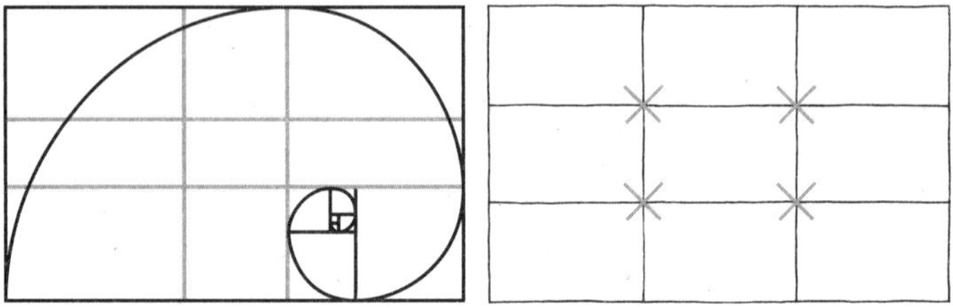

Bei digitalen Systemkameras taucht oft ein Gitternetz im Sucher auf. Das hilft Ihnen, die Kamera gerade zu halten, aber auch, schnell zu entscheiden, wie Sie Ihr Bild komponieren, sodass der Fokus in einem der Schnittpunkte der Linien landet, die sich aus dem Goldenen Schnitt oder der Drittelregel ergeben.

Platzierungen von Objekten auszurechnen – es ist die sogenannte Drittel-Regel. Da diese Regel pragmatischer und mathematisch nicht ganz so kompliziert ist wie der exakte Goldene Schnitt, lässt sich dieses Prinzip auch leichter auf alltägliche Einrichtungsfragen anwenden.

Um den Gedanken zu verstehen, können Sie ihn mit dem Ausschnitt vergleichen, den viele Digitalkameras haben, also dieses kleine, kaum sichtbare Gitternetz auf dem Schirm, das Ihnen einen Anhaltspunkt gibt, wo das Motiv Ihres Bildes sein sollte. Das Gitter baut nämlich auf dem Goldenen Schnitt und der Drittel-Regel auf und teilt die Bildfläche horizontal und vertikal in jeweils drei Felder. Der Sinn dieses Netzes ist der, dass Sie das Hauptmotiv, zum Beispiel den Menschen, den Sie fotografieren, an einem der Schnittpunkte dieser Linien (und nicht genau in der Mitte) positionieren sollen, um eine schöne Komposition zu erzielen. Mit diesen Hilfslinien sehen wir rasch die Schnittpunkte und können den klassischen Fehler vermeiden, unser Objekt genau ins Zentrum zu stellen.

Wenn man bekannte Bilder oder Filme aufmerksam ansieht oder einfach nur genau hinschaut, wie die Komposition zum Beispiel im Nachrichtenstudio im Fernsehen aufgebaut ist, kann man beobachten, dass Fotografen und Kameramänner weltweit häufig nach diesem Prinzip arbeiten. Das wichtigste Objekt steht ganz selten im Zentrum des Bildes, eher auf der Höhe von einem oder zwei Dritteln des Gesamtbildes. Oft dient hier die Goldene Spirale als Ausgangspunkt. Ebenso lassen sich solche Einrichtungen und Stylings dechiffrieren, an denen das Auge hängen bleibt, denn sie weisen ebenfalls eine Komposition auf, die sich von diesem Modell herleiten lässt. Wenn Sie das im Hinterkopf behalten, werden Sie schnell begreifen, wo und wie Sie selbst Möbel und Details platzieren können, um eine harmonische Balance in Ihrem Zuhause zu erzielen.

Die Drittel-Regel kann Ihnen helfen, wenn Sie Ihr Zuhause einrichten, so kann es beispielsweise als Anhaltspunkt dienen, wenn Sie wichtige Gegenstände in einem Zimmer oder an einer Wand platzieren möchten. Indem Sie die Interieurs oder Flächen, mit denen Sie arbeiten, in drei Teile aufteilen statt in zwei Hälften, schaffen Sie Ausgewogenheit und Harmonie für das Auge.

Dreiecke und Dreieckskompositionen

Wenn Sie sich daranmachen, Bilder von Inneneinrichtungen ausgehend von visuellen Dreiecken zu analysieren, wird Ihnen schnell schwindlig werden, weil Sie sie nämlich überall entdecken werden. Einrichtungsberater, Innenarchitekten und Fotografen verwenden oft Dreiecke beziehungsweise die sogenannten Dreieckskompositionen. Das ist auch eine recht dankbare Taktik für den Amateur, weil sie nicht besonders kompliziert ist, das Ergebnis aber trotzdem oft gelungen aussieht. Die Idee dahinter ist die, Dinge so zu platzieren, dass sie den Umriss eines Dreiecks bilden oder dass die gedachten Linien zwischen zusammengehörigen Objekten die Seiten eines Dreiecks ergeben. Man kann sowohl mit gleichschenkligen Dreiecken arbeiten als auch mit liegenden rechtwinkligen Dreiecken.

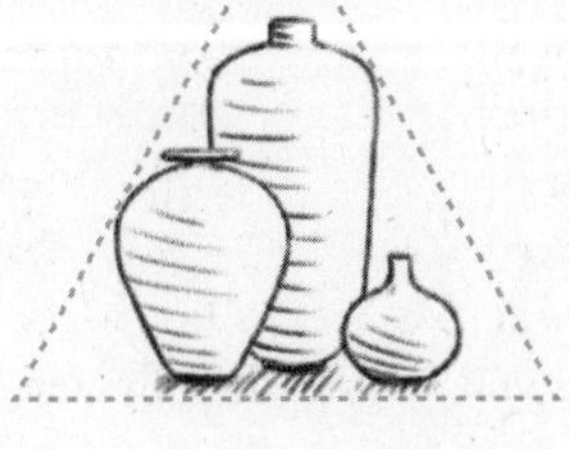

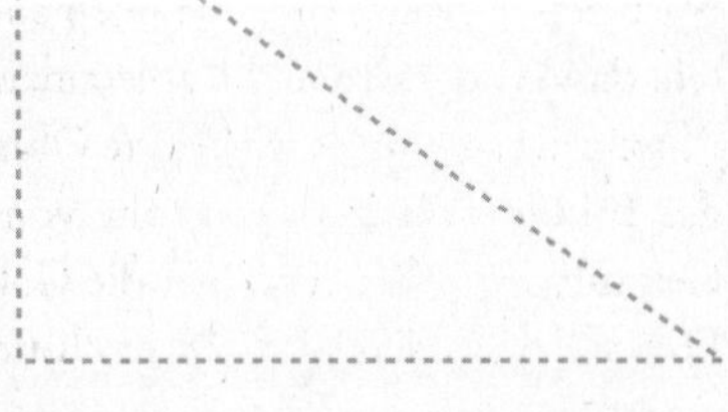

Optischer Mittelpunkt

Nach der Theorie des Goldenen Schnitts ist es nicht immer das Optimale, Objekte genau im Zentrum zu positionieren. Der Optische Mittelpunkt ist ein weiterer Begriff, der im Grafikdesign oft Anwendung findet und auf derselben These fußt – dass der gefühlte Mittelpunkt nämlich nicht mit dem tatsächlichen Mittelpunkt übereinstimmt. Der Optische Mittelpunkt liegt kurz oberhalb des mathematischen Mittelpunkts (ungefähr zehn Prozent). Aus diesem Grund setzt man in einer Anzeige den Fokus ungern in die Mitte, sondern lässt nach unten etwas mehr Platz als nach oben. Auch Passepartouts von Bilderrahmen sind unten normalerweise breiter als oben, sodass das Motiv etwas weiter oben sitzt als einfach mitten im Rahmen.

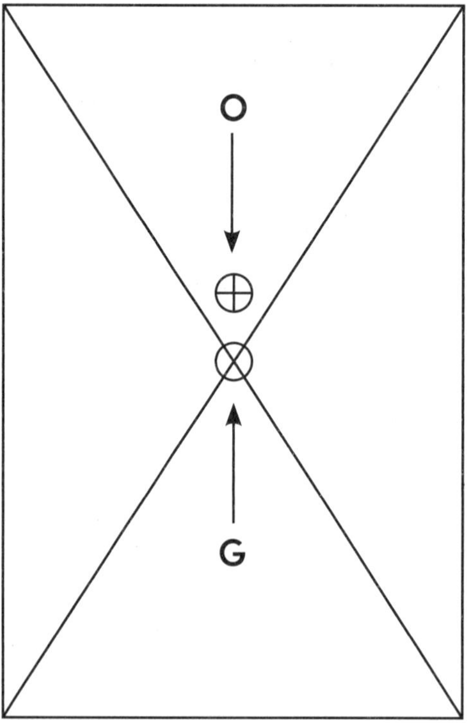

Der Optische Mittelpunkt ist die Stelle, die das Auge als Mitte empfindet. Und die liegt kurz oberhalb des tatsächlichen Mittelpunkts – auf einer ganz ähnlichen Höhe wie die goldenen Proportionen.

Fokuspunkte

Für die meisten, die täglich mit einer Kamera umgehen, ist es eine Selbstverständlichkeit, einen Schärfepunkt zu wählen. Man erklärt eine Stelle im Motiv zum Fokuspunkt und verstärkt ihn, indem man dem Objekt einen etwas größeren Platz einräumt oder ihn herausstechen lässt, damit das Auge darauf fällt. Aber dieses Prinzip vergessen wir im richtigen Leben oft, zum Beispiel wenn wir bei einem Projekt nicht mehr weiterwissen.

Ein häufiger Fehler besteht darin, dass man alle Möbel und Details quasi gleichermaßen um Aufmerksamkeit wetteifern lässt. Um das zu vermeiden, lohnt es sich, einmal über den Begriff des Fokuspunktes nachzudenken. Was fällt Ihnen in dem Raum, den Sie einrichten, als Erstes ins Auge? Worauf sollte die Aufmerksamkeit zuerst gerichtet werden, wenn es nach Ihnen ginge? Ist es ein und dasselbe oder müssen Sie die Aufmerksamkeit umleiten?

Manchmal gibt es einen ganz natürlichen Fokuspunkt im Raum – zum Beispiel eine schöne Aussicht, eine große Fensterpartie oder einen hübschen Kamin –, der das Interesse sofort weckt. Dann liegt Ihr Problem vielleicht darin, dass das Interieur den Blick zu sehr in seinem natürlichen Weg stört. In allen anderen Fällen fehlt entweder der Punkt, auf den sich das Auge konzentrieren soll, oder es gibt viel zu viel, was gleichzeitig um die Aufmerksamkeit des Betrachters konkurriert. Dann müssen Sie ein bisschen mit der Einrichtung arbeiten, um einen bestimmten Fokuspunkt zu schaffen, der das Zimmer, die Wohnung oder das Feeling, das Sie anstreben, am besten betont.

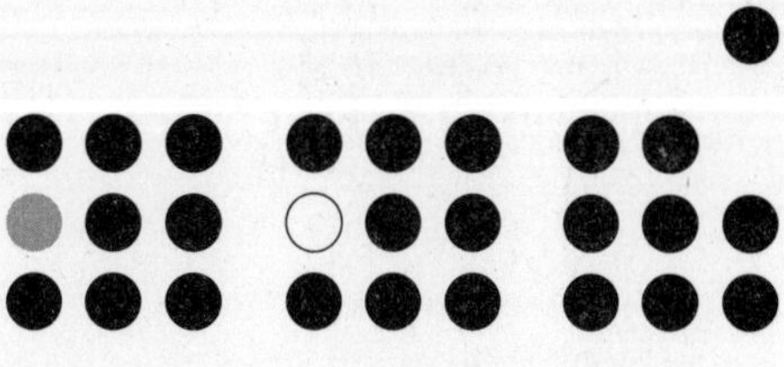

Von welchem Punkt wird Ihr Auge hier jeweils angezogen? Abweichungen in Farbe, Kontrast und Position stechen gut heraus und ziehen unsere Aufmerksamkeit auf sich. Solche Überlegungen lohnen sich, wenn man Räume einrichtet und die Aufmerksamkeit auf einen bestimmten Punkt lenken will.

Probieren Sie dieses Gedankenmodell einmal aus, wenn Sie Ihre Einrichtungsidee skizzieren. Überlegen Sie, was Sie unterstreichen wollen und was Sie abschwächen können. Wenn Sie betriebsblind werden, nachdem Sie schon zu lange an einem Zimmer gearbeitet haben, kann es hilfreich sein, jemand anderen zu fragen, was er als Erstes sieht, oder ein paar Übersichtsbilder mit dem Handy zu machen. Indem Sie Ihre Umwelt durch eine Kameralinse ansehen und beurteilen, erkennen Sie schnell, wovon das Auge automatisch angezogen wird und was Sie verändern müssen, um Ihren ausgewählten Fokuspunkt deutlicher zu unterstreichen. Vielleicht muss etwas umgestellt, neu gruppiert oder einfach herausgenommen werden, damit er klarer hervortritt?

Mit Linien zaubern

Linien gehören zu den stärksten visuellen Werkzeugen, die einem bei der Gestaltung der Inneneinrichtung zur Verfügung stehen. Mithilfe der Linien im Raum, in den Möbeln oder Tapeten und Textilien kann man das Auge lenken oder optische Illusionen beziehungsweise vergrößernde oder verkleinernde, verdeutlichende oder verstärkende Effekte erzielen. Deswegen ist es wichtig, sich zu überlegen, wie die Linien verlaufen sollen, wenn man sein Zuhause plant und auszurechnen versucht, wie man die Dinge am besten platziert, um die gewünschte Wirkung zu erreichen.

Führungslinien

Einrichtungsberater sprechen oft von dem Begriff der „Führungslinie“. Damit meinen sie den Einsatz von Linien als Verstärkungsmittel, mit dem sich das Auge an die Stelle oder auf das Objekt lenken lässt, das sie im Fokus wissen möchten. Wenn ein Fotograf ein Bild komponiert und sich überlegt, wo auf dem Bild das Objekt sein soll, benutzt er oft Linien in der Natur oder der Umgebung, um ein Gefühl von Tiefe und Richtung zu erzeugen. Auf die gleiche Weise kann ein Einrichtungsberater daran arbeiten, Tiefe in seiner Arbeit zu erzeugen.

Bestimmte Linien sind im Gebäude selbst angelegt – wie bei Wänden, Boden und Leisten, andere, wie die Linien von Möbeln und

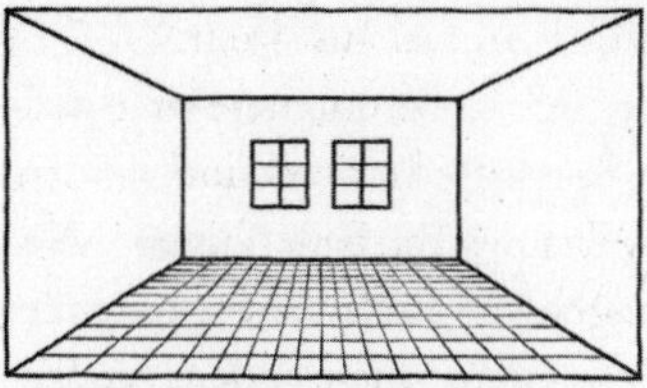

Bodenbelag mit kleinen Vierecken (viele gebrochene Linien) lässt den Raum gemütlicher wirken.

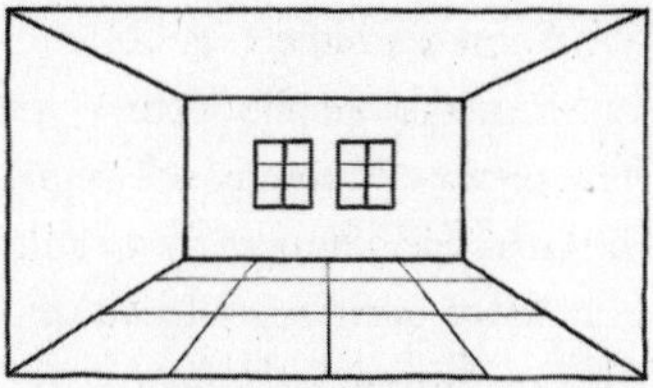

Große Vierecke (weniger Linien) machen den Raum tendenziell größer.

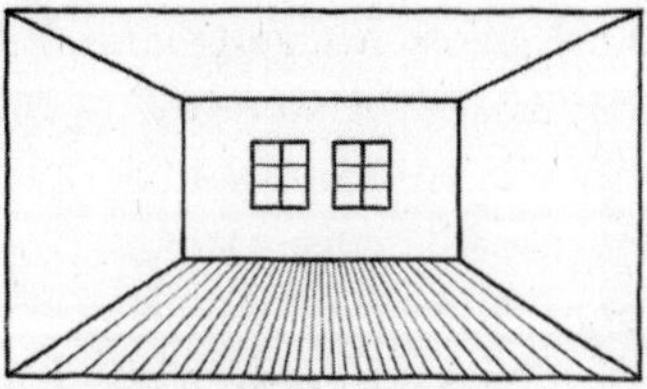

Längsstreifen lassen den Raum schmaler und länger wirken.

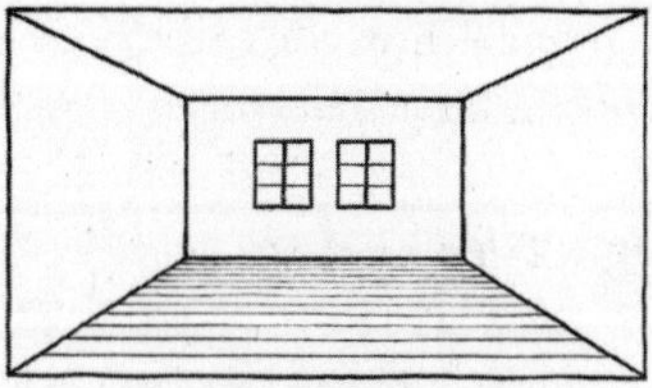

Querstreifen lassen den Raum breiter wirken.

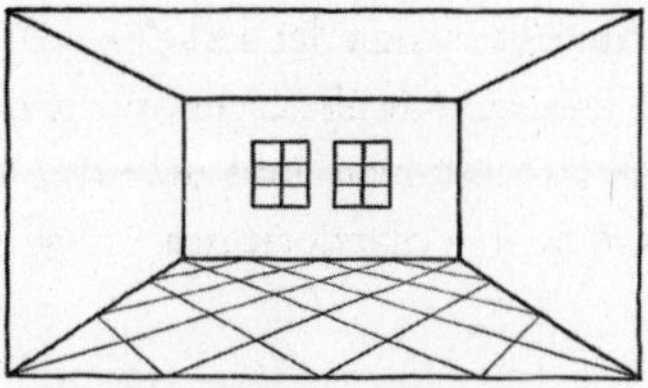

Diagonal verlaufender Bodenbelag öffnet und verbreitert den Raum.

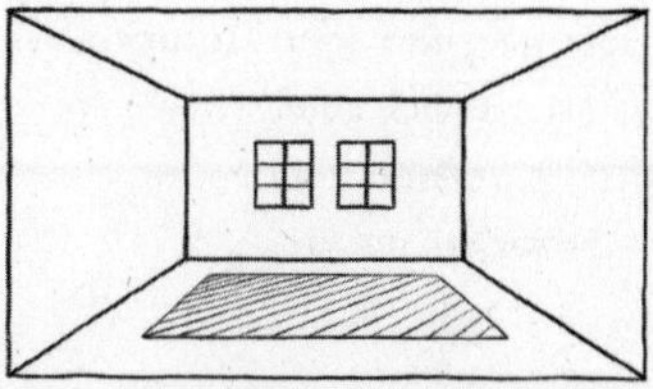

Haben Sie keine Möglichkeit, den Bodenbelag zu tauschen? Dann suchen Sie sich einen gestreiften Teppich, dessen Linien den gewünschten Effekt erzielen.

Teppichen, schaffen wir durch unsere Einrichtung selbst. Sogar Schatten und Licht können starke Linien erzeugen, je nachdem, wie sie im Verlauf eines Tages fallen. Wir können auch Leerstellen einsetzen, also Räume oder Durchgänge zwischen Möbeln und Einrichtungsdetails, um den Blick in eine bestimmte Richtung zu lenken. Oder ganz bewusst Gruppierungen in verschiedenen Formationen bilden, die eine verstärkende Schräge oder Linie hervorrufen.

Diagonale Linien

Einrichtungsberater, die den Goldenen Schnitt benutzen, sprechen oft davon, wie wichtig es ist, Diagonalen zu schaffen, also schräge Linien, die auf dem Dreiecksprinzip aufbauen und den Blick nach schräg oben oder schräg unten lenken. Ein konkretes Beispiel wäre die Gruppierung gerahmter Bilder an der Wand oder der Einzelteile eines Arrangements derart, dass die Umrisse eine gedachte Linie bilden, welche das Auge des Betrachters an die Stelle lenkt, die man im Fokus haben möchte.

Horizontale Linien

Indem wir starke horizontale Linien in einem Raum schaffen oder unterstreichen, können wir einen verbreiternden Effekt erzielen. Das ist ein guter Trick, um das Auge in engen Räumen zu täuschen, zum Beispiel mithilfe einer quer gestreiften Tapete oder durch die Wahl bestimmter Möbelstücke. Indem Sie etwa als Bücherregallösung lange einzelne Bretter wählen (statt Regale mit abgeteilten oder quadratischen Fächern), können Sie Leitlinien statt Gitternetze schaffen. Die Richtung des Teppichmusters kann auch zu diesem Effekt beitragen. Oder eine halbhohe Holzvertäfelung kann das Gefühl abschwächen, dass ein Zimmer ein bisschen zu hoch ist, und den Raum etwas intimer wirken lassen.

Vertikale Linien

Indem man die vertikalen Linien in einem Zimmer betont, zum Beispiel mit einer Tapete oder mithilfe von Details, beispielsweise vielen schmalen, hohen Regalen, die vom Boden bis zur Decke reichen, kann man den Fokus des Blickes in einer vertikalen Linie nach oben führen. Damit täuscht man das Auge ein wenig und erweckt den Eindruck, dass das Zimmer höher ist.

Gebogene Linien

Eine Einrichtung braucht auch weiche, abgerundete Linien, um nicht als scharf und zu eckig empfunden zu werden. Solche Linien können sich aus Details in Ihrem Haus, zum Beispiel gewölbten Decken,

Bogenfenstern oder gerundeten Wandabschnitten, zusammensetzen. Man kann sie aber auch selbst durch einzelne Einrichtungsgegenstände, zum Beispiel durch runde Teppiche oder Bogenformen an Möbeln oder Spiegeln, hinzufügen.

Linien am Boden

Ein anderes Beispiel für Leitlinien finden wir am Boden. Zwischenräume und Fugen in Parkett, Dielen, Fliesen und Klinker können ebenfalls Einfluss darauf nehmen, wie wir einen Raum und seine Größe wahrnehmen. Es kann gut sein, das im Hinterkopf zu behalten, wenn Sie sich zwischen zwei Alternativen entscheiden müssen.

Visuelles Gewicht

Während sich physisches Gewicht in Kilo und Gramm messen lässt, beschreibt das visuelle Gewicht, wie etwas vom Auge wahrgenommen wird. Es heißt oft, dass man einen Schwerpunkt in der Einrichtung braucht oder dass man im Sommer eher zu einer leichten Einrichtung tendiert. Was bedeutet das eigentlich, und was nimmt unser Auge da angeblich als leicht beziehungsweise schwer wahr?

Hier sind ein paar Beispiele dafür, was Einrichtungsberater als schwerer und leichter bezeichnen:

Schwerer	Leichter
Große Objekte	Kleine Objekte
Dunkle Farben	Helle Farben
Starke Kontraste	Schwache Kontraste
Warme Farbtöne	Kalte Farbtöne
Objekte in Ecken und an Außenseiten	Objekte in der Mitte
Diagonale Linien	Horizontale Linien
Einfache Formen	Komplexe Formen

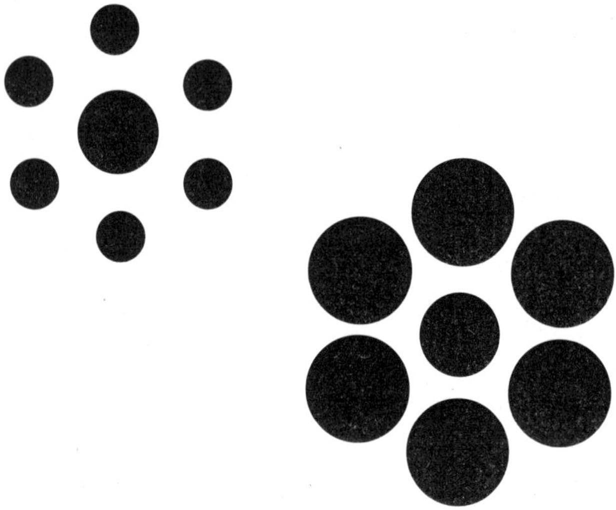

Optische Täuschung. Sehen die Kreise in der Mitte verschieden groß aus? Zwei identische Gegenstände können unterschiedlich groß wirken, je nachdem, welche Größe die Objekte in ihrer Umgebung haben.

Genauso wie die Leitlinien ist das visuelle Gewicht etwas, was wir uns bewusst zunutze machen können, um einen Fokuspunkt im Raum zu verstärken und den Blick auf den Punkt zu lenken, wo wir ihn haben wollen. Wenn wir in einem Zimmer mit hellen Farben einen Fokuspunkt schaffen, wird das Auge wahrscheinlich auf ein dunkleres Objekt gelenkt. Haben wir viele gleichartige Objekte in einem Stillleben, so können wir den Fokus auf ein einzelnes Detail lenken, indem wir es zum Beispiel nach außen stellen.

Leute, die der Meinung sind, dass die Dinge verschiedenes visuelles Gewicht haben können, behaupten auch, dass man das Auge täuschen und Problemzonen kompensieren kann, indem man mit dem Gegenteil arbeitet. Ich weiß nicht, ob es für diese Behauptung eine wissenschaftliche Begründung gibt, aber es klingt schon logisch, dass man einer hallenden Leere gut abhelfen kann, indem man größere, visuell schwerere Möbel aussucht, und dass Details mit großer Dichte den Raum besser ausfüllen und auf einer großen, offenen Fläche ein anderes Gefühl schaffen, als zu zarte Stoffe und durchsichtige Möbel.

Falls Sie in kleinen, engen Räumen wohnen, können Sie diese Voraussetzungen entsprechend austricksen und dieses kompakte Gefühl umgehen, indem Sie luftigere Textilien aussuchen und solche Möbel, die aufgrund ihres Aussehens leichter wirken, als sie wirklich sind.

Wenn man so beengt wohnt, kann man die Sinne auch täuschen, indem man kühlere, hellere Farben wählt und einfachere Formen, weil diese Art der Einrichtung als weniger schwer und klobig empfunden wird als eine dunkle, detailreiche Umgebung.

Der Ankerpunkt (Anchoring)

Wenn man das Gefühl hat, dass man bei der Einrichtung eines Zimmers oder bei einem Stillleben einfach nicht das richtige Gleichgewicht hinbekommt, könnte man sich Gedanken darüber machen, wie man seine Möblierung oder sein Arrangement verankert hat. Jedes Zimmer und jedes Stillleben sollte einen visuellen Schwerpunkt haben, den man Ankerpunkt nennt (auch *Anchoring*, *Grounding* oder Verankerung). Ankerpunkte sollte man jedoch nicht mit dem Begriff des Fokuspunkts verwechseln.

Ein räumlicher Ankerpunkt braucht nicht das Erste zu sein, was einem in einer Einrichtung oder in einer Sichtlinie ins Auge fällt, sondern sollte vielmehr als visueller Fixpunkt fungieren, der Ruhe und Schwere schafft, sodass sich die Aufmerksamkeit zu der Stelle bewegen kann, an der Sie sie gerne hätten. Ein Beispiel: In einem großen Zimmer mit vielen Einzeleindrücken braucht man meistens einen größeren Teppich, um die vielen Möbel zusammenzubinden und Ruhe in den Raum zu bringen. Ein solider Teppich sorgt dafür, dass die Einrichtung nicht schwimmt, sondern eine deutliche Basis bekommt, sodass die Aufmerksamkeit nicht vom gewählten Fokuspunkt abgelenkt wird – vielleicht ein Bild oder eine Lampe, die jetzt die verdiente Aufmerksamkeit bekommt, weil die restlichen Möbel im Zimmer harmonisch wirken und vom visuellen Anker, dem Teppich, zusammengehalten werden.

Analysieren Sie Ihre Einrichtung mit diesem Gedanken im Hinterkopf. Haben alle Möbel im Zimmer ungefähr dasselbe visuelle Gewicht, oder gibt es in jedem Zimmer ein Stück, das ganz deutlich als Verankerung wirkt? Manche Zimmer haben so etwas vielleicht von Natur aus: In der Küche ist es wahrscheinlich der Esstisch, im Wohnzimmer vielleicht das Sofa und im Schlafzimmer vermutlich das Bett – aber es ist eine gute Frage bei den anderen Zimmern, in denen es kein natürliches Gewicht gibt. Vielleicht braucht es eine solide Kommode im Flur, ein ordentliches Bücherregal im Arbeitszimmer oder einen stabilen Badezimmerschrank, um ein Bleigewicht für die verschiedenen Sinneseindrücke zu schaffen, damit die kleinen Details ruhiger auf der Oberfläche treiben können?

Ein detailreiches Stillleben kann auch einen deutlichen Schwerpunkt am Boden gebrauchen – eine große Vase oder etwas anderes, was als visuell schwer wahrgenommen und im unteren Teil der Komposition platziert wird. Ebenso wirkt ein Bücherregal ruhiger und harmonischer, wenn Sie die größten Bücher ins unterste Fach stellen.

Möchte man einem Raum Farbe verleihen, erzielt man die größere Ausgewogenheit, wenn man sich davon leiten lässt, wie die Natur die Farben verteilt: den Schwerpunkt ganz unten und nach obenhin immer leichtere Nuancen. Beginnen Sie also unten mit den dunklen Farben (Erde) und lassen Sie es zur Decke hin heller werden (Himmel).

Die Regel der ungeraden Anzahl

Bei der Gestaltung der Inneneinrichtung dreht sich viel darum, Ausgewogenheit herzustellen, doch wenn es um die Dekoration geht, besagt die Faustregel das genaue Gegenteil. Eine ungerade Anzahl sieht meistens interessanter aus. Manche behaupten, dass dieses Phänomen auf das Bedürfnis des Gehirns zurückzuführen ist, Dinge automatisch paarweise zusammenzufassen, und das wird schließlich unterlaufen, sobald man ihm eben nicht lauter Paare gibt. Andere meinen, dass die Dreierregel ein natürliches Zentrum zwischen zwei Objekten und somit einen besseren Blickfang schafft.

Egal, was davon nun zutreffen mag – die Regel von der ungeraden Zahl wird von Einrichtungsberatern sehr gern verwendet.

Das Prinzip wird aber auch gerne in Fotografie und Architektur benutzt und lässt sich auf alles anwenden: von der Möblierung bis hin zur Gruppierung von Stillleben. Der Begriff Dreierregel gibt die Quintessenz dieses Konzepts ziemlich gut wieder – dass man nämlich versuchen sollte, gerade Zahlen zu vermeiden.

Also: Stellen Sie immer drei, fünf oder sieben Objekte zusammen, dann wird Ihre Komposition meist interessanter. Das ist auch einen Versuch wert, wenn man nicht mehr weiter weiß!

Kontraste und Nebeneinanderstellung

Viele Inneneinrichter sagen, dass die Kontraste eine gelungene Einrichtung ausmachen. Fehlen sie, fühlt sich ein Raum oft vorhersehbar und platt an. Kontrasteffekte gehören auch zu den besten Tricks, wenn man mehr Dynamik in die Gestaltung eines Raums bringen möchte. Wenn man dem, was man hat, seine Gegensätze an die Seite stellt, entsteht augenblicklich ein Unterschied. Aber wie stellt man das an?

Ein Weg besteht darin, Gegenstände bewusst nebeneinanderzubringen, also zwei kontrastierende Objekte, Möbel oder Themen Seite an Seite zu stellen, sodass ihre Unterschiede hervorgehoben und verstärkt werden. In der Einrichtung kann sich das so ausdrücken, dass man in einem Zimmer verschiedene Oberflächen mischt, wie glänzend und matt, oder Einrichtungsstile, wie rustikal und modern.

Schaffen Sie Kontraste, indem Sie überlegen, was einem Gegenstand oder einer Oberfläche diametral entgegengesetzt ist.

Beispiele für Gegensätze in der Einrichtung

hart	weich
gerade	gebogen
eckig	rund
dunkel	hell
rau	weich
matt	glänzend
groß	klein
kompakt	zart/durchbrochen
einfarbig	gemustert
warm	kalt
hoch	niedrig
unregelmäßig	glatt

Gegensätze mithilfe von Stilen ausbalancieren

Man kann nicht nur mit Gegensätzen in Material und Oberfläche arbeiten, sondern auch zwei grundsätzlich verschiedene Einrichtungsstile nebeneinanderstellen, sodass sie ihre Kontraste gegenseitig verstärken und hervorheben. Indem man eben nicht nur das auswählt, was durch Haustyp und Charakter nahegelegt wird, sondern ganz bewusst Stilbrüche einbaut, sorgt man dafür, dass sich die Gegensätze wechselseitig verstärken. Ein antiker Schreibtisch neben einem modernen Sessel kann den Charakter beider Möbelstücke auf ganz andere Art unterstreichen, als es zwei neue Möbelstücke nebeneinander könnten. Die Kombination zweier Einrichtungsstile kann in einem Jugendstilbau mit üppigen Stuckverzierungen ein wenig Klarheit einziehen lassen oder einem eckigen Neubau ohne allzu viel natürlichen Charme ein bisschen Wärme einhauchen.

Ein Trick für einen geglückten Stilbruch besteht darin, dass man den gemeinsamen Nenner zweier Epochen findet. Das könnte zum Beispiel eine Farbe oder ein Material sein. Zehn Stühle um einen Tisch wirken oft zusammengehöriger, wenn sie alle schwarz sind. Oder alle aus demselben Holz.

Achten Sie jedoch darauf, dass Sie sich auf kleinere Objekte beschränken, wenn Sie mit dieser Art Kontrast arbeiten. Historische Elemente eines Hauses zu entfernen, kann seinen Wert mindern, und wenn Ihr Haus denkmalgeschützt ist oder es bestimmte Auflagen für bauliche Veränderungen gibt, können Sie das Ganze nicht nach Lust und Laune auf den Kopf stellen – möblieren und tapezieren können Sie jedoch, wie es Ihnen passt.

Texturen und haptische Oberflächen

Dass Farbe und Form ihren Einfluss darauf nehmen, wie wir einen Raum erleben, wird kaum jemand bestreiten. Nur wenigen ist hingegen klar, dass die Wahl von Oberflächen und Strukturen mindestens ebenso wesentlich für das Erleben des Ganzen ist.

Man kann sich in einem einzigen Zimmer durchaus auf verschiedene Töne und Nuancen einer einzigen Farbe beschränken, aber selten auf dieselbe durchgängige Oberflächenstruktur. Der fast explosionsartige Anstieg des Angebots von Möbeln aus Holzfaser- und Pressspanplatten hat die Einrichtung zwar demokratisiert, weil sie preisgünstig und leicht zu bekommen sind, aber sie haben auch zu einem sehr platten, harten Ausdruck in vielen modernen Behausungen geführt, insbesondere in Fällen, in denen es überhaupt keine anderen Oberflächen und Strukturen mehr gibt.

Streben Sie immer eine Mischung mehrerer Strukturen an. Wechseln Sie versiegelte Materialien mit natürlichen Oberflächen ab, mit rauen, weichen, flauschigen, glänzenden, geriffelten, gewebten, geflochtenen, patinierten oder rustikalen Materialien.

Für gewöhnlich unterscheidet man zwei Arten von Textur: die haptische und die visuelle.

Haptische Textur (physisch)

Sie kann auch mit geschlossenen Augen wahrgenommen werden, weil die Oberfläche physisch unregelmäßig ist. Sie können sich vielleicht das Gefühl an der Haut vorstellen, wenn Sie mit der Handfläche über einen wolligen Schafspelz streichen oder barfuß über einen weichen,

Der Unterschied zwischen Hell und Dunkel ist angeblich der, den wir am deutlichsten wahrnehmen. Wenn Sie vorhaben, Wände dunkler zu streichen, sollten Sie diesen Gedanken im Hinterkopf haben. Wenn Sie alle Lichtschalter, Steckdosen und Heizkörper weiß lassen, stechen sie stark ins Auge, weil man sie viel deutlicher sieht als vor einem hellen Hintergrund.

langflorigen Teppich gehen. Isabelle Sjövall glaubt, dass es eine physiologische Erklärung dafür gibt, dass wir haptische Materialien so gerne mögen; dass wir gerne eine weiche Decke anfassen oder in feiner Bettwäsche schlafen: Es stimuliert das Hormon Oxytocin, welches beruhigende Wirkung auf uns hat.

Visuelle Textur (optisch)

Sie wird nur vom Auge wahrgenommen. Das kann zum Beispiel ein Foto von einer unregelmäßigen Fläche sein, das die Illusion von Struktur erzeugt, obwohl die Oberfläche des Bildes an sich völlig glatt ist.

Das Licht in einem Zimmer beeinflusst die visuelle Wahrnehmung haptischer Materialien. Wenn eine Oberfläche rau ist, fallen die Schatten verschieden, je nachdem, wie man sie beleuchtet. Das schafft zusätzlich Leben in einem Raum mit vielen verschiedenen haptischen Flächen, weil das Zimmer sein Aussehen ändert und das Wahrnehmungserlebnis je nach Tageslicht oder anderweitiger Beleuchtung ein anderes wird.

Raue und ungleichmäßige Oberflächen

- Oberflächen, die weniger Licht reflektieren, lassen Farben dunkler wirken.
- Viele Oberflächen mit Textur lassen einen Raum weicher und wärmer wirken.
- Grobe Oberflächen wirken oft rustikaler.

Glatte und glänzende Oberflächen

- Oberflächen, die reflektieren und glänzen, lassen Farben heller wirken.
- Viele glänzende Oberflächen lassen einen Raum härter und kälter wirken.
- Glänzende Flächen wirken meist moderner.

Beispiele für Texturen in der Einrichtung

Mit verschiedenen Kontrasten in der Textur zu arbeiten, ist ein dankbarer Trick, wenn man mehr Tiefe in die Einrichtung bringen möchte. Wenn Sie einen Raum als eindimensional und sperrig wahrnehmen, sollten Sie sich vielleicht ansehen, wie viele verschiedene haptische Oberflächen es gibt. Vielleicht sollten Sie mehr Abwechslung hineinbringen? Versuchen Sie, ein paar von den folgenden Elementen einzubeziehen:

- einen Teppich mit viel Struktur (zum Beispiel einen flauschigen, hochflorigen Teppich)
- ein Schaffell
- Vorhänge zum Beispiel aus Leinen, mit natürlichen Falten
- eine flauschige, weiche Decke
- natürliche Struktur in einem gewebten Material oder ungebügeltem Leinen
- eine Glasvase mit Struktur (zum Beispiel Pressglas oder gewelltes Glas
- handgetöpferte Keramik
- ein Möbelstück oder Einrichtungsobjekt aus unbehandeltem Holz mit sichtbarer Maserung
- Ein großer Teppich mit grober Textur bekommt in einem Zimmer eine ganz andere Durchschlagskraft als ein kleines Kissen aus dem gleichen Material. Die Größe der Fläche hat entscheidenden Einfluss darauf, wie stark die Struktur wahrgenommen wird.

Symmetrie

Einfach erklärt kann man Symmetrie als zwei Teile eines Ganzen beschreiben, wobei diese Teile Spiegelbilder voneinander sind. Es gibt jedoch mehrere verschiedene Definitionen dieses Phänomens, das man sich beim Einrichten zunutze machen kann, um über Doppelung oder symmetrische Wiederholungen Ausgewogenheit in einem Zimmer zu schaffen.

- *Spiegelsymmetrie*: Eine Seite spiegelt die andere. Beispiel: die Flügel eines Schmetterlings. Einrichtungsberater verwenden die symmetrische Balance oft im Schlafzimmer, wo sie rechts und links vom Bett dieselben Nachttischchen und Nachttischlampen aufstellen. Spiegelsymmetrie kann sowohl vertikal als auch horizontal sein.
- *Rotationssymmetrie*: Ein Muster, das sich nicht verändert, wenn man es um seinen Mittelpunkt dreht. Beispiel: ein Stern oder ein sich wiederholendes Muster auf einem runden Teppich. Einrichtungsexperten sagen, dass sie radiale Balance anstreben, wenn sie mit runden Möbeln einrichten. Dabei geht man von einem Mittelpunkt oder einer Achse aus, wenn man zum Beispiel einen

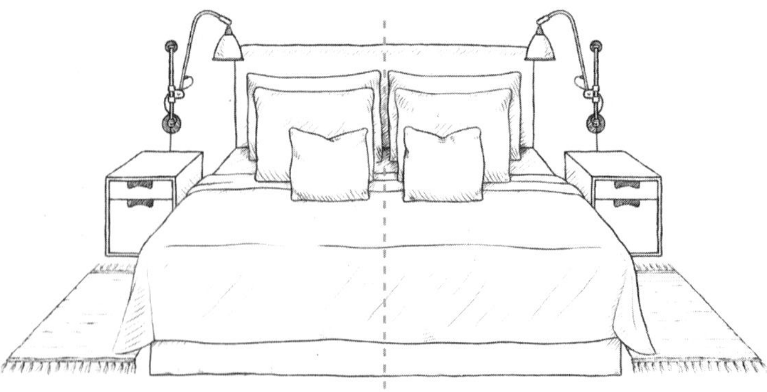

Spiegelsymmetrie. Neben dem Bett lässt man gerne Spiegelsymmetrie walten, mit gleichen Nachttischen und gleichen Lampen rechts und links, um ein ruhiges, harmonisches Gleichgewicht im Zimmer zu schaffen.

runden Tisch mit einer runden Lampe und einem runden Teppich kombiniert statt die Linien mit einem rechteckigen Teppich und einer länglichen Lampe zu brechen, die – je nachdem, von welcher Seite man das Arrangement betrachtet – immer verschieden aussieht.

- *Translationssymmetrie*: Auch Parallelverschiebung genannt. Symmetrie, die entsteht, wenn eine Figur oder ein Muster in einem bestimmten Abstand wiederholt wird. Beispiel: die Symmetrie einer Baumallee, eines versetzten Tapetenmusters, eines Bodens mit Schachbrettmuster oder an einer gekachelten Wand.

Man kann sich symmetrischer Kompositionen bedienen, um Ordnung in unregelmäßige Interieurs zu bringen oder um eine gewisse Klasse in einen Stil zu bringen. Gleiche Paare von Lampen, Kissen, Kerzenleuchtern, Stühlen oder Pendelleuchten im Fenster gehören zu einem eher konservativen, eleganten Einrichtungsstil, können aber auch eingesetzt werden, um Ruhe in ein unruhiges, maximalistisches Interieur mit viel Detailreichtum und Stimuli zu bringen.

Radiale Balance. Zu runden Tischen passt meistens am besten eine runde Lampe. Vielleicht hängt das mit der Rotationssymmetrie und dem radialen Gleichgewicht zusammen, durch die diese Komposition gleich aussieht, egal wo man sitzt oder von welcher Seite man das Ganze betrachtet.

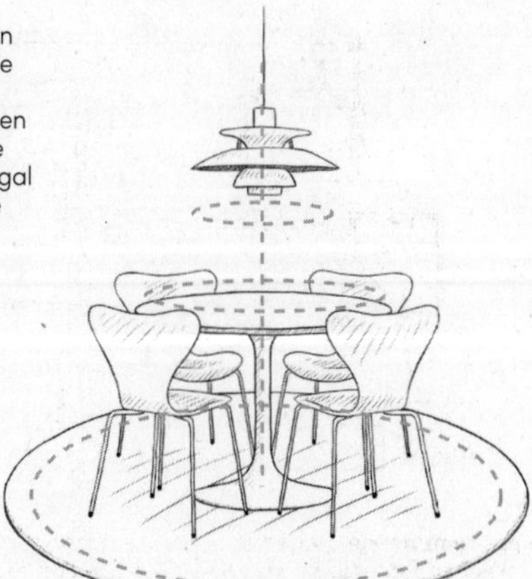

Asymmetrie, Fukinsei und Wabi Sabi

Während wir in der westlichen Welt gelernt haben, Ausgewogenheit durch Symmetrie zu schaffen, haben viele asiatische Kulturen genau das Gegenteil getan. Dort wird die Ausgewogenheit einer Komposition durch Unregelmäßigkeit und Asymmetrie geschaffen.

Wabi Sabi ist eine japanische Ästhetik und ein Einrichtungsbegriff, bei dem es darum geht, das Schöne im Ungeschönten zu sehen. Wabi Sabi huldigt dem Nicht-Perfekten und ermuntert uns, das Schöne im ganzen Kreislauf von Wachstum bis Verfall zu sehen.

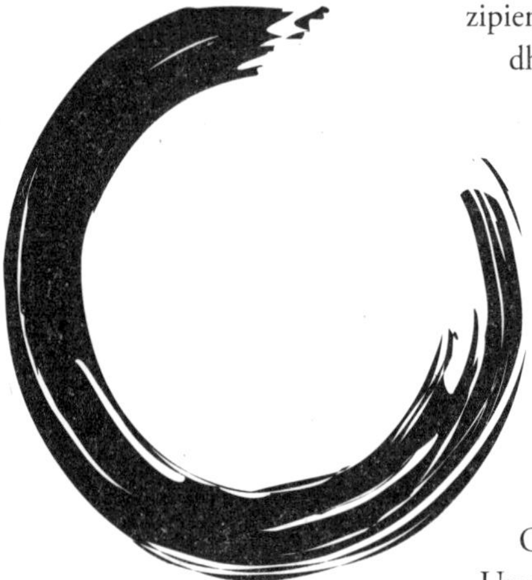

Fukinsei ist eines der sieben Grundprinzipien des Zen, eines Zweiges im Buddhismus, und bedeutet Asymmetrie oder Unregelmäßigkeit, auch asymmetrische Balance genannt. Wenn man einen Neubau einrichtet, der ein bisschen zu glatt daherkommt, kann es sehr effektiv sein, wenn man sich beim Einrichten einer bewussten Unvollständigkeit bedient, in Kombination mit geraden Linien und perfekter Oberfläche. Wenn man so eine Umgebung nur mit symmetrischen, perfekten Möbeln oder mathematischen Tapetenmustern einrichtet, verstärkt man das Problem, statt es zu mildern – dann wird das Gerade nämlich noch gerader und das Harte noch härter. Doch wenn man Unvollständiges hinzufügt, in Form natürlich unregelmäßig geformter Elemente, organischer Formen oder asymmetrischer Muster, entsteht ein völlig anderer Effekt.

Ich glaube, dass sich diese Strategie hervorragend in Umgebungen anwenden lässt, die in ihrer Perfektion etwas Ungemütliches haben. Eine strenge Einrichtung mit patinierten Möbeln zu brechen, kann auch ein Gefühl von Entspannung und eine einladende Atmosphäre schaffen – im Gegensatz zu Möbeln, auf die man sich kaum zu setzen wagt, weil man Angst hat, sie kaputt zu machen oder zu beschmutzen.

Praktische Beispiele

Hier sind ein paar Beispiele, wie man das Prinzip der Unregelmäßigkeit und Asymmetrie umsetzen kann. Vielleicht inspirieren sie Sie ja zu ähnlichen Ideen?

- Richten Sie mit natürlichen Objekten und Möbeln ein, die raue Oberflächen haben, oder mit rauen, unregelmäßigen Dekorationsobjekten wie ein schöner Stein oder ein Zweig.
- Bewirken Sie Brüche mit unregelmäßigen Formen, zum Beispiel mit dem Design von handgetöpferter Keramik oder Kunsthandwerk.
- Verwenden Sie Material mit natürlich unregelmäßigen Strukturen oder Mustern wie Marmor oder Kalkstein.
- Kaufen Sie einen Teppich mit langem Flor, der von Natur aus etwas Leben in sich hat, oder einen Teppich mit unregelmäßigem Muster.
- Nehmen Sie asymmetrische und organische Tapeten- oder Stoffmuster (also keine repetitiven und symmetrischen Muster).
- Hängen Sie Bilder auf, denen man die Handarbeit ansieht. Eine großzügige Zeichnung oder ein persönliches Ölgemälde kann einen spannenden Kontrast zu perfekten Digitalprints bilden.
- Hängen Sie Ihre Bilder nicht symmetrisch, sondern in unregelmäßiger Anordnung auf.

Proportionen und Größe variieren

Einer der häufigsten Fehler, die ich bei Einrichtungen beobachte, ist der, dass wir viel zu selten Proportionen und Größen variieren. Eine Armee aus haargenau gleichen Sofakissen, Teelichtern oder Pflanzentöpfen in haargenau derselben Größe schaffen keine Dynamik. Eher Wiederholung und Monotonie und schlimmstenfalls einen steifen, ungemütlichen Eindruck.

Den meisten Behausungen tun Details gut, die monotone Muster durchbrechen, aber die Abweichungen müssen nicht unregelmäßig, gewagt oder kühn sein. Es kann schon reichen, dass man sich etwas vornimmt, was man bereits eingerichtet hat, und an den Proportionen arbeitet. Als Richtschnur: etwas Hohes, etwas Niedriges, etwas Breites, etwas Schmales, etwas Großes und etwas Kleines. Variieren Sie die Größe der Sofakissen (nehmen Sie drei verschiedene Größen anstatt alle in 50 mal 50 Zentimeter), kaufen Sie einen richtig imposanten Pflanzentopf oder eine größere Pflanze, die einen Kontrast zu Ihren ganzen anderen, ungefähr gleich großen Topfpflanzen bildet. Oder hängen Sie ein kleines Bild zwischen vielen größeren auf. Kleine Variationen können einen großen Unterschied im Gesamtbild bewirken.

Geplante Leerstellen

Wenn man einen Raum einrichtet, kann man den Fehler machen, lediglich zu skizzieren, wie man die Flächen mit Dingen füllen möchte. Dabei ist es ebenso wichtig, mit einzuplanen, was man auf Englisch *negative space* nennt, also geplante Leerstellen. Solche Leerstellen sind Freiflächen auf dem Boden und an den Wänden, die nicht von Möbeln oder Dingen eingenommen werden, leere Bereiche, die in Ihrem Zuhause nötig sind.

Wenn man vor einem Einrichtungsprojekt steht, ist es wichtig, sich ganz bewusst zu überlegen, welche Teile des Raums luftig bleiben sollen, damit der Gesamteindruck ein angenehmer wird. So wie ein Musikstück Strecken hat, die ruhiger sind, braucht eine Einrichtung oder ein Interieur auch Strecken, die als Übergänge zwischen verschiedenen rhythmischen Abschnitten fungieren, damit der Gesamteindruck nicht unruhig oder monoton (statisch) wirkt. Geplante Leerstellen tragen also ebenso zum Gesamterlebnis bei wie die möblierten Flächen.

Auch wenn man sich wohlfühlt, wenn man von vielen Dingen umgeben ist und einen eher intensiven Stil bevorzugt, braucht man ebenso leere Bereiche, um einen Tempowechsel zu bewirken. Überlegen Sie: Wie sieht es bei Ihnen zu Hause aus? Ist das ein Thema, an dem Sie arbeiten müssen, zum Beispiel indem Sie Dinge mehr gruppieren, anstatt sie auszubreiten? Gibt es Bereiche in Ihrem Zuhause, denen etwas Auflockerung guttun würde?

Solche leeren Flächen und wo Sie sie platzieren möchten, sind vielleicht nicht das Erste, was Sie sich überlegen, wenn Sie über Ihre Einrichtung nachdenken, aber sie können ganz entscheidend dazu beitragen, einen harmonischen oder spannenden Gesamteindruck zu erzielen.

Praktische Beispiele

- Hängen Sie ein einzelnes Bild auf, mit viel leerer Wand rundherum. Das kann den Eindruck eines scheinbar bescheidenen, kleinen Gemäldes verstärken.
- Um einer skulpturalen Lampe den nötigen Fokus zu verleihen, kann es sich empfehlen, sie vor eine einfarbige, leere Fläche zu stellen, statt sie vor eine gemusterte Tapete oder Bilderwand zu hängen.
- Geplante Leerstellen können auch dazu dienen, natürliche Lichterfahrungen in einem Raum zu verstärken. Minimalisten arbeiten oft bewusst damit, wie und wo schöne Schatten entstehen und das Licht auf leere Flächen fällt.
- Lassen Sie bewusst eine Fläche frei, um visuelle Effekte mit den Gegenständen zu bewirken, mit denen Sie diese Leerstelle umgeben.

Die Wege in Ihrem Zuhause

Wenn Sie ein Zuhause einrichten, kann es ganz nützlich sein, sich zu überlegen, wie die Bewegungsmuster dort aussehen. Zwischen welchen Punkten geht man am häufigsten hin und her? Wo hält man sich die meiste Zeit über auf? Wo entstehen Engstellen und wo muss man dafür sorgen, dass man für mehr Leute Platz schafft?

Das kann man ganz einfach herausfinden, indem man eine Kopie des Grundrisses macht (den bekommt man normalerweise bei der Vertragsunterzeichnung von Vermieter, Makler oder Bauherrn) und darauf einzeichnet, wie Sie und eventuell die anderen Familienmitglieder sich im Laufe eines Tages in der Wohnung bewegen. Auf diese Art können Sie einfach herausfinden, welche Zimmer und Stellen aufgrund des Wohnungsschnitts vielleicht Problemfälle darstellen, welche Orte besondere Ansprüche an die Wahl der Möbel und Dekorationsobjekte stellen und welche Flächen Ihnen größere Handlungsfreiheit lassen. Dann sehen Sie auch, wo Sie keine größeren Objekte aufstel-

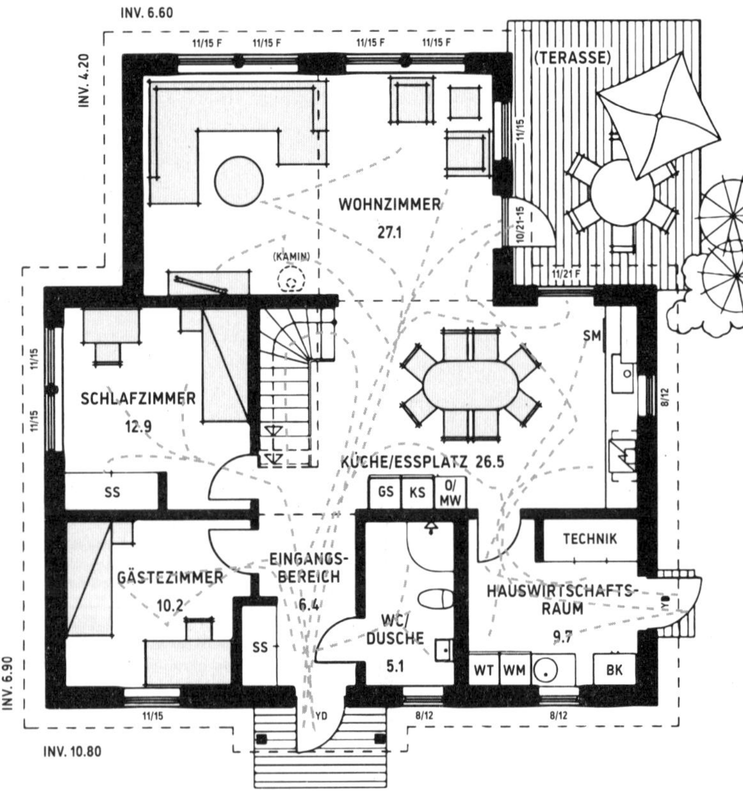

Zeichnen Sie Ihre Bewegungsmuster an einem ganz normalen Tag auf die Kopie eines Grundrisses, dann sehen Sie sofort, welche Teile der Wohnung am häufigsten begangen werden.

len sollten und wie Sie Ihr Möbel-Puzzle anpassen müssen, um sich geschmeidiger in Ihrer Wohnung bewegen zu können.

Türöffnungen haben die Tendenz, ein Zimmer in unsichtbare Zonen einzuteilen, die Sie bei der Einrichtung möglichst berücksichtigen sollten. Je nachdem, wo die Zonen sind und wohin die Türen führen, werden die Wege mehr oder weniger benutzt. Aber man würde natürlich ungern eine Sitzgruppe mitten auf einen stark frequentierten Weg stellen und den natürlichen Fluss im Zimmer stören. Kennzeichnen Sie die Türöffnungen und ziehen Sie eine Linie, je nachdem, wie oft Sie sich zwischen den Öffnungen im Zimmer bewegen, dann werden Sie schnell merken, an welchen Zonen Sie arbeiten müssen.

Wenn man über Geschäfte spricht, nennt man die Fläche direkt hinter der Eingangstür auch die Landebahn, denn sie gilt als eine Art Übergangszone, in der die Kunden langsamer gehen und den Raum in sich aufnehmen können.

Dieselben Tricks und Überlegungen lassen sich auch zu Hause anwenden. Entweder lassen Sie hinter einer Tür ein bisschen Extrafläche, als eine Art Übergangszone zwischen den Zimmern, wo der Fokuspunkt ein bisschen weiter im Zimmer liegt, oder Sie bremsen die Person, die ins Zimmer kommt, mithilfe von etwas, was sofort deren Aufmerksamkeit fesselt.

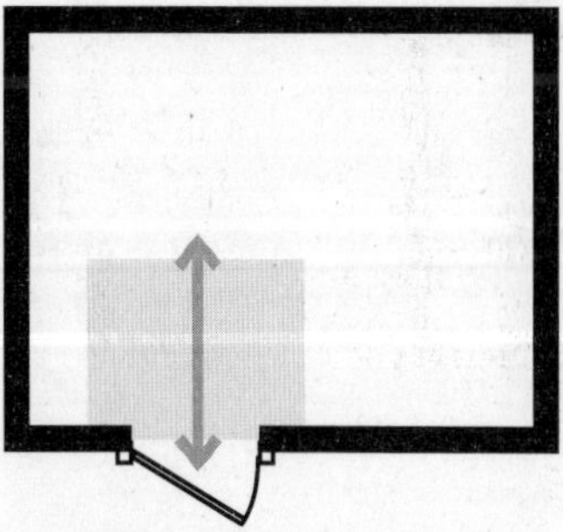

Landebahn.
Die Fläche gleich hinter einer Tür, auf der man stehen bleibt, um den Raum zu betrachten.

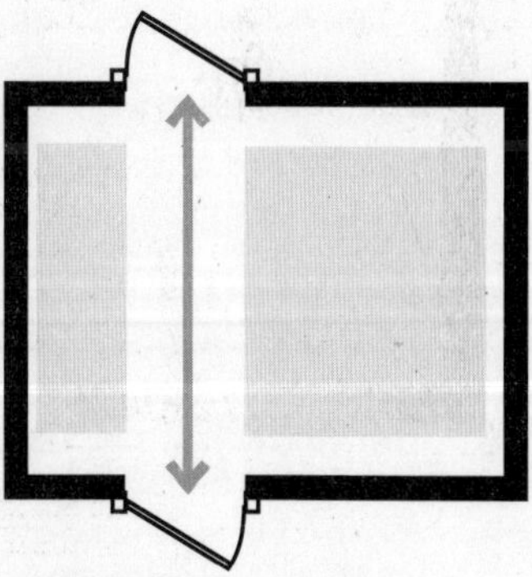

Durchgang.
Mehrere Türen in einem Zimmer können die Fläche in mehrere Möblierungsbereiche aufteilen.

Verschiedene Typen von Wegen

Einrichtungsberater überlegen nicht nur, wie man sich in einer Behausung bewegt, sondern auch, warum man sich zwischen verschiedenen Punkten bewegt und was man an diesen Orten tut, denn das kann die Identifizierung potenzieller Problemflächen und enger Bereiche erleichtern. Vielleicht kann Ihnen diese Überlegung auch weiterhelfen?

Alltagsrelevante Flächen – Wie betreten und verlassen Sie die Wohnung und wie bewegen Sie sich in der Wohnung, um Alltagstätigkeiten wie das Auspacken von Lebensmitteln und Putztätigkeiten durchzuführen? Gibt es Hindernisse, denen Sie mit einer anderen Möblierung abhelfen können?

Arbeitsbezogene Flächen – Wie bewegen Sie sich in den Zimmern zwischen den verschiedenen Arbeitsstationen, zum Beispiel in der Küche zwischen Spüle, Herd und Ofen, Kühlschrank und Gefriertruhe?

Bewegungen der Familie – Wie gehen Sie im Laufe eines Tages zwischen den Zimmern hin und her (vom Morgen bis zum Abend)? Wo verbringen Sie die meiste Zeit? Welche Passagen werden von mehr als einer Person gleichzeitig benutzt?

Bewegungen von Gästen – Wie bewegen sich Gäste von Eingang und Flur zu Flächen wie Küche, Esszimmer und Wohnzimmer sowie Gästetoilette? Kollidieren diese Wege mit den privateren Bereichen der Wohnung? Wenn ja, wie könnte man diese Bewegungen anders lenken?

Isovist

In der Architektur wird mit dem Begriff Isovist die Sicht beziehungsweise Sichtbarkeit von einem gegebenen Punkt im Haus beschrieben. Wie viel oder wie wenig sieht man, wenn man an genau diesem Punkt steht?

Die Umwelt wahrzunehmen und diese Informationen zu verarbeiten, war in der Evolution des Menschen aus Überlebensgründen sehr wichtig. Vielleicht ist das der Grund, warum wir anscheinend die Stellen in einem Raum identifizieren können, die am meisten Isovist haben und daher die beste Übersicht oder Aussicht bieten. Ebenso können wir die Stellen, die am wenigsten Isovist haben und daher weniger Sichtbarkeit und mehr Schutz bieten (Verstecke), ausmachen.

Die Hirnforscherin Katarina Gospic und die Neurodesignerin Isabelle Sjövall haben aus diesem biologischen Hintergrund abgeleitet, warum wir einen Raum so einrichten müssen, dass er einerseits einen guten Überblick bietet, andererseits aber auch die Möglichkeit, sich in weniger sichtbare, geschütztere Ecken zurückzuziehen. Ich glaube, das erklärt, warum Einrichtungsberater Möbel nie so hinstellen mögen, dass man mit dem Rücken zu einer Türöffnung sitzt, oder ein Bett nie so drehen, dass das Kopfende zur Schlafzimmertür zeigt.

In den offenen Grundrissen von heute ist es natürlich schwierig, dies auf alle Möbelstücke anzuwenden, aber man kann trotzdem versuchen, sie so zu stellen, dass der Großteil der Sitzplätze einer Sitzgruppe oder an einem Esstisch nicht zu einer Türöffnung oder einem Durchgang zeigt. Möbel lassen sich oft auf viele verschiedene Art drehen. Wenn man nach der Isovist-Theorie einrichten und in einem

> ***Generell kann man sagen, dass wir Umgebungen mögen, die unserem Gehirn das genau richtige Maß an Herausforderung bieten.***
>
> Katarina Gospic

Zimmer auch Verstecke einbauen möchte, wird offensichtlich, dass offenen Grundrissen genau das vermehrt fehlt; man muss also einen Unterschlupf durch die Einrichtung konstruieren. Mithilfe niedriger Buchregale, Bodenpflanzen und anderer Gegenstände kann man Absperrungen schaffen und einen Raum so gestalten, dass man einerseits die Übersicht hat, aber auch das Gefühl, beschützter zu sein.

Das 2:8-Prinzip beim Verstauen unserer Sachen

Als ich die Leser meines Blogs um Vorschläge für Themen bat, die ich in dieses Buch aufnehmen sollte, landeten die Tipps für das Verstauen

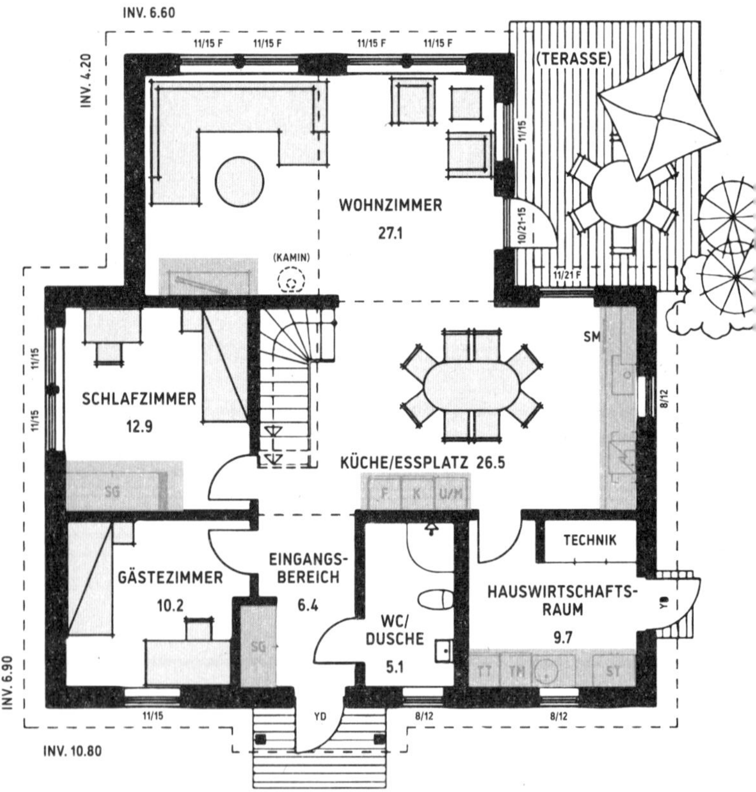

von Gegenständen ganz oben auf der Wunschliste. Ein Trick, der mir selbst sehr viel gebracht hat, ist das 2:8-Prinzip, so getauft von dem Experten Wei Lu. Das bedeutet, dass man das visuelle Rauschen in seinem Zuhause minimiert, indem man 80 Prozent seiner Dinge verbirgt und nur 20 Prozent sichtbar stehen lässt. Das ist vielleicht überspitzt formuliert, aber die Grundidee ist eine Lösung des Verstauungsproblems durch gute, leicht zugängliche Konstruktionen für den Alltag. Diese müssen daher strategisch in der Wohnung verteilt werden, am besten neben den Wegen. Um einen Überblick zu bekommen, kann man auf einem Grundriss die Staumöglichkeiten in jedem Zimmer markieren. Wo sind sie, sind sie offen oder geschlossen und wie sind sie platziert? Offene Konstruktionen entlang der Sichtlinien sollte man möglichst vermeiden, weil sie die Eindrücke in mehreren Zimmern zugleich stören können.

Diese Übung wird deutlich zeigen, ob die Staumöglichkeiten gleichmäßig im Haus verteilt sind oder ob irgendwo ein Ungleichgewicht besteht. Verwenden Sie doch zwei Farben von Leuchtstift, einen für die offenen, einen für die geschlossenen Schränke und Regale. Auf diese Art erkennen Sie sehr schnell, ob der Raum an sich fehlt oder die Verteilung zwischen geschlossenen und sichtbaren Staumöglichkeiten zu unausgeglichen ist.

Die Himmelsrichtungen

Wenn man ein Haus einrichtet, kann es sehr hilfreich sein, sich zu überlegen, in welche Himmelsrichtung die Räume jeweils ausgerichtet sind. Wenn Architekten Häuser zeichnen oder sich überlegen, wie sie die Gebäude auf einem Grundstück platzieren, berücksichtigen sie das, indem sie sich überlegen, wie sich die Lichtverhältnisse im Laufe des Tages ändern. Manchmal sind diese Umstände beeinflusst durch Vorschriften, die Bebauung der Umgebung oder Höhenunterschiede im Grundstück – aber es gibt im Allgemeinen gewisse Vor- und Nachteile von Zimmern in Nord-, Süd-, Ost- und Westlage, sodass sich unterschiedliche Räume verschieden gut für verschiedene Aktivitäten eignen. Wenn Sie in ein Haus oder eine Wohnung ziehen, in dem der

Grundriss nicht ganz eindeutig ist, können Sie sich überlegen, wie die Himmelsrichtungen die Zimmer beeinflussen, sodass Sie Ihre Behausung bestmöglich nutzen und den Wohlfühlfaktor steigern können. (Ich gehe bei meinen Ausführungen davon aus, dass Sie auf der Nordhalbkugel wohnen – auf der Südhalbkugel wären die Verhältnisse genau andersherum.)

Wenn Sie es zum Beispiel eher kühl mögen, wäre es vielleicht ungeschickt, das Schlafzimmer im Westen zu haben, wo die Sonne den Raum im Laufe des Nachmittags stark aufheizen kann. Wenn Sie morgens nicht so leicht in die Gänge kommen, ist es vielleicht eine ganz gute Idee, das Schlafzimmer im Osten zu haben, damit Sie bei Sonnenaufgang mit dem Morgenlicht aufwachen können. Wie viel Sonnenlicht im Laufe eines Tages in Ihr Zuhause gelangt, wird auch durch die Umgebung und die Bebauung der Nachbarschaft beeinflusst. Wenn Sie in der Nähe großer Hochhäuser oder eines Waldes wohnen, die das Tageslicht einschränken, sind die Effekte vielleicht nicht dieselben, aber es könnte trotzdem gut sein, sich zu überlegen, was die verschiedenen Himmelsrichtungen für einen Unterschied machen können.

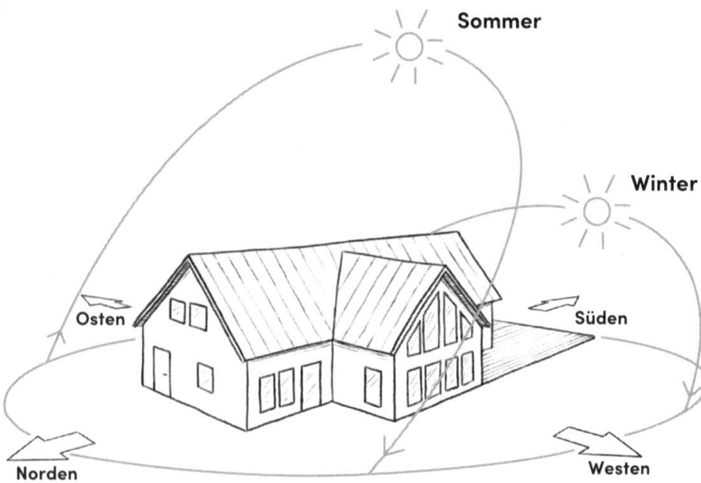

Norden

Hier liegt meistens der dunkelste, kühlste Raum des Hauses. Da es hier nur frühmorgens und am Abend für eine kurze Zeit Sonne gibt, liegt die größte Herausforderung darin, möglichst viel Tageslicht ins Zimmer zu lassen. In Räumen, die nach Norden ausgerichtet sind, ist es meistens besonders wichtig, für gute Beleuchtung zu sorgen. Nordzimmer haben auch ein kälteres Tageslicht. Das bedeutet, dass kühle Farben verstärkt werden; weiße Wände können beispielsweise einen Blau- oder Lilaton annehmen.

Osten

Da die Sonne im Osten aufgeht, gibt es hier morgens und vormittags natürliches Sonnenlicht. Das schafft gemütliche Wärme im Sommer und rasche Abkühlung im Winter.

Süden

In Südlage gibt es die meisten Sonnenstunden (und manchmal sehr starke Sonne). Sonnenschutz ist hier wichtig – beispielsweise mit Raffrollos, Jalousien oder Markisen –, um für Schatten zu sorgen und die Wärme im Zimmer zu verringern, aber auch um ein Ausbleichen von Möbeln und Böden zu verhindern. In Südzimmern werden Wandfarben oft heller wahrgenommen als in Zimmern, die nach Norden ausgerichtet sind.

Westen

Diese Seite des Hauses wird vom Wetter meistens am stärksten beansprucht, durch Verwitterung und andere Abnutzungserscheinungen. In dieser Himmelsrichtung gibt es intensive Nachmittags- und Abendsonne, die das Material austrocknen, aber auch die Farbbeständigkeit von Möbeln und Boden beeinflussen kann. Wenn Sie in einem eigenen Haus wohnen, wäre es gut, hier Bäume und Büsche zu pflanzen, die diese Hausseite beschatten. In Schlafzimmern mit dieser Ausrichtung könnte es angeraten sein, mit Vorhängen zu arbeiten, die möglichst wenig Licht durchlassen.

3

Überlegungen zum großen Ganzen

Für mich ist Einheitlichkeit in der Einrichtung etwas, was entsteht, wenn alle Teile zusammen ein harmonisches Ganzes bilden und ein Gefühl der Verbindung auslösen. Das muss nicht bedeuten, dass jeder Gegenstand perfekt passt oder hundertprozentig schlüssig ist. Aber dieses Gefühl des harmonischen Ganzen entsteht doch meistens in Häusern, in denen sich jemand Gedanken gemacht hat, im Großen wie im Kleinen. Manchen fällt das ohne Anleitung ganz leicht, andere brauchen ein bisschen Hilfe. In diesem Kapitel habe ich Anhaltspunkte und Tipps für die Leute gesammelt, denen es etwas schwerer fällt, das Ganze zusammenzuhalten und einen roten Faden in ihrem Zuhause zu schaffen.

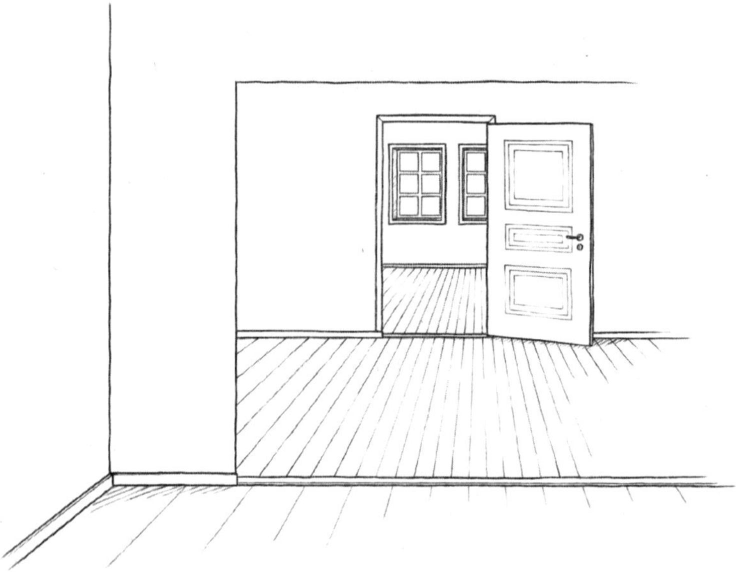

Sichtlinien und Axialität

Wenn Architekten Häuser zeichnen, haben sie oft Begriffe wie Durchsicht oder Sichtlinien im Hinterkopf, denn Gebäude mit Durchsicht, in denen man also in mehrere Zimmer gleichzeitig blicken kann, vermitteln ein Gefühl von Raum und Volumen. Forscher haben Abhandlungen über Axialität geschrieben, als einen wichtigen Faktor für den nicht konkret messbaren Wert eines Hauses, das heißt dafür, dass ein Zuhause als angenehm empfunden wird. Eine Achse ist eine gedachte Linie, die sich zwischen zwei Punkten erstreckt, und zwar durch zwei oder mehrere Räume hindurch, und beim Betrachter das Gefühl auslöst, einen größeren Zusammenhang zu sehen. Wenn die Einrichtung in nebeneinanderliegenden Räumen harmoniert und zusammengehört, wird dieser Eindruck von Ganzheitlichkeit noch gemütlicher. Deswegen ist es wichtig, dass man sich beim Einrichten des Hauses aus dem Bild herauszoomen und das Ganze betrachten kann, damit man nicht zu kurzsichtig wird und immer nur ein Zimmer sieht.

Auch wenn Sie nicht in einem Haus mit deutlichen Sichtlinien wohnen oder wenn der Raum, mit dem Sie Probleme haben, keine Öffnungen zu anderen Räumen hat, ist es doch ein Prinzip, aus dem Sie Nutzen ziehen können. Egal, wie Sie wohnen, Sie müssen öfter an einem Zimmer vorbei- (und manchmal hindurch-)gehen, um ins nächste zu gelangen, und damit nehmen sie die Eindrücke vom einen Raum mit in den anderen.

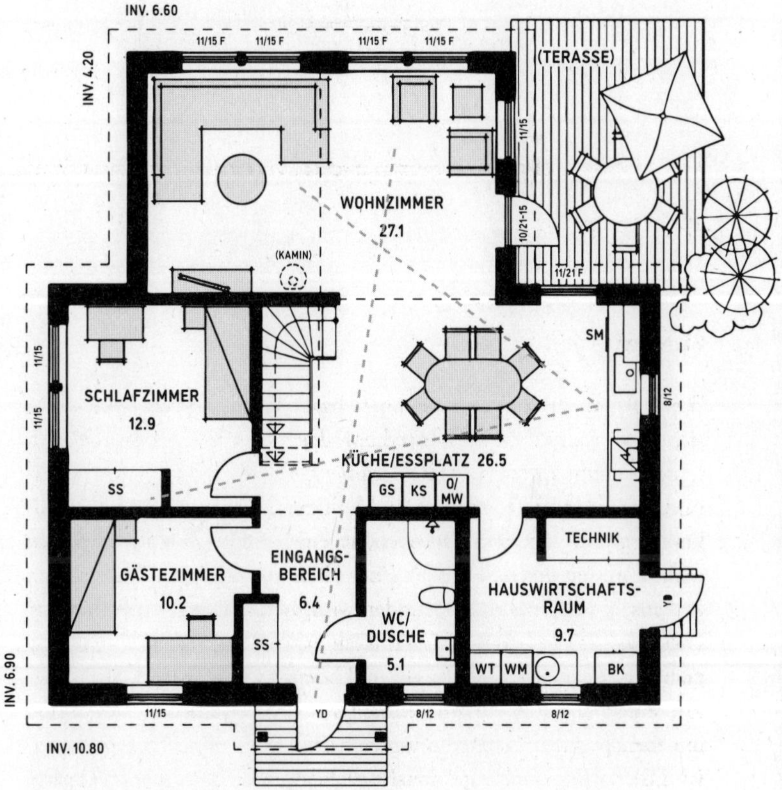

Welche Räume kann man in Ihrem Zuhause gleichzeitig sehen? Zeichnen Sie die entsprechenden Sichtlinien auf einer Kopie des Grundrisses ein, damit man erkennen kann, welche Räume einrichtungstechnisch zusammenhängen müssen, um ein harmonisches Ganzes zu schaffen.

Gedankenübung

- Welche Zimmer (abgesehen vom Flur) sieht man, wenn man Ihre Wohnung betritt?
- Welche deutlichen Sichtlinien müssen Sie bei Ihrem Grundriss berücksichtigen?
- Gibt es zusammenhängende Zimmer, zwischen denen die Türen meistens offen stehen?
- Welche Zimmer muss man durchqueren, bevor man in das gelangt, an dem Sie in diesem Moment arbeiten?
- Was für äußere Objekte befinden sich in Ihren Sichtlinien, derer Sie sich bedienen können oder auf die Sie Rücksicht nehmen müssen in Ihrer Farbwahl oder Ihren Einrichtungsentscheidungen? Das kann ein nahe gelegener Wald sein, die Farbe der Dachziegel oder die Kupferdächer, die Sie vor Ihrem Wohnungsfenster sehen, oder andere Details in der Umgebung, die den Abschluss einer langen Sichtlinie durch Ihre Wohnung bilden.

Der rote Faden

In der griechischen Mythologie rettete sich Theseus aus dem Labyrinth des Minotaurus, indem er dem roten Faden folgte, den er von Ariadne bekommen hatte. Wenn jemand eine Rede oder einen Vortrag hält und aus dem Konzept kommt, sagen wir oft, dass er „den Faden verloren hat". Umgekehrt versuchen Einrichtungsberater oft, einen roten Faden durch eine Wohnung gehen zu lassen, mithilfe eines gedachten Themas, das den Zusammenhang zwischen verschiedenen Räumen und Stockwerken in einem Haus schafft.

Der rote Faden kann aus einer Farbe bestehen, wie schon der Name andeutet, doch er muss natürlich nicht rot sein, sondern kann auch gern blau, grün oder andersfarbig sein. Man kann es auch bildlicher interpretieren, in Form subtiler Zitate, zum Beispiel eines immer wiederkehrenden Materials, einer Holzart, Details in der Formgebung oder etwas anderem, was Wiedererkennungswert zwischen den Räumen schafft und das Ganze zusammenhält.

Wiederholung

Ein Trick, zu dem Einrichtungsexperten oft greifen, um Struktur zu schaffen, ist die Wiederholung. Sobald man ähnliche Elemente an mehreren Stellen wiederholt, verleiht man einer Einrichtung mehr Zusammenhang und bewusste Gestaltung. Der Trick besteht einfach darin, dass man für Wiedererkennungseffekte sorgt, indem man eine spezielle Farbe, Form, Textur, Linie oder irgendein anderes Detail bewusst an mehreren Stellen im Haus wiederkehren lässt. Dies ist besonders geeignet für Leute mit einer Vorliebe für Maximalismus, denn Wiederholung schafft ein Gefühl von Organisation und Ordnung.

Schrittweise Steigerung

Songschreiber arbeiten gern mit Veränderungen der Tonart, wenn sie ihre Lieder schreiben. Einfacher formuliert: Eine Melodie wird wiederholt, aber auf einer anderen Frequenz. Ebenso können Sie mit Progressionen in Ihrer Einrichtung arbeiten, das heißt, Sie nehmen schrittweise Veränderungen in Größe oder Stärke vor. Sie können mit unterschiedlichen Höhen arbeiten oder mit einer Steigerung der Größe ähnlicher Kerzenständer oder Tische oder mit der graduellen Abschattierung ein und derselben Farbe.

Wow, Aha, Brücke

Damit Ihre Lieblingsfarbe oder Ihr gedachtes Thema deutlich hervortreten, reicht es selten, dass Sie sie einmal pro Zimmer oder Sichtlinie verwenden. Ich habe gelernt, dass man am besten versucht, Wow-Effekte und Aha-Erlebnisse zu schaffen, wenn eine neue Erkenntnis oder ein Erlebnis wirklich bleibenden Eindruck hinterlassen soll. Wie kann man das in Einrichtungssprache übersetzen? Beginnen Sie damit, dass Sie ein paar Landebahnen im Haus identifizieren, auf denen Sie oder Ihre Gäste oft stehen bleiben oder hereinkommen (der Eingangsbereich des Hauses, der Eingang zum Wohnzimmer oder der Übergang zum Flur). Dann denken Sie dort an Ihre drei Punkte und lassen den roten Faden an mindestens drei Stellen dieser Sichtlinie wiederkehren. Wenn Sie axial zwischen zwei Endpunkten arbeiten, versehen Sie den ersten Teil des roten Fadens, der am nächsten beim Betrachter liegt, mit einem Wow-Effekt. Was Sie dann hinten in der Peripherie bringen, soll Wiedererkennungswert haben und ein Aha-Erlebnis bieten. Was Sie dazwischenstellen, fungiert als subtile thematische Brücke zwischen den beiden. Wow, Aha, Brücke.

Ein konkretes Beispiel: Das Erste, was einem in einem Raum ins Auge fällt, ist das schöne Salbeigrün an Wänden und Decke. Dann ist der spontane Eindruck vielleicht: „Wow, das ist ja eine wunderschöne Farbe!“ Wenn man dann weiterschaut und durch den Türrahmen blickt, fällt das Auge auf eine Wand mitten in der Sichtlinie, direkt auf ein Bild mit einem schönen Grünton. „Aha!“ Wenn man es sieht, versteht man, woher die Bewohner diesen einzigartigen Farbton haben – die Früchte und die Glasflasche auf dem Gemälde. Die schöne grüne Farbpalette findet sich nicht nur auf Wänden und Decke wieder, sondern kommt auch bei den Brücken wieder vor – bei Hängelampen mit grünen Schirmen, in Textilien und auf Kissen, den Sitzbezügen der Stühle oder im Muster auf dem Sofa. Alles in diesen Räumen spielt zusammen mit Wow und Aha. Haben Sie verstanden, wie „der grüne Faden“ gemeint ist?

Beispiele für Dinge, die eine Einrichtung zusammenhalten können

- Eine gemeinsame Farbe oder eine zusammengehörige Farbskala
- Ein wiederkehrendes Material
- Eine durchgängig verwendete Holzart
- Details oder Thematik eines Kunstwerks, eines Hobbys, eines Interessengebietes oder eines Sports, den Sie ausüben
- Eine Designepoche, entsprechend dem Baujahr des Hauses
- Ein Designer oder eine Formensprache

Die Geschichte des Hauses berücksichtigen

Einrichter können ganz schön in Fahrt kommen, wenn sie erläutern, wie wichtig es ist, beim Aussuchen von Material oder Möbeln das Baujahr des Hauses und seine Designepoche mit einzubeziehen. Das muss man natürlich nicht sklavisch in allen Situationen tun, aber in gewisser Hinsicht haben sie schon recht. Das Endresultat wird meistens harmonischer, wenn man sich bei seinen Entscheidungen an den Grundvoraussetzungen und dem Charakter des Hauses orientiert – insbesondere, wenn man zum Beispiel dauerhaft in Küche und Badezimmer eingreift.

Ich glaube, das funktioniert fast ein bisschen so wie bei Kleidungsstücken, die meistens am besten aussehen und passen, wenn man sich nicht nur überlegt, was gerade allgemein modern ist, sondern sein Augenmerk darauf richtet, was dem eigenen Körpertyp am besten entspricht.

Ich habe schon oft beobachtet, dass das Ganze zusammengehöriger aussieht, wenn man das Außen und Innen eines Hauses nicht wie zwei separate Einheiten auffasst, sondern an ausgewählten Stellen in der Einrichtung den Baustil aufgreift. Wenn man die Geschichte des Gebäudes berücksichtigt, schafft man nicht nur einen roten Faden, sondern bekommt auch in vielerlei Hinsicht Ideen und Inspiration bei der Wahl von Möbeln, Material und dekorativen Details. Man kann sich in allem Möglichen inspirieren lassen, von Farbwahl und Tapeten bis hin zu zeitgenössischen Designern aus der Epoche, in der das Haus erbaut wurde. Wenn man etwas über das Jahrzehnt liest, in dem es gebaut wurde (egal ob man in einem Einfamilienhaus oder einer Wohnung lebt), kann man dadurch manchmal tolle Anregungen für den roten Faden in seinem Zuhause finden.

Wenn Sie zeittypisch einrichten möchten, ohne sich zu diesem Zweck unter die fundamentalistischen Denkmalsschützer zu begeben oder Ihr Zuhause wie eine Zeitkapsel zu gestalten, kann es schon genügen, sich darauf zu konzentrieren, welche besonderen Kennzeichen den Charakter der Epoche am besten einfangen. Überlegen Sie ein bisschen, wie Sie sich davon inspirieren lassen oder Ihren modernen

Baukunst ist raumgefasster Zeitwille.

Ludwig Mies van der Rohe

Lösungen ein zeittypisches Gewand verpassen können. Von welchen einzelnen Elementen, Materialien oder Formen fühlen Sie sich angesprochen, welche davon würden Sie vielleicht gern verwenden? Was ist funktional nicht mehr tauglich im Hinblick auf unsere heutige Lebensweise und auf welche Art können Sie das Beste aus beiden Welten in Ihr Zuhause integrieren?

Denken Sie wie ein Architekt

Als wir in unser Reihenhaus zogen, legte ich nicht so viel Wert auf die Form oder den historischen Hintergrund des Hauses. Ich war zu sehr damit beschäftigt, Lösungen für die problematische Akustik und die schwierigen Fensterpartien zu suchen, als dass ich der Architektur allzu viel Aufmerksamkeit geschenkt hätte – bis ich eines Tages einen Ordner mit Unterlagen zu unserem Haus fand. Der Vorbesitzer hatte Unterlagen zum Gebäude aufbewahrt, und ich fand den Gestaltungsplan der gesamten Umgebung. Das war, als hätte ich einen Schatz gefunden! Seite um Seite erklärten die Baufirma und der Architekt, wie sie gedacht hatten, woher sie ihre Ideen bezogen hatten und warum sich bestimmte Elemente in der Konstruktion des Gebäudes wiederholten.

Nachdem ich den Ordner durchgelesen hatte, begriff ich, dass der Funktionalismus der Dreißigerjahre als Vorbild für alle Häuser des Blocks gedient hatte, die im Spaß oft „die weißen Nistkästen" genannt wurden. Natürlich hatte ich schon vorher von Funktionalarchitektur gehört, interessierte mich aber nicht so für Geschichte, dass ich mich in die Frage vertieft hätte, worauf diese Ideen gründeten. Doch jetzt war ich neugierig geworden, und ich begann mehr über die Epoche zu lesen. Ich lieh mir Bücher aus der Bibliothek aus und suchte Informationen im Netz. Auf einmal fiel der Groschen, und Dinge, die ich vorher bemerkt, aber nicht verstanden hatte, bekamen auf einmal einen ganz neuen Sinn. Das runde Fenster, das schräge Dach, die großen Glasflächen und die Kalksteinfensterbänke, ja, sogar die Klinken hatten plötzlich einen tieferen Sinn, weil ich verstand, wie der Architekt gedacht hatte und welche Ideen hinter der modernen Deutung der funktionalistischen Ideale steckten. Die Nähe zur Natur, die Wichtigkeit von Tageslicht, die praktischen Lösungen und die Lebensqualität des Einfachen – das waren obendrein Werte, die meinen eigenen sehr ähnelten. Auf einmal war es einfacher, den Ausdruck des Hauses in seinen Zusammenhang zu setzen und zu begreifen, was ich selbst noch hinzufügen musste, damit die letzten Puzzleteilchen an ihren Platz fielen. Obwohl unser Haus 2006–2007 gebaut wurde, beschloss ich, alte Interieurs aus den Dreißigerjahren als Vorlage zu nehmen, als wir unsere Küche renovierten, ich flirtete einfach mit den Gedanken des Architekten. Aus demselben Grund suchte ich auch eine weiße Küche mit glatten Türen aus, obwohl in Zeitschriften und digitalen Medien damals graue Küchen mit strukturierten Flächen und eher ländlichem Flair dominierten.

Vielleicht wartet ja eine ähnliche Entdeckung auf Sie? Eine derartige visuelle Schatztruhe, aus der Sie schöpfen können, wenn Sie etwas mehr über Ihren Haustyp lernen oder die Epoche, aus der der Architekt Anregungen geschöpft hat?

Lassen Sie sich von der Geschichte inspirieren

Sich vom Gebäude inspirieren zu lassen und sich die Brille des Architekten aufzusetzen, wenn man einen Raum einrichtet, kann einerseits Spaß machen, andererseits die Dinge auch vereinfachen. Wenn man sich allerdings nicht so gut mit Architekturgeschichte und den Interieurs verschiedener Epochen auskennt, weiß man vielleicht nicht so recht, wie und wo man solche Hinweise findet.

Es gibt einiges an guter Literatur für Leute, die mehr über verschiedene Haustypen und ihre einzigartigen Charakteristiken lesen und lernen möchten.

Stilmix

Was kann man machen, wenn einem mehrere verschiedene Einrichtungsstile gleichzeitig gefallen? Wenn man in einem Haus wohnt, dessen Charakter einem nicht so zusagt, oder wenn man mit jemandem zusammenwohnt, dessen Geschmack man so gar nicht teilt – kann man dann verschiedene Stilelemente nach Belieben mixen?

Ja. Sie bestimmen schließlich selbst über Ihre Einrichtung. Je mehr Stile man zu mischen versucht, umso größer kann allerdings die Herausforderung sein, damit ein großes Ganzes zu erzielen – aber wenn man nur ein Zuhause hat, aber mehrere Stilvorlieben, ist es vielleicht umso besser zu wissen, dass es Tricks gibt, mit denen sich scheinbar unmögliche Stilbrüche zu einer Einheit zusammenfügen lassen.

Dominieren und Abrunden

Die Stile einfach in gleichen Anteilen zu mischen, ist selten eine gute Idee. Lassen Sie einen Einrichtungsstil dominieren und geben Sie dem Ganzen mit dem anderen Stil eine besondere Note. Nehmen Sie als Grundlage ein Verhältnis von 80:20 statt 50:50. Versuchen Sie, eine solide Linie bei der Grundmöblierung zu behalten. Diese kann oft teurer sein und man tauscht sie im Laufe seines Lebens nicht so oft (oder sollte es zumindest nicht). Die extravaganteren Elemente Ihres Geschmacks können Sie dann in den kleineren Details ausleben, um dem Raum eine gewisse Würze zu geben (beispielsweise in Form von Kunstwerken, kleineren Accessoires und einer bestimmten Beleuchtung der Dekorationsobjekte). Auf diese Art gelingt es Ihnen leichter, einen einheitlichen Eindruck zu schaffen, obwohl Sie hier und da Variationen zulassen.

Stildreieck

Wenn Sie drei Stile sehr gern mögen, können Sie Ihrer gedanklichen Aufteilung statt des oben empfohlenen 80:20-Verhältnis ein Stildreieck zugrunde legen. Die zwei näher verwandten Stile bilden die Grundseite und erhalten durch einen dritten, kontrastierenden Stil eine gewisse Würze – zum Beispiel skandinavischer und japanischer

Minimalismus, gewürzt mit einem rustikalen Touch. Natürlich kann man auch noch mehr Stile mischen, aber wenn Sie mit vier oder fünf verschiedenen Stilelementen arbeiten, laufen Sie leicht Gefahr, dass der Gesamteindruck ein ziemliches Durcheinander wird.

Vereinende Farben

Ein Tipp, mit dem sich trotz vieler Einrichtungsstile ein Eindruck von Einheitlichkeit erzielen lässt, besteht darin, mit einer einheitlichen Farbgebung zu arbeiten, die die Unterschiede zusammenbindet und ein paar gemeinsame Nenner schafft.

Streuen statt sammeln

Wenn Sie alles, was irgendwie anders ist, an einem Platz sammeln, wird der Stilbruch sehr ausgeprägt und augenfällig. Wenn Sie die Dinge im ganzen Zimmer ausbreiten und verstreuen, bleibt meiner Erfahrung nach das Gesamtbild leichter gewahrt.

Eher eine gleiche Stimmung als ein gleicher Stil

Auch wenn die Einrichtungsdetails in Form und Aussehen nicht zusammenpassen müssen, ist es gut, eine ähnliche Stimmung in Ihrem Zuhause zu erzeugen. Möchten Sie beispielsweise ein entspanntes und freundliches Gefühl hervorrufen, sollten Sie es vielleicht vermeiden, strenge, unbequeme und allzu kerzengerade Stilmöbel zu kaufen.

Visuelles Rauschen

Jeder würde sofort zugeben, dass Lärm, lästige Geräusche und eintönige Melodien im Hintergrund das Ohr stören können. Jeder, der schon einmal versucht hat, mit einer sirrenden Mücke im Zimmer einzuschlafen, weiß genau, was ich meine. Es braucht nicht viel, um unsere Gehörgänge zu reizen. Aber kaum jemand denkt daran, dass das Gegenstück in Form visueller Eindrücke unsere Augen genauso stören könnte. Egal, ob es einem gefällt, viele oder wenige Dinge um sich zu haben – es kann immer Gegenstände geben, die einem auf die Nerven gehen.

Seien Sie ehrlich zu sich selbst. Schauen Sie sich in dem Zimmer um, in dem Sie gerade sitzen. Gibt es etwas, was Sie eigentlich stört, obwohl Sie normalerweise nicht daran denken? Ich meine nicht nur Chaos und Unordnung oder kleine Stapel, sondern so etwas wie die Platzierung eines Möbelstücks, eine Farbe oder irgendein Accessoire, das stört.

Wenn wir uns eines Störgeräuschs bewusst werden, werden wir meistens unmittelbar aktiv. Wir stellen die Lautstärke herunter oder schalten ganz ab, wenn möglich. Wir bitten jemanden, der ein bisschen zu laut redet, etwas leiser zu sprechen, und wir machen die Tür zu, wenn etwas zu viel Lärm macht. Aber die visuellen Störmomente in unserer Umgebung lassen wir ewig unangetastet – ohne etwas dagegen zu unternehmen.

Also stellen Sie sich einmal die Frage, ob es etwas gibt, was Ihnen zu Hause in den Augen juckt. Sie werden überrascht sein, wie schön es sich anfühlt, wenn Sie es weggeräumt haben. Das kann diese Vase sein, die Sie im Grunde hässlich finden und die Ihnen jedes Mal auf die Nerven geht, wenn Sie sie sehen, aber die Sie doch behalten, damit Sie die nette Tante nicht kränken, von der Sie sie bekommen haben – oder diese Schüssel, die im Schrank steht und nur zu Weihnachten rausgeholt wird, weil sich Ihre Mutter dann so freut.

Wenn Sie bewusst oder unbewusst einen negativen Gedanken denken, sobald Sie an einem bestimmten Gegenstand vorbeigehen oder er Ihnen ins Auge fällt, dann wird es höchste Zeit, ihn zu verkaufen oder wegzugeben, damit alles, was in Ihrem Zuhause steht, Ihre Laune hebt. Das gilt auch für Dinge, die nicht sichtbar herumstehen, sondern irgendwo in Ihren Schränken vergraben sind.

Der Kameratrick

Möchten Sie Ihr Zuhause mit neuen Augen sehen? Dann benutzen Sie Ihre Handykamera. Ich habe es anfangs schon erwähnt, als ich über den Fokuspunkt gesprochen habe, aber das ist ein Tipp, den ich gerne noch einmal wiederhole. Wenn ich ein Interieur durch eine Kameralinse betrachte, merke ich, dass ich wesentlich klarer sehe als in Wirklichkeit. Vielleicht, weil ein Foto es mir leichter macht, mich auf einen

Ausschnitt zu konzentrieren, statt die vollen 360 Grad eines Raumes aufnehmen zu müssen?

Ich kann es nicht erklären, aber was im richtigen Leben verschwommen und schwer fassbar scheint, wird auf einem unbeweglichen Bild plötzlich gnadenlos deutlich. Als würde uns die Kamera helfen, Dinge zu sehen, die wir mit bloßem Auge nicht entdecken können.

Ich benutze die Handykamera auch als Erinnerungshilfe, wenn ich im Kundenauftrag eine Wohnung gestalten soll – und der Trick funktioniert genauso gut, wenn man sich mit etwas in seinem eigenen Zuhause auseinandersetzt. Denn obwohl man jeden Tag dort ist, ist es nicht immer so leicht, sich an alle Flächen und Platzierungsmöglichkeiten zu erinnern, wenn man gerade in einem Geschäft steht und zwischen verschiedenen Sachen auswählen möchte. Ebenso verhält es sich, wenn man unerwartet etwas entdeckt und schnell entscheiden muss, ob es in die eigene Wohnung passt oder nicht. Deswegen kann es nützlich sein, auf dem Handy einen Ordner zu haben, in dem Fotos von jedem Zimmer abgespeichert sind oder zumindest von den Zimmern, die man aktiv einrichtet oder die einem Probleme bereiten.

Wollen Sie es nicht mal probieren?

Holen Sie Ihr Handy und putzen Sie die Kameralinse. Machen Sie mindestens fünf Bilder von jedem Zimmer bei Tageslicht – eine Übersicht, eine Art „Wirklichkeitssicht" (bei der Sie aus der Richtung knipsen, aus der Sie eine bestimmte Fläche tatsächlich sehen, zum Beispiel vom Sofa aus, wenn Sie ein Problem mit der Wand hinter dem Fernsehtisch haben). Schießen Sie außerdem ein paar Nahaufnahmen der Regale oder Flächen, für die Sie Accessoires suchen. Sammeln Sie diese Bilder in einem eigenen Ordner, damit Sie sie gleich zur Hand haben. Bei gegebenem Anlass können Sie dann Ihre Fotos analysieren, Raum für Raum. Wie fühlt sich die Komposition an? Benutzen Sie die Drittel-Regel? Können Sie den 60/30/10-Trick verwenden (hierzu können Sie in Kapitel 4 noch einmal mehr lesen)? Erkennen Sie einen angenehmen Rhythmus in Ihrer Einrichtung oder müssen Sie etwas ergänzen oder entfernen, im Sinne der Regel der ungeraden Anzahl?

4

Farbgebung

Ein wichtiger, entscheidender Faktor für den Eindruck, den ein Haus macht – ganz unabhängig vom Stil Ihrer Inneneinrichtung oder dem verfügbaren Budget –, ist die Farbwahl. Diese Entscheidungen (oder Nichtentscheidungen) können fast alles übertönen, was man sonst in Sachen Einrichtung unternimmt. Vielleicht ist das der Grund, warum so viele blockieren, wenn es um die Farbgebung in ihrer Einrichtung geht? Manche möchten so wenig Farbe wie möglich, andere lieben Farben und können sich ein Leben ohne Farben, Muster und Tapeten überhaupt nicht vorstellen. Ungeachtet dieser Vorlieben gibt es viele gute Tricks, mit denen Sie die Farbgebung in Ihrem Zuhause in den Griff bekommen. In diesem Kapitel habe ich versucht, die Grundlagen zu vereinfachen und zu erklären, was Sie über Farbe wissen müssen, um Ihre individuellen Entscheidungen leichter treffen zu können.

Farbe als Herausforderung

Viele, die ansonsten durchaus der Meinung sind, in Sachen Einrichtung und Design den Durchblick zu haben, werden beim Thema Farbe plötzlich unschlüssig. „Hilfe, wie soll ich mir mehr Farbe in meine Wohnung holen, ohne dass sie mir nach einer Weile auf die Nerven geht?" Über meinen Blog habe ich im Laufe der Jahre Hunderte von Fragen dieser Art gestellt bekommen; von Lesern, denen es einfach nicht gelingen wollte, in einem Raum oder einer ganzen Wohnung die richtige Farbgebung zu finden. Und mir selbst ging es im Grunde genauso. Ich habe herumprobiert und bin mehrfach in eine Sackgasse geraten, bis ich die Palette gefunden hatte, die für mich funktioniert.

Farbe ist wahrscheinlich das Relativste, womit wir uns bei Einrichtung und Design auseinanderzusetzen haben. Nicht nur nehmen wir Farben auf verschiedene Art wahr, auch unsere Umgebung beeinflusst die Wirkung ein und desselben Farbcodes auf enorm unterschiedliche Art. Tageslicht, Abendlicht, Möbel, Bodenfarbe und Beleuchtung sind nur einige der Faktoren, die bewirken können, dass eine Farbe im gleichen Zimmer zweimal ganz unterschiedlich aussehen kann.

Man muss wohl nur akzeptieren, dass es Zeit und Geduld erfordert, die Farben zu finden, die man wirklich mag und mit denen man leben möchte – aber wenn es einem dann erst einmal gelungen ist, fühlt es sich umso lohnenswerter an. Am Ende werden Sie genau *Ihre* Palette gefunden haben, nicht die von irgendjemand anderem. Und ich glaube, wenn Sie sich zu den Farben vorgearbeitet haben, die Sie wirklich mögen, ausgehend von Ihren eigenen Vorlieben und nicht von irgendeinem kurzlebigen kommerziellen Trend, werden Sie viel mehr Widerstandskraft gegen vordergründig überzeugende Verkaufsargumente entwickeln und Ihre Fehlkäufe reduzieren. Noch ein feiner Bonus!

Grundkurs Farbe

Der Wissenschaftler Isaac Newton legte die Grundlage zu unserer heutigen Sicht auf den inneren Zusammenhang der Farben, als ein Lichtstrahl auf ein Prisma in seinem Labor traf und auf der anderen Seite

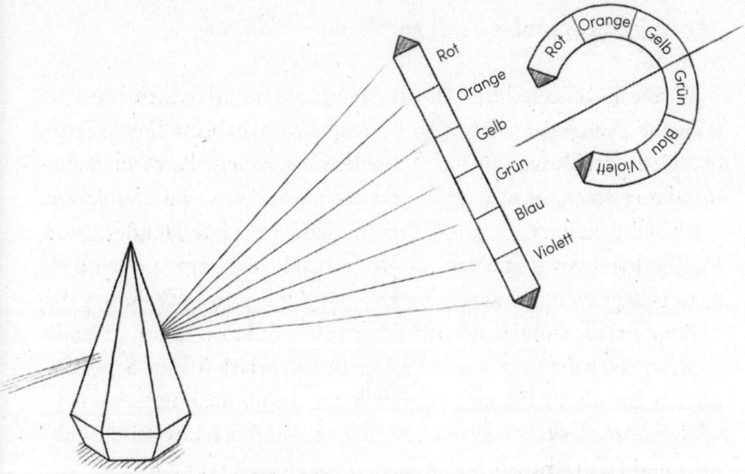

ein regenbogenfarbiges Spektrum herauskam. Er brachte diese beiden Teile zusammen und schuf so die Basis für den ersten Farbkreis. Seine Entdeckung half uns nicht nur, die Farben und die Verbindungen zwischen den vielen Nuancen zu verstehen, sondern auch zu begreifen, dass Licht und Farbe zusammenhängen.

Heute hat man mehrere Varianten des Farbkreises (und verschiedene Farbsysteme) entwickelt, die alle ein bisschen anders aussehen, je nachdem, auf welchem Prinzip sie aufgebaut sind, zum Beispiel auf dem additiver oder subtraktiver Mischung oder dem der menschlichen Wahrnehmung von Farbe.

Additive oder optische Farbmischung
Ein Beispiel ist das RGB-System (dessen Name auf den Grundfarben Rot, Grün und Blau basiert), das digital auf Bildschirmen angewendet wird.

Subtraktive Farbmischung
Ein Beispiel ist CMYK, ein Farbmodell für den Vierfarbdruck, dessen Name eine Abkürzung der englischen Namen seiner Primärfarben ist: Cyan, Magenta, Yellow und Key Colour (meistens Schwarz).

Auf dem menschlichen Farbempfinden basierendes System
Ein Beispiel ist NCS (Natural Colour System ®©), das darauf basiert, wie Menschen Farbe empfinden. Es baut auf den visuellen Eigenschaften der Farben auf, nicht auf physischen Eigenschaften wie Pigmentzusammensetzung oder Strahlungsverteilung. Die Elementarfarben des NCS sind Gelb, Rot, Blau, Grün, Weiß und Schwarz. Auf der Homepage des Unternehmens NCS können Sie mehr über dieses patentierte Farbbezeichnungssystem lesen, das bei der Wandfarbenherstellung mittlerweile Standard ist.

Um zu erklären, wie ein Farbkreis aufgebaut sein und gelesen werden kann, habe ich ein Modell benutzt, das auf Johannes Ittens historischem Farbkreis basiert, den viele sicher noch aus der Schule kennen. Er wird oft verwendet, um die Pigmentmischung in der Kunst zu erläutern. Auch wenn er in der Praxis nicht immer hundertprozentig funktioniert, ist er doch verhältnismäßig einfach zu verstehen. Recherchieren Sie gerne selbst weiter und vertiefen Sie sich in das Farbsystem, das für Ihr Projekt aktuell ist.

Primärfarben
Rot
Blau
Gelb

Wenn man zwei Primärfarben mischt, bekommt man die Sekundärfarben Grün, Orange und Violett.

Sekundärfarben
Rot + Blau = Violett
Gelb + Blau = Grün
Rot + Gelb = Orange

Wenn man eine Primärfarbe mit der nächstgelegenen Sekundärfarbe mischt, bekommt man sechs Farbtöne, die Tertiärfarben genannt werden.

Tertiärfarben
Purpurviolett
Blauviolett
Blaugrün
Gelbgrün
Gelborange
Orangerot

Farbkreis
Der Farbkreis enthält diese zwölf Farben, und die Kreisform verdeutlicht das Verhältnis dieser Farben untereinander. Der Farbkreis gibt auch einen guten Überblick darüber, welche Farben wunderbar harmonieren und welche Farben tendenziell eher miteinander konkurrieren (nämlich diejenigen, die sich im Farbkreis genau gegenüberliegen und als Kontrastfarben oder Komplementärfarben bezeichnet werden).

Neutrale Farben
Weiß, Schwarz und Grau nennt man neutrale Farben, doch haben sie keinen Platz im Farbkreis. Wenn man sie mit den Primär-, Sekundär- und Tertiärfarben mischt, kann man ein riesiges Spektrum an Farbnuancen bekommen.

Komplementärfarben
Wenn man auf den Farbkreis schaut, sieht man, dass sich bestimmte Farben genau gegenüberliegen. Diese zwei Töne bezeichnet man als Komplementärfarben. Beispiele für Komplementärfarben sind Gelb und Violett, Blau und Orange sowie Rot und Grün. Wenn man zwei solche Farben nebeneinanderstellt, verstärken sie sich gegenseitig. Rot wird als viel röter wahrgenommen (stärker, farbintensiver), wenn es mit Grün kombiniert wird, als wenn man es beispielsweise neben Gelb stellt.

Warme und kalte Farben
Farben, die sich im Farbkreis von Gelb bis Rot erstrecken, gelten als *warm*. Die Farben, die von Blau bis Grün gehen, gelten als *kalt*. Auf

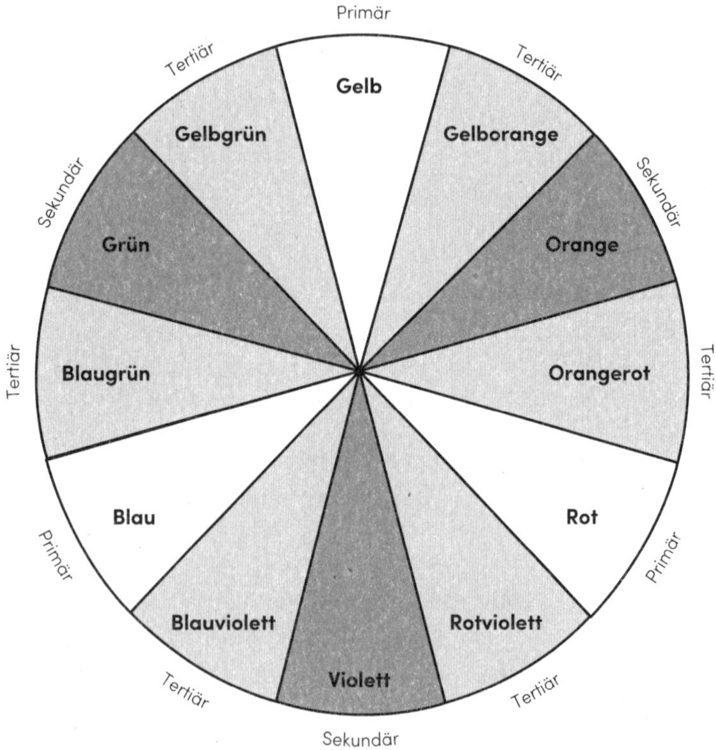

die Gefahr, dass das Ganze ein bisschen knifflig wird, sollte man vielleicht hinzufügen, dass es sowohl von den kalten als auch von den warmen Farben sowohl warme als auch kalte Varianten gibt. Ein Rot kann in die gelbe Richtung neigen, also einen großen Gelbanteil haben, dann wird es als warm empfunden (denken Sie an Orange – ein Rot mit viel Gelbanteil). Es kann allerdings auch einen großen Blauanteil haben, dann wird es als kälter empfunden (denken Sie an Weinrot oder Bordeauxrot). Ebenso verhält es sich mit Grün, das man als warm empfinden kann, wenn es einen großen Gelbanteil hat (denken Sie an Olivgrün), im Gegensatz zu einem Grün, das einen hohen Blauanteil hat und dann als kalt empfunden wird.

Was ist Farbgebung?

Das Wort Farbgebung ist ein Begriff, der ein bisschen nonchalant verwendet wird, als würde man voraussetzen, dass alle wissen, was damit gemeint ist – aber das ist natürlich nicht immer so. Deswegen scheint eine einfache Erklärung angebracht.

Bei Farbgebung geht es nicht nur darum, die Farbe für Oberflächen und Wandfarbe zu wählen, sondern auch darum, wie man bewusst Farbentscheidungen in seinem Zuhause trifft, was alle Möbel und Textilien angeht, bis hin zu kleineren Accessoires und Details. Einrichtungsberater arbeiten selten mit einer einzigen Farbe in einem Zuhause, sondern unterbreiten einen Vorschlag einer Palette von Farben, die im Zusammenspiel zum gewünschten Stil oder Feeling verhelfen können.

So können Sie auch vorgehen, um sich Ihre eigenen Entscheidungen in den verschiedenen Phasen Ihres Einrichtungsprojekts leichter zu machen. Im Farbgeschäft können Sie sich einen Farbfächer leihen, um sich alle möglichen Farbcodes anzuschauen, oder Sie können kleine Stoffstücke als Farbproben mit nach Hause nehmen. Ebenso können Sie größere Farbkarten oder Probedosen kaufen, wenn Sie eine Wandfarbe konkret mit Ihren Möbeln und dem Licht in Ihrer Wohnung ausprobieren möchten. Dasselbe Prinzip gilt für Textilien und Stoffproben, die man auch in der Umgebung einschätzen sollte, in der man sie einsetzen möchte. Da die Möbel und die Farben, das Tageslicht und die Beleuchtung eines Zimmers Einfluss darauf nehmen können, wie eine Farbe wirkt, ist es wichtig, sie in ihrer tatsächlichen Umgebung zu sehen, bevor man sich entscheidet.

Farbcodes

Raumausstatter, Maler, Künstler und Farbhersteller haben seit jeher versucht, Farben und ihre Nuancen zu systematisieren, zu erfassen und ihnen Bezeichnungen zu geben, um die Kommunikation über Farben zu optimieren. Alle Hersteller verwenden verschiedene Namen für ihre Mischungen. Wenn Einrichtungsberater den Begriff Farbcode benutzen, meinen sie damit die Farbmischung oder das Rezept, welches benutzt wird, um einen ganz bestimmten Ton zu erzielen.

Farbsysteme für Einrichtungsexperten

Eines der am häufigsten angewandten Farbcodesysteme im Zusammenhang mit Inneneinrichtung ist das NCS-System. Das in Schweden erfundene System wird heute von der Farbindustrie, Architekten und Designern auf der ganzen Welt benutzt. Bei Farben von Accessoires und Textilien, im Grafik- und Druckbereich, aber auch für Künstler- und Wandfarben wird oft das amerikanische Pantone-System oder das in Deutschland erfundene HKS-System verwendet und für Metalle das ebenfalls deutsche RAL-System.

Gut aufheben!

- Schreiben Sie die exakten Farbcodes der Wände, die Sie gestrichen haben, grundsätzlich auf und archivieren Sie sie in Ihrem Wohnungsordner.
- Bewahren Sie auch übrig gebliebene Farbe auf, in einer gut verschlossenen Dose in einem nicht zu kalten Lagerraum, damit Sie nachbessern können, wenn Sie später einmal ein zugekittetes Loch von einem Nagel verstecken müssen oder einen kleinen Schönheitsfehler überpinseln möchten.

Farbpaletten

Man kann den Farbkreis als Hilfsmittel benutzen, wenn man Farbpaletten mit nach Hause nimmt. Hier finden Sie die Verknüpfungen für ein paar häufige Farbgebungsprinzipien. Denken Sie aber daran, dass das Ergebnis unterschiedlich ausfallen wird, je nachdem, welches System Sie zugrunde legen.

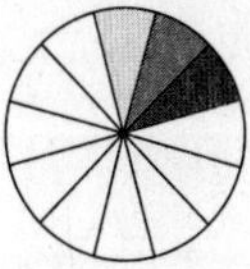

Analoge Farbpalette
Suchen Sie eine Farbe aus dem Farbkreis aus und arbeiten Sie mit den beiden benachbarten Tönen. Eine analoge Farbpalette ist relativ einfach zu erstellen und deswegen ein gutes Modell zum Einstieg, wenn man sich noch nicht ganz sicher fühlt.

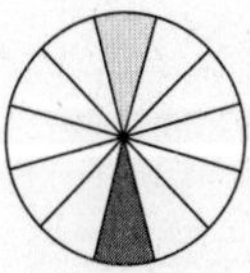

Komplementäre Farbpalette
Suchen Sie eine Farbe aus dem Farbkreis aus und schauen Sie dann auf die gegenüberliegende Seite im Kreis – das ist die Komplementärfarbe.

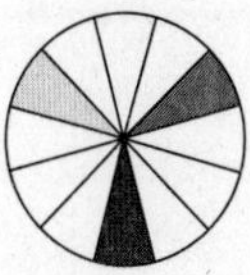

Triadische Farbpalette
Die triadische Methode besteht aus drei Hauptfarben, die gleichmäßig auf dem Rad verteilt sind. So ergibt sich eine größere Auswahl an Farben, mit denen man arbeiten kann. Diese Methode kann allerdings etwas schwieriger werden.

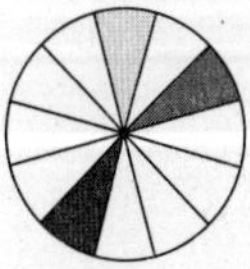

Split-komplementäre Farbpalette
Gehen Sie von einer Farbe im Farbkreis aus und kombinieren Sie sie mit den beiden Nachbarn ihrer Komplementärfarbe, das heißt mit den Farben, die rechts und links von der Komplementärfarbe Ihrer ausgewählten Farbe liegen.

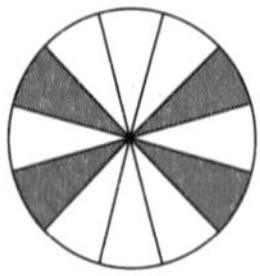

Rechteckige Farbpalette
Wählen Sie eine Farbe plus ihre Komplementärfarbe und fügen Sie noch eine Farbe plus ihre Komplementärfarbe hinzu, und zwar die, die zwei Schritte von Ihrer Ausgangsfarbe entfernt liegen.

Der Gemälde-Trick

Eine Methode, wie man sich schnell Inspirationen für eine eher fortgeschrittene Farbgebung holen kann, sieht so aus, dass man von einer Tapete oder einem Gemälde ausgeht, das man sehr mag. Das ist ein toller Anfängertrick für Leute, die nicht intuitiv wissen, welche Farben zusammen funktionieren. Der Künstler hat die Arbeit ja schon für Sie gemacht!

Gehen Sie folgendermaßen vor: Nehmen Sie sich die Farbgebung eines Gemäldemotivs oder einer Tapete vor, die Ihnen gefällt (es muss kein Gemälde oder keine Tapete sein, die Sie wirklich zu Hause aufhängen beziehungsweise an die Wand kleben wollen, obwohl das vielleicht noch das Tüpfelchen auf dem i wäre!), und analysieren Sie die Farben und Proportionen, um Hinweise auf Farbkombinationen, verschiedene Farbnuancen und Relationen zu finden. Machen Sie ein Foto des Gemäldes und benutzen Sie einen Webdienst, der Ihnen hilft, die Farben zu identifizieren. Oder nehmen Sie das Bild mit ins Farbgeschäft, damit man Ihnen dort hilft, den richtigen Farbcode zu finden.

Mittlerweile gibt es clevere technische Lösungen, die Ihnen helfen, die exakten Farbcodes zu finden, einfach anhand eines Gegenstandes oder eines Fotos. Suchen Sie im Internet einmal nach „Farberfassung" oder „Farbcodes scannen", dann finden Sie weitere Informationen zu aktuellen Apps und Hilfsmitteln.

Lexikon Natur

Aber nicht nur ein Gemälde oder die Farben auf einer gemusterten Tapete können Ihnen Vorschläge für

Farbkombinationen liefern, auch die Natur bietet ein riesiges Nachschlagewerk der Farbkombinationen. Es reicht schon, wenn man einmal einen Schmetterlingsflügel genau studiert, einen Ausschnitt eines Baumstamms oder sogar die Graunuancen eines Steins, und schon bekommt man neue Ideen und Anregungen für funktionierende Farbkombinationen. Es steckt durchaus Wahrheit in dem abgedroschenen Klischee, dass sich so viele Designer und Innenarchitekten von der Natur haben inspirieren lassen. Also schnüren Sie die Schuhe und wandern Sie durch den Wald, am Meer entlang, durch ein Gebirge oder wo auch immer Sie sich am wohlsten fühlen, und suchen Sie dort nach Anregungen.

Die Formel 60/30/10+S

Viele, die mehr Farbe in ihrem Zuhause möchten, stellen fest, dass die bunten Accessoires, die man hinzufügt, eher herausstechen, anstatt sich harmonisch einzufügen. Wenn man beispielsweise ein paar farbenfrohe Kissen auf ein weißes Sofa wirft, wollen sie oft nicht so recht mit dem Rest der Möbel harmonieren, sondern spielen sich in den Vordergrund wie ein anstrengender Gast, und am Ende gehen sie einem so auf die Nerven, dass man sie wieder wegräumt. Aber genau das ist der Fehler. Statt etwas wegzuräumen, sollte man lieber noch mehr hinzufügen. Oft braucht es nämlich bloß noch mehr bunte Kumpels für die bunten Kissen und mehr Nuancen im Zimmer, um den Kontrast zwischen den Farben – in diesem Fall Kreideweiß und kontrastreiche Details – herzustellen. Indem man noch etwas hinzufügt und ausbreitet, anstatt etwas wegzunehmen und auszutauschen, bekommt man einen völlig anderen Effekt, den man ein wenig überspitzt als „Farbgebungsformel" bezeichnen könnte.

Ein Gedankenmodell, das auf dem Prinzip der Proportionen des Goldenen Schnitts aufbaut, wird 60/30/10+S genannt, und es eignet sich sehr gut, wenn man sich mit den Farben in einem Zimmer unsicher ist. Diese Formel hilft nämlich, die Farben in harmonische Blöcke zu gliedern und eine Balance zwischen den verschiedenen Bunttönen und Nuancen zu schaffen. Auf diese Art wird nicht die komplette Farbgebung auf ein paar Zierkissen konzentriert wie im obigen Fall.

Man kann die Formel grob mit der Verteilung der Farben an einem kostümierten Menschen vergleichen:

- 60 Prozent Jacke, Hose und Weste
- 30 Prozent Hemd
- 10 Prozent Schlips und Einstecktuch

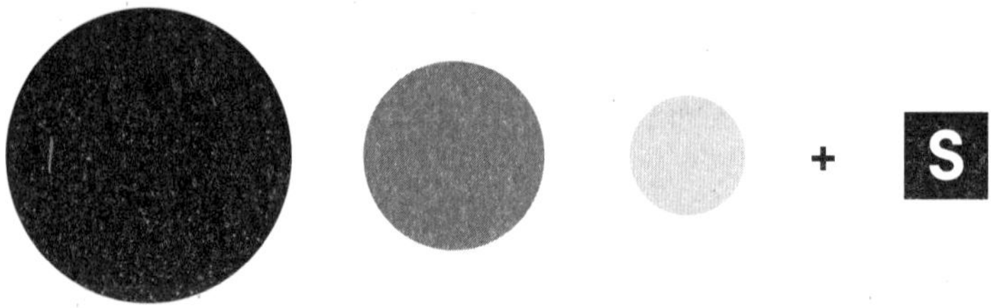

60 %

Wände
Boden
Größere Möbelstücke

30 %

Eine abweichend gestaltete Wand
Gardinen und Teppiche
Kleinere Möbelstücke

10 %

Bilder
Kissen
Dekorationsgegenstände

Proportionen und Verteilung der Farbpalette

Die gleiche Art der Verteilung lässt sich auf die Farben in einem Zimmer anwenden, indem wir unsere geplante Farbgebung folgendermaßen aufteilen:

- 60 Prozent des Zimmers sollten aus ein bis zwei Hauptfarben bestehen.
- 30 Prozent sollten aus Akzentfarben bestehen, deren Nuancen der/den Hauptfarbe(n) ähneln oder mit ihr/ihnen harmonieren (nicht kontrastieren).
- 10 Prozent des Zimmers sollen mit ein bis zwei Kontrastfarben gewürzt werden.
- +S steht für ein kleines schwarzes Detail, welches man benötigt, um die ausgesuchten Farben zu verstärken; die Krönung sozusagen. Schwarz hilft, die Farben zu unterstreichen, die wir ausgewählt haben.

Sie müssen keine starken Signalfarben mögen, um dieses Gedankenmodell anwenden zu können – es lässt sich auch wunderbar auf eine gedämpfte oder auf einfarbige Einrichtungen anwenden. In diesem Fall symbolisieren die Prozentsätze die verschiedenen Nuancen und Töne einer Farbe, das sorgt für Leben und eine angenehme Balance im Raum.

Farbgebung für weiße oder graue Einrichtungen – ein Vorschlag für Einsteiger

Manche Leute lieben Weiß, Grau und neutrale Farben und fühlen sich wohl darin. Andere greifen zu diesen Farben, um auf Nummer sicher zu gehen, weil ihnen nichts einfällt, was sie sonst nehmen könnten. Fällt man in die zweite Kategorie, so braucht man vielleicht ein bisschen Anleitung, um mit der Farbgebung seiner weißen oder neutral grauen Wohnung in Fahrt zu kommen. Die norwegische Farbberaterin Dagny Thurmann-Moe hat mir einmal einen guten Tipp gegeben, wie jemand denken sollte, der vorsichtig vorgehen möchte. Da Weiß, Grau und Schwarz nicht im Farbkreis vorkommen, werden daneben alle Farben einen ganz besonders starken Kontrast bilden. Am einfachsten ist es daher, mit ein paar Grünpflanzen anzufangen und reinem Holz, um den farblosen Ausdruck aufzulockern und das Haus für weitere Farben zu „öffnen“. Oder man könnte die Wände in einer ganz zart gebrochenen Farbe streichen, sodass die anderen Farben automatisch besser harmonieren.

Die einfachsten Farben für den Anfang sind die drei Hauptfarben in der Natur: Grün, Blau und Braun. Eine Faustregel für die Farbgebung lautet nämlich, dass fast alles zu diesen Farben passt, weil es keine Farben gibt, die sich vor einem Wald, dem Himmel oder Erdboden hässlich ausnehmen würden. Die drei Farben geben der bestehenden neutral weißen oder grauen Basis eine andere Leuchtkraft, einen anderen Nuancenreichtum und machen sie schöner. Wenn man also mit genannten Farben beginnt, kann man sicher sein, dass sie zu dem passen, was man bereits hat, und dass die Einführung der ersten Farbtupfer in der Wohnung gelingen wird.

Möchte man es sich besonders einfach machen, so kann man mit einer Version dieser drei Farben beginnen, die ein bisschen schwarz oder grau pigmentiert ist. Das macht den Übergang und Kontrast zu den weißen, grauen oder schwarzen Flächen weicher und harmonischer.

Der häufigste Fehler besteht darin, dass wir bei der Einführung von Farbe zu zaghaft sind, wir verwenden zu wenige Farbtöne an zu wenigen Stellen. So hat man vielleicht ein weißes Sofa und einen grauen Boden und meint, dass es reicht, wenn man zwei blaue Kissen auf das Sofa legt oder ein paar blaue Teelichter auf den Wohnzimmertisch stellt, um mehr Farbe ins Haus zu bringen – doch das macht einen ziemlich platten, zweidimensionalen und gewollten Eindruck. Der Schlüssel liegt darin, die Farbgebung harmonischer zu gestalten, ohne dass sie übertrieben gefällig daherkommt. Wenn man mit der farblichen Gestaltung des Raumes fertig ist, kann die Palette aus sieben bis neun Farbtönen bestehen, nach der Formel 60/30/10+S. Statt überall dieselbe blaugrüne Akzentfarbe zu verwenden, können Sie verschiedene Nuancen von blaugrünen Kissen nehmen, vielleicht ein Teelicht in dunklerem Blau und ein bisschen Holz.

Die Farbcode-Falle

Eine der häufigsten Fragen auf Instagram an mich lautet wahrscheinlich: „Was ist das hier für ein Farbcode?" Das ist einfach zu beantworten, aber ich würde stattdessen lieber erklären, warum Sie nicht in der Farbcode-Falle hängen bleiben sollten, wenn Sie die Wandfarbe für Ihr Einrichtungsprojekt auswählen.

Beginnen wir damit, dass wir zwei wichtige Begriffe definieren: Es gibt die nominelle Farbe, die Farbe, mit der man malt und deren Ton vom Farbhersteller angegeben wird – und es gibt die erlebte Farbe, die Farbe, die wir wahrnehmen, die Art, wie wir sie sehen.

Faktoren, die die erlebte Farbe beeinflussen, können die Farben von Möbeln, Wänden, Boden und Einrichtung in der direkten Umgebung sein, die Lichtquellen des Zimmers (ihre Stärke und Lichttemperatur) sowie das Tageslicht, welches in verschiedenen Himmelsrichtungen verschiedene Farben hat. Zwischen der nominellen und der erlebten Farbe kommt es also zu einer Verschiebung. Ich möchte behaupten, dass der wichtigste Faktor bei der Farbverschiebungsproblematik das Tageslicht ist, weil dieses schließlich selten in zwei Wohnungen völlig identisch ist. Alles andere kann man simulieren, aber die Platzierung der Fenster, die Lage des Hauses und die Bewegung des Lichts durch das Zimmer im Laufe des Tages beziehungsweise der Jahreszeiten ist völlig individuell. Zimmer mit Fenstern im Norden werden generell als kälter empfunden, während man Zimmer mit Fenstern im Süden oft als wärmer empfindet. Daher kann der gleiche Farbcode bei mir anders aussehen als bei Ihnen.

Die Wahl der richtigen Glanzzahl

Wenn Sie zu Hause streichen möchten, müssen Sie nicht nur eine Farbe finden, die Sie mögen, sondern auch unbedingt die richtige Glanzzahl wählen, damit das Resultat so aussieht, wie Sie es sich vorgestellt haben. Eine matte und eine glänzende Oberfläche können Farben nämlich völlig verschieden aussehen lassen.

Die Oberflächenbeschaffenheit einer Farbe nennt sich Glanzzahl (auch Glanzgrad oder Glanzprozente) und wird mit einer Skala von 1 bis 100 angegeben, auf der 1 vollkommen matt ist und 100 Hochglanz bezeichnet. Matte Oberflächen absorbieren Licht, sodass eine Farbe mit niedriger Glanzzahl als dunkler wahrgenommen wird. Glatte Oberflächen hingegen reflektieren das Licht der Umgebung wesentlich mehr und werden deswegen als heller wahrgenommen. Bei einer glatten Oberfläche wirkt die Farbe auch intensiver, weil sie so besser wiedergegeben wird als von einer matten Oberfläche, die das wichtige Licht absorbiert, das unser Auge braucht, um Farben wahrnehmen zu können.

Matte Wandfarbe

Vorteil: Verzeiht mehr und eignet sich besser dazu, kleine Fehler zu kaschieren. Ergibt eine ruhigere Oberfläche ohne Glanzeffekte.

Nachteil: Nicht so unempfindlich, bekommt leichter Flecken oder Kratzer. Kann schwieriger abzuwischen sein.

Glänzende Wandfarbe

Vorteil: Leichter sauber zu halten und abzuwischen. Reflektiert Licht und hellt auf.

Nachteil: Eventuelle Unregelmäßigkeiten fallen wesentlich stärker ins Auge, wenn man mit glänzender statt mit matter Wandfarbe arbeitet.

Spickzettel für die Glanzzahl:

- **Hochglänzend (90–100):** Für Holzverzierungen, Metall sowie Oberflächen, die großem Verschleiß und Verschmutzung ausgesetzt sind.
- **Glänzend (60–89):** Wird normalerweise auf Böden und Schranktüren verwendet, heutzutage aber nicht mehr besonders häufig. Mit einer Farbe auf Wasserbasis kann man keinen so hohen Glanz erzielen wie mit einer lösungsmittelhaltigen Farbe (auf Terpentinersatzbasis).
- **Halbglänzend (30–59):** Gut für Boden, Möbel und Zierarbeiten – an Türen, Fenstern, Leisten und Fensterfutter.
- **Halbmatt (11–29):** Wird oft an Wänden verwendet, die leichter Flecken bekommen, zum Beispiel in Küche, Flur und Kinderzimmer. Abwischbar.
- **Matt (6–10):** Kann man bis zu einem gewissen Grad abwischen (wie gut, hängt vom jeweiligen Hersteller ab). Normalerweise in Schlaf- und Wohnzimmer.
- **Stumpfmatt (0–5):** Normalerweise auf Oberflächen, bei denen man möchte, dass sie komplett unreflektierend sind, zum Beispiel Zimmerdecken (allerdings nicht in Küche und Feuchträumen wie zum Beispiel Badezimmer).

Nicht vergessen:

- Je dunkler die Farbe ist, für die Sie sich entscheiden, umso deutlicher wird der Glanz ausfallen, wenn Sie eine hohe Glanzzahl wählen.

- Die Wandfarbe für Feuchträume (zum Beispiel das Bad) muss auch wasserdicht und wasserabweisend sein. Hier muss man eventuell ein System mit mehreren Farbschichten anwenden. Deswegen sollten Sie sich beim Farbfachhandel erkundigen, damit man Ihnen bei der richtigen Auswahl hilft!
- Farbe für Heizkörper muss auch wärmebeständig sein.
- Für Betonboden wird eine Ein-Komponenten-Farbe bei mittelmäßiger Beanspruchung empfohlen, Zwei-Komponenten-Farbe bei starker Beanspruchung mit einem Glanzwert von 50 bis 90.
- Es gibt Farbhersteller, die abwischbare Wandfarbe mit der Glanzzahl 5 sowohl für Wände als auch für Holzverzierungen im Angebot haben. Bitten Sie im Fachhandel um entsprechende Hinweise.

> ! Machen Sie immer eine Farbprobe, bevor Sie sich für eine Wandfarbe entscheiden! Den klassischen Test, bei dem man mehrere Farben nebeneinander malt, würde ich jedoch nicht empfehlen, denn es wird schwieriger, Farben zu beurteilen, wenn man alle gleichzeitig sieht. Malen Sie stattdessen die Farbe aus der Probedose auf ein Holzbrett oder einen Pizzakarton und halten Sie das Ganze neben die Wand, die gestrichen werden soll. Es ist wichtig, dass Sie die Farbprobe im richtigen Lichtwinkel betrachten. Vergessen Sie nicht, zweimal zu malen, damit die Probefarbe wirklich deckt und das richtige Endergebnis zeigt. Suchen Sie Ihren Buntton in dem Licht aus, bei dem Sie das Zimmer am häufigsten sehen werden (benutzen Sie das Zimmer hauptsächlich tagsüber oder abends?).

Metamerie

Das Phänomen, dass man zwei Farben bei der einen Beleuchtung als gleich wahrnimmt, in einem anderen Licht aber als völlig unterschiedlich, bezeichnet man als *Metamerie.* Diesen Umstand müssen Sie ebenfalls berücksichtigen, wenn Sie Textilien oder Wandfarbe auswählen. Möchten Sie in ein Sofa investieren, so ist es wichtig, dass Sie um eine Farbprobe des Stoffes zu bitten, damit Sie ihn zu Hause in der Lichtumgebung beurteilen können, in die Sie das Sofa stellen werden. Polstermöbel mit Textilbezug sind Bestellware mit einer langen Lieferzeit. Wenn Sie den Bezugstoff nur im Licht des Geschäfts beurteilen, kann es sein, dass Sie enttäuscht sind, wenn das Sofa bei Ihnen zu Hause ankommt. Gut sortierte Möbelgeschäfte haben immer Stoffproben, die Sie sich für einen Vergleich zu Hause ausleihen dürfen. Ansonsten könnten Sie darum bitten, dass Sie eines der Sofapolster mit nach Hause nehmen dürfen, um es auszuprobieren.

Die Farbe Weiß

Für Leute, die den Umgang mit Farbe nicht gewöhnt sind, stellen weiße Wände womöglich die einfachste Wahl dar – andererseits gibt es tatsächlich auch jede Menge Nuancen der Farbe Weiß, und es ist eine Farbe, die leicht von ihrer Umgebung beeinflusst wird.

Weiße Wandfarbe wird selten ohne Beimischungen verkauft und kann entweder in eine warme oder eine kalte Richtung tendieren. Wofür Sie sich entscheiden, kommt auf das gewünschte Endergebnis an, auf die Lichtvoraussetzungen im betreffenden Raum und auf das Gefühl, das Sie erzeugen möchten – aber auch darauf, welche Farben Sie gerne mit dem ausgewählten Weißton kombinieren möchten.

Wenn Sie weiße Accessoires auf Fotos beurteilen, müssen Sie sich klarmachen, dass diese Bilder die Weißnuancen selten völlig korrekt wiedergeben. Der Weißabgleich der Kamera kann so eingestellt sein, dass das Auge getäuscht wird, oder das Bild kann retuschiert sein, weil man mehrere verschiedene Weißtöne ausgleichen wollte, um ein einheitlicheres Bild in der Zeitschrift zu erzielen. Ganz zu schweigen natürlich von der Wiedergabe im Druck, die davon beeinflusst wird, wie durchsichtig das Papier ist, auf dem die Zeitung oder die Broschüre gedruckt wurden.

Warm und kalt

Weiße Wandfarbe ist nicht völlig schneeweiß, denn dann wäre sie schließlich blendend. Oft mischt man ein Tröpfchen Schwarz hinein oder ein Pigment, welches den Farbton entweder ins Warme oder ins Kalte zieht, um die Wirkung der bemalten Fläche ausgewogener zu machen. Weiße Töne mit kalten Pigmenten wirken am besten zusammen mit anderen kalten Farbtönen wie Blau, Türkis und Violett, ebenso mit kalten Metallen wie Silber und Zink. Für warme Nuancen gilt das Gegenteil. Zu ihnen passen am besten warme Farben wie Rot, Orange und Gelb sowie warme Metalle wie Gold und Messing.

Farbcode S 0500-N

Dieses neutrale Weiß ist nicht ganz schneeweiß, sondern enthält fünf Prozent Schwarz, nicht aber das gelbe Pigment, das lange Standard in weißer Farbe und bei standardlackierten weißen Möbeln war. Daher wird sie als neutraleres Weiß wahrgenommen.

Farbcode S 0502-Y

Als die Maler ein bisschen Pigment in ihre weiße Farbe gaben, fanden sie, dass sie so besser deckte und länger frisch blieb. Kritiker befürchten, dass diese Nuance nach Nikotinverfärbung aussehen könnte, weil sie einige gelbe Pigmente enthält. Die Fans dieser Farbe halten jedoch gerade die Wärme in dieser Weißnuance für ihre Stärke.

Reinweiß – RAL 9010

Weiße Metallfenster haben oft eine Farbe, die man RAL 9010 nennt, das ist ein leicht gelblicher Weißton. RAL ist ein in Deutschland erfundenes und dort auch sehr gängiges Farbsystem – ein vierstelliges System innerhalb eines Farbkatalogs. Da RAL 9010 einer anderen Farbskala entstammt als dem NCS, streiten sich die Gelehrten, ob S 0502-Y die Wandfarbe ist, die RAL 9010 am nächsten kommt.

Manche hingegen finden, dass sie ein bisschen weißer ist als S 0502-Y. Geschmackssache – aber gut zu wissen.

Farbcode S 0300-N

Weiße Farbe für die Decke ist oft eine Nuance weißer als die Wände. Ein häufig verwendeter weißer Farbcode für die Decke ist S 0300-N (eine Farbe, die nur drei Prozent Schwarz enthält). Die Decke soll weißer sein als die Wände, um den Raum zu „heben“. Die Glanzzahl, welche man für die Deckenfarbe am häufigsten wählt, ist stumpfmatt (GL3).

Standardweiß auf Leisten und Holzverzierungen

Industriell vorlackierte Leisten, Türrahmen und Zimmertüren sind oft in NCS S 0502-Y lackiert, der weißen Farbe, die man früher Standardweiß nannte. Das war lange auch die standardweiße Farbe bei IKEA-Möbeln. Da sie fünf Einheiten Schwarz und zwei Einheiten Gelb enthält, verschiebt sich der Weißton in eine wärmere Richtung, was natürlich Probleme verursacht hat für Leute, die wirklich schneeweiße oder kaltgraue Wände in ihrem Zuhause haben wollten. Wenn man neben diesen standardlackierten Leisten die Wände schneeweiß strich, brachten die beiden Nuancen das Schlechteste in ihrem Nachbarn hervor: Die Leisten wirkten auf einmal gelb, die Wände bläulich weiß.

Inzwischen hat man mehr Möglichkeiten, bei industriell hergestellten Produkten andere Weißtöne zu bekommen, aber das erfordert auch ein größeres Bewusstsein dafür. Sie möchten ja nicht versehentlich mehrere verschiedene Nuancen an Türen und Leisten, an den gestrichenen Wänden und den industriell gefertigten Möbeln.

Bevor Sie das Weiß für Ihre Wohnung oder Ihre Wohnaccessoires auswählen, sollten Sie diese Information deswegen im Hinterkopf behalten, damit sich die weißen Nuancen nicht beißen. Falls Sie weiße Schalter und Steckdosen zu Hause haben, sollten Sie sie in Ihre Entscheidung mit einfließen lassen, denn auch diese können sich mit der Wandfarbe beißen, wenn sie in verschiedene Töne von Weiß gehen.

Weiß in verschiedenen Himmelsrichtungen

Zimmer mit Fenstern nach Norden haben oft ein schwach bläuliches Tageslicht, wodurch weiß gestrichene Wände ins Violette tendieren können. Wenn Sie ein Weiß aussuchen, das ein bisschen Gelbanteil hat, kann die Kombination mit dieser Weißnuance dann plötzlich etwas Grünliches ergeben. Ein Zimmer in Südlage hat hingegen wärmeres Licht. Wenn man an den Wänden kein warmweißes Gefühl beabsichtigt, kann man das Tageslicht ausgleichen, indem man eine weiße Farbe aussucht, die etwas mehr kaltes Pigment enthält, zum Beispiel Blau oder Grün.

! Nicht nur Tageslicht und Himmelsrichtung, sondern auch das künstliche Licht im Zimmer und nicht zuletzt Farbe und Material des Bodens haben Einfluss darauf, welche Weißnuance die Wandfarbe annimmt. Ein Boden aus eher gelblichen Holzsorten, wie Eiche, Kiefer und Birke, kann den gelben Eindruck einer weißen Farbe mit gelben Pigmenten verstärken.

Tapeten

Abgesehen von der Wandfarbe sind Tapeten ein effektives Werkzeug dafür, verschiedene Stimmungen und visuelle Effekte in einem Zimmer zu schaffen. Heute gibt es große Variationen im Angebot bei nationalen und internationalen Anbietern, von einfarbigen Tapeten bis zu einer riesigen Musterpalette. Mithilfe von Tapeten kann man den Wänden auch Struktur geben, sowohl optisch als auch physisch. Es gibt Tapeten, die das Auge mit Musterbildern einer Leinenstruktur täuschen, sodass es wirkt, als wären die Wände mit Stoff bezogen, und es gibt haptische Tapeten mit erhabenen Mustern, zum Beispiel von Gewebe oder Seegras, die eine raue, mit den Händen tastbare Oberfläche schaffen.

Faustregeln und Tipps

Orientieren Sie sich gerne an Architektur und Stilepoche des Hauses, wenn Sie ein Tapetenmuster aussuchen. Egal ob Sie dem roten Faden der Wohnung oder des Haustyps folgen oder ob Sie ganz kühn den entgegengesetzten Weg einschlagen möchten – es lohnt sich zu wissen, welche Muster und Formen aktuell waren, als das Haus entworfen wurde, denn so können Sie eine fundierte Entscheidung treffen. Jede Stilepoche hat ihr eigenes zeittypisches Musterbild, angepasst an die damaligen Umstände, und oft gibt es sowohl klassische Tapeten als auch Neuinterpretationen von Mustern dieser Epoche, aus denen Sie wählen können.

Die Größe des Zimmers oder die Gesamtfläche der Wände ist auch immer eine gute Richtlinie, wenn Sie Ihr Muster aussuchen. Es gibt eine alte Faustregel, die besagt: „Kleine Zimmer, kleine Muster – große Zimmer, große Muster.“ Diese Empfehlung beruht darauf, dass große Muster oft mehr Platz benötigen, um voll zur Geltung zu kommen, weswegen eine groß gemusterte Tapete in einem kleinen Zimmer ein bisschen beschnitten wirken kann. Ich glaube jedoch, dass man diesen Rat nicht ganz so wörtlich nehmen sollte, weil bei den modernen, offenen Grundrissen von heute leicht ein chaotischer Eindruck entstünde, würde man an alle Wände eine groß gemusterte Tapete kleben. Muster bei klein gemusterten Tapeten haben die Tendenz ineinanderzulaufen, wenn man sie aus der Ferne betrachtet, sodass sie einen eher beruhigenden Hintergrund schaffen, der helfen kann, einzelne Objekte, zum Beispiel eine Lampe oder ein Möbelstück, hervorzuheben und zu verstärken. Große Muster schlucken die Details eher, weil eine Mustertapete oft lauter ist als die Einrichtung, die vor ihr steht. Wenn man sich für eine groß gemusterte Tapete entscheidet, muss man vielleicht bei der Wahl der Möbel und des Designs auch etwas beherzter zu Werke gehen, um den Gesamteindruck auszubalancieren.

Es ist wichtig, die Tapete nicht nur nach der Größe des Musters zu beurteilen. Die Zahl der Farben, die auf einer Tapete vorkommen, beeinflusst auch das Gesamterlebnis. Je mehr Farben, desto komplexer das Musterbild. Wenn Sie Tapeten nicht gewöhnt sind oder wenn nicht alle in Ihrer Familie ebenso überzeugt sind von der Idee, einen

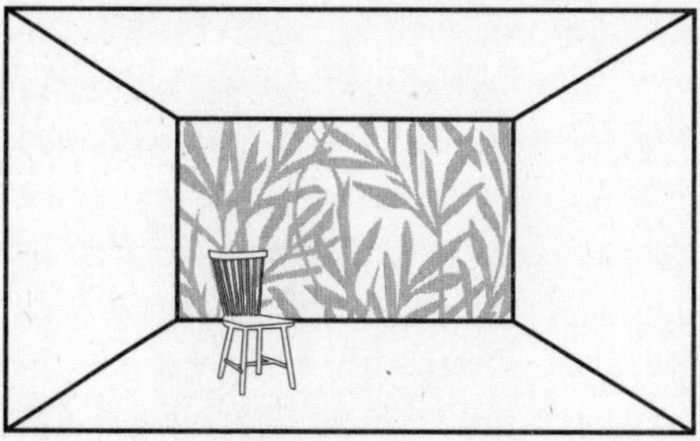

Eine groß gemusterte Tapete wirkt tendenziell dominant, das heißt, sie wird oft zur „Hauptperson" eines Raums und ist sichtbarer als die Möbel, die Sie davorstellen.

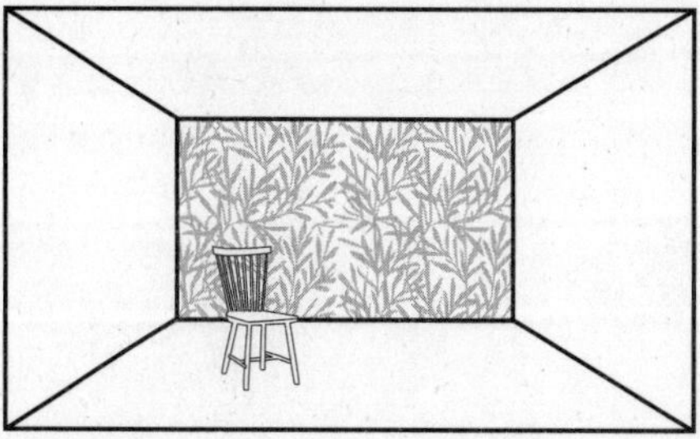

Eine klein gemusterte Tapete kann mit den Möbeln, die Sie davorstellen, verschmelzen und mehr als Hintergrund fungieren.

bestimmten Raum zu tapezieren, könnte es ratsam sein, die Kontraste klein zu halten und ein weicheres Muster mit gedämpften Farben und Ton-in-Ton-Schema zu verwenden. Sollten Sie jedoch auf der Suche nach einer Tapete sein, die es so richtig krachen lässt, können Sie die monochromen und einfarbigen Tapetenmusterbücher beiseitelegen und Ihren Radar auf stärkere Farben und Kontraste ausrichten.

Tempowechsel zwischen den Zimmern

Wenn Sie ein ganzes Haus oder eine ganze Wohnung tapezieren möchten, lohnt es sich, die Sichtlinien im Kopf zu behalten. Welche Zimmer sieht man gleichzeitig? Das ist wichtig, weil alle ausgesuchten Tapeten zusammengenommen den Gesamteindruck und das Feeling der Wohnung beeinflussen. Egal ob man den gesamten Grundriss in axialen Linien sieht oder ob die Durchgänge zwischen den Zimmern geschlossen sind – oft nimmt man den Eindruck eines Zimmers mit ins nächste, und dann könnte es empfehlenswert sein, mit einem bewussten Tempowechsel zu arbeiten, je nachdem, welchen Rhythmus man seiner Einrichtung verleihen möchte.

Wenn Sie ein ruhigeres Tempo anstreben, wäre es vielleicht eine gute Idee, auf eine stark gemusterte Tapete in einem angrenzenden Zimmer eine einfarbige Wand folgen zu lassen oder in den Räumen nebenan ein schlichteres Design zu wählen, bevor Sie wieder auf anspruchsvollere Muster umsteigen. So könnten Sie zum Beispiel eine ausgewählte Farbe aus Ihrer gemusterten Tapete mit in den nächsten Raum nehmen. Möchten Sie jedoch dramatische Musterwechsel, können Sie auf die Übergänge verzichten und in einem Zimmer nach dem anderen die grellen Muster aufeinanderprallen lassen.

Wie man das nun halten mag, ist Geschmackssache, aber man sollte das große Ganze durchdenken und die Tapeten nicht einzeln beurteilen. So trifft man eine bewusste Wahl und wird nicht von dem Effekt überrascht, der entsteht, wenn diese ganzen Muster erst einmal alle an der Wand kleben und gleichzeitig wahrgenommen werden.

> Werden Sie nicht kurzsichtig beim Anschauen der Tapetenmusterbücher. Möchten Sie sich ein Urteil über ein Muster bilden, so ist es wichtig, geistig einen Schritt zurückzutreten und sich nicht auf einem kleinen Papierstück festzustarren, bis Sie gar nichts mehr sehen. Versuchen Sie, sich das Muster wiederholt auf der Oberfläche vorzustellen, die tapeziert werden soll. Hier sind die Möglichkeiten im Internet oft eine große Hilfe, denn dort können Sie sich Bilder von Zimmern ansehen, in denen eine bestimmte Mustertapete zum Einsatz gekommen ist, sodass Sie sie in einem größeren Zusammenhang beurteilen können.

Anfängertricks

Ist man es nicht gewöhnt, beim Einrichten mit Farben zu arbeiten, so kann einen das Aussuchen von Tapeten erst recht überfordern. Aber ein guter Anfängertrick besteht darin, leichte, Ton in Ton gehaltene

Muster auszusuchen. Man braucht auch kein ganzes Zimmer zu tapezieren oder man braucht nicht mit dem Zimmer anzufangen, in dem man sich den Großteil seiner wachen Zeit aufhält.

Normalerweise wird empfohlen, mit Tapeten in kleineren Zimmern anzufangen oder in Teilen der Wohnung, in denen man nicht so viel Zeit verbringt – um sich langsam vorzutasten. Tapezieren Sie für den Anfang erst einmal ein Gästezimmer, eine Gästetoilette oder eine einzelne Akzentwand im Schlafzimmer.

Akzentwand: Man tapeziert oder streicht nicht den ganzen Raum, sondern gestaltet nur eine einzelne Wand anders.
Tapetenbordüre: Ein schmaler Tapetenstreifen, der die Wand in zwei Teile teilt. Normalerweise gestaltet man dann die Wand oberhalb und unterhalb dieses Streifens unterschiedlich.
Boiserie, vom Französischen Wort „bois", was Holz bedeutet: Dabei wird der untere Teil einer Wand mit Holz verkleidet und die Wand oberhalb gestrichen oder tapeziert. Die Höhe der Boiserie kann variieren, aber meistens orientiert man sich an den Proportionen des Goldenen Schnitts – wenn man sich für diese Lösung entscheidet, verläuft die Trennlinie selten genau in der Mitte der Zimmerhöhe, sondern eher auf einem Drittel oder zwei Drittel der Raumhöhe.

Visuelle Effekte und Zimmergröße

Ebenso wie bei der Farbe kann man auch verschiedene Tapeten und Muster nutzen, um verschiedene visuelle Effekte zu schaffen, die das Auge täuschen. So lässt man ein kleineres Zimmer größer und luftiger wirken, ein großes, hallendes Zimmer intimer und gemütlicher. Hier gelten die gleichen Grundprinzipien, die ich bereits genannt habe: Durch die Breite und die Richtung der Linien auf einer Tapete, durch die Größe des Musters sowie durch helle oder dunkle Wandfarbe kann man in einem Raum eine optische Illusion erzeugen.

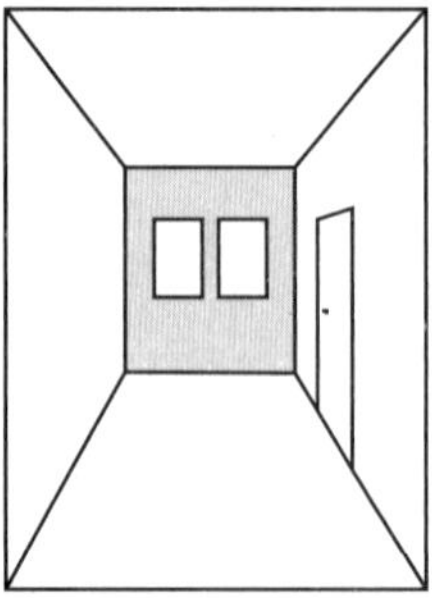

Kleiner Effekt = kleinste Wand

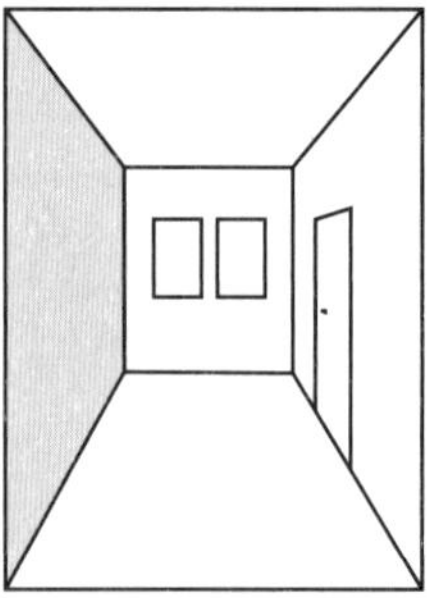

Großer Effekt = größte Wand und erster Eindruck

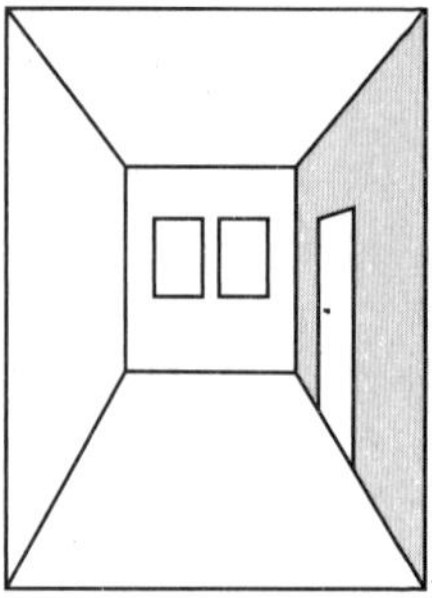

Kontrasteffekt = Türen und Leisten

Methode für den geglückten Mustermix

Möchten Sie mehr als ein Muster im gleichen Raum kombinieren, zum Beispiel eine gemusterte Tapete mit mehreren gemusterten Textilien, Teppichen oder Möbeln, dann gibt es ein paar verschiedene Tricks, mit denen Sie am Ende ein harmonisches Ganzes erzielen. Die angegebene Vorgehensweise soll Ihnen als Hilfsmittel dienen, aber keine absolute Regel darstellen.

1) Beginnen Sie damit, dass Sie im betreffenden Raum die größten Flächen heraussuchen, auf die Sie Muster aufbringen können. Oft sind es die Wände, große Polstermöbel wie zum Beispiel Sofas und Sessel und/oder große Textilflächen wie Teppiche, Vorhänge oder Bettüberwürfe.

2) Suchen Sie sich anschließend ein paar kleinere Flächen, auf denen Sie Muster hinzufügen können. Welche das sind, hängt vom Typ des Zimmers ab, kann aber alles sein, vom Zierkissen und Lampenschirm bis zu Topflappen und gemusterten Tischtüchern oder Tabletts.

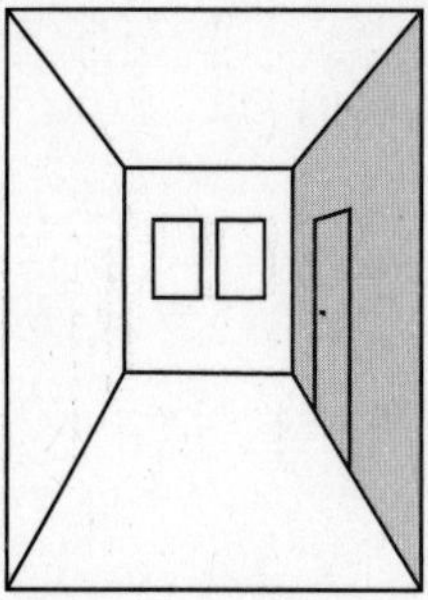

Camouflage-Effekt
bei abweichender Tür

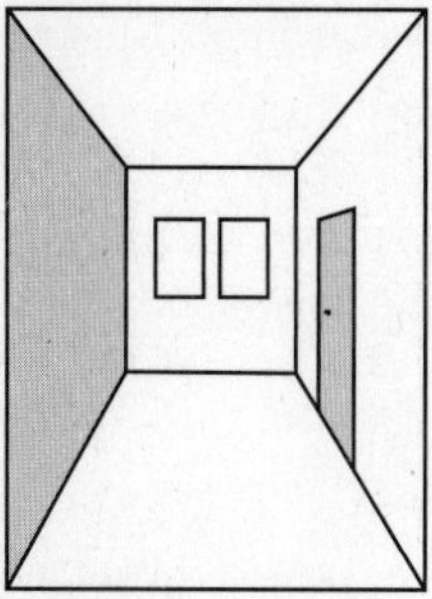

Akzentuierender Effekt
zusammen mit
abweichender Tür

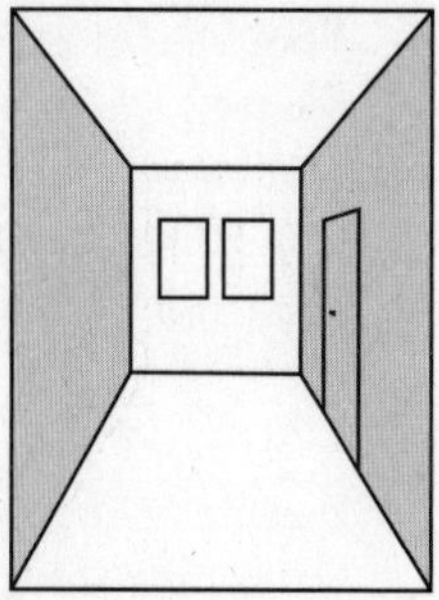

Verschmälernder Effekt

3) Suchen Sie dann die Tapeten und Stoffe aus, die Sie dazu kombinieren möchten. Versuchen Sie, ein Element aus jeder der folgenden drei Kategorien zu wählen:
   - Organische Muster (dichte Muster)
   - Geometrische Muster (schlichte Muster)
   - Einfarbige Flächen (ein ausgleichender Farbblock)

Man erzielt nämlich eine bessere Dynamik im Mustermix, wenn man dichte Muster mit etwas schlichteren Varianten mischt. Denken Sie an das Prinzip der Nebeneinanderstellung: Unregelmäßige, organische, tiefe Musterbilder neben schlichteren, geraderen, repetitiven Musterbildern scheinen sich gegenseitig zu heben und zu verstärken. Wählt man nur Muster mit ähnlicher Formensprache, erzielt man nicht dieselben Kontraste, und dann läuft man Gefahr, dass einem alles ineinanderfließt.

Lässt man den gewählten Mustermix vor einem ausgewogenen Farbenblock ruhen, wird der Eindruck des Ganzen harmonischer fürs Auge. Greifen Sie sich am besten eine Lieblingsfarbe heraus, die in einem der Muster vorkommt, die Sie ausgesucht haben, und lassen Sie diese Farbe auf einer größeren Fläche wirken, zum Beispiel mit einem Teppich oder einem größeren Möbelstück. Der Trick hinter einem gelungenen Mustermix besteht darin, Kombinationen dieser drei Blöcke zu suchen, die sich dann gegenseitig verstärken.

Beispiele für organische/dichte Muster

Blätter
Blüten
Unregelmäßige Muster mit Vögeln und Tieren
Toile de Jouy (Landschaftsmuster)
Paisley

Beispiele für geometrische/schlichte Muster

Geometrische Figuren (zum Beispiel Dreiecke, Quadrate, Rechtecke und Rauten)
Streifen
Karos
Hahnentrittmuster

Achten Sie auch darauf, Proportionen und Größe in den Musterbildern zu variieren, damit nicht alle Muster denselben Rhythmus haben.

4) Wenn Sie die Muster ausgesucht haben, mit denen Sie arbeiten möchten, müssen Sie entscheiden, welches davon im Fokus stehen soll. Lassen Sie am besten ein Muster oder einen Stil als Hauptperson, als Solokünstler auftreten und die anderen eher als verstärkende Backgroundsänger agieren. Generell funktionieren große Muster am besten auf größeren Flächen, an denen man den Musterrapport komplett sehen kann, während sich kleinere, detailreiche Muster auf kleinen Flächen am besten machen.

5) Wenn Sie einen Plan gemacht haben, überprüfen Sie, ob die Musterelemente im Zimmer rotieren. Möchten Sie einen harmonischen Eindruck erzielen, so ist es nämlich wichtig, den Mustermix über die ganze Einrichtung zu verteilen, sonst konzentriert sich das Ganze gern auf eine einzige Stelle im Raum. Wenn eine Akzentwand gemustert tapeziert ist, lassen Sie auf der gegenüberliegenden Seite des Zimmers etwas anderes Gemustertes antworten, zum Beispiel im Vorhang, einem größeren Teppich, einem Lampenschirm oder einem Kunstwerk, um mehr Ausgewogenheit zu schaffen.

6) Denken Sie immer daran, dass Rom auch nicht an einem Tag erbaut wurde. Es ist wichtig, dass Sie Geduld in diesem Prozess haben und akzeptieren, dass es dauern kann, bis Sie genau den richtigen Mustermix oder Stilbruch gefunden haben, der Ihnen am besten gefällt. Falls es etwas gibt, was Sie wirklich gern mögen, was aber trotzdem irgendwie heraussticht und das große Ganze stört, haben Sie Geduld und lassen Sie den Gegenstand in einem anderen Zimmer ruhen, bis Sie ein Gegenstück oder eine Komposition gefunden haben, die auch dieses Puzzlestück an seinen richtigen Platz fallen lässt.

Tricks

Man kann seine Fähigkeit beim Mustermixen trainieren, indem man zuerst Muster aussucht, die sich innerhalb der gleichen Farbfamilie bewegen. Dann werden die Kontraste nicht so hart, und es gibt eine gemeinsame Klammer, die das Ganze zusammenhält. Wenn Sie eine Farbe in verschiedenen Musterbildern immer wieder auftauchen lassen, schaffen Sie trotz der Unähnlichkeiten im Aussehen einen gewissen Ruhepunkt.

Ein anderer Trick besteht darin, dass man von Mustern ausgeht, die vom gleichen Designer kommen. Auch wenn Musterdesigner oft Aufträge für verschiedene Firmen übernehmen, haben die meisten doch ihre ganz eigene Formensprache, die sich auf die eine oder andere Art wiederholt. Wenn Sie sich in ein bestimmtes Muster verguckt haben, könnte es also eine gute Idee sein, im Mustervorrat dieses Designers zu stöbern, um weitere Vorschläge für passende Ergänzungen und Kompositionen zu finden.

Was bedeutet Musteranschluss?

Tapeten werden auf schmale Rollen gedruckt, und wenn man vorhat, eine ganze Wand zu tapezieren, braucht man mehrere Rollen, um die gesamte Fläche zu bedecken. Daher muss man berücksichtigen, wie das Muster aufgebaut ist, um die Tapetenrollen richtig zusammenzufügen. Es gibt drei häufige Typen von Musteranschluss, die Auswirkungen darauf haben, wie das Endergebnis aussieht und wie viel eventuell von den Tapetenrollen übrig bleibt. Rein praktisch schlägt sich dies darin nieder, dass Sie vielleicht ein paar mehr Rollen kaufen müssen.

- Freier Musteranschluss: Hier braucht kein Musteranschluss zwischen den Tapetenrollen beachtet zu werden.
- Gerader Musteranschluss: Hier passt das Muster über die ganze Breite der Tapetenrolle zusammen.
- Versetzter Musteranschluss (*half drop*): Hier ist das Muster versetzt, um für Variation an der Wand zu sorgen.

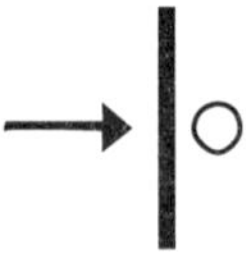

Tapete ohne Musteranschluss

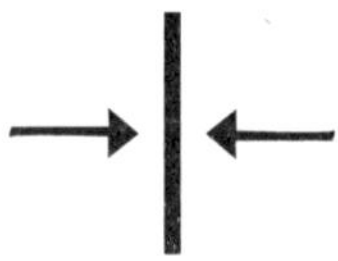

Tapete mit Musteranschluss. Alle Rollen sind entsprechend zugeschnitten.

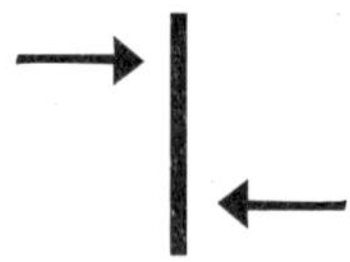

Tapete mit versetztem Musteranschluss. Planen Sie entsprechenden Mehrbedarf ein.

Die meisten Geschäfte und Webshops, die Tapeten verkaufen, bieten die Möglichkeit, sich Tapetenmusterbücher und größere Ausschnitte der Tapeten auszuleihen oder sich ohne größere Kosten kleine Muster nach Hause zu bestellen. Nutzen Sie das! Tageslicht und Beleuchtung in einem Zimmer können Einfluss darauf haben, wie ein Tapetenmuster wirkt. Wie die Tapete zu Hause bei Ihnen aussehen wird, können Sie nur herausfinden, wenn Sie sie genau dort anschauen, an der Stelle, an der Sie sie an die Wand kleben möchten. Und vergessen Sie nicht, die Tapetenprobe vertikal zu betrachten – an die Wand gelehnt oder mit Klebeband befestigt.

Gemälde auf Tapeten

- Vermeiden Sie es, Konkurrenz zu schaffen. Ergänzen Sie lieber durch Gegensätze. Auf eine groß gemusterte Tapete passen meistens Bilder mit ruhigeren Motiven, auf klein gemusterten Tapeten nehmen sich meist größere Motive am besten aus.
- Betonen Sie die Außenkanten der Bilder durch deutliche Rahmen.
- Verwenden Sie gerne Passepartouts, um ein bisschen Distanz zwischen die Tapete und das Gemäldemotiv zu bringen. Es braucht gar nicht einmal weiß zu sein, es gibt auch schwarze, graue und farbige Alternativen, die bei Tapeten mit weißem oder hellem Hintergrund einen deutlicheren Effekt erzielen.

Glossar Farbe

Buntton: Gehalt eines Farbtons (Die Farbe ist das, was im Eimer ist, mit Buntton wird beschrieben, wie die Farbe wahrgenommen wird.)
Nuance: Die Schattierungen einer Farbe (kleine Unterschiede in Farbton, Helligkeit und Farbsättigung, zum Beispiel Hell- und Dunkelgrün). Farbtöne derselben Nuance haben den gleichen Schwarz-, Weiß- oder Buntheitsanteil.
Monochrom: einfarbig
Pigment: Gibt der Farbe ihre Buntheit und Deckkraft.

5

Beleuchtung

Genauso wie man Pinsel und Farbe benutzen kann, um verschiedene visuelle Effekte oder verschiedene Stimmungen in einem Zimmer zu erzielen, kann man auch das Licht einsetzen. Wie man Lampen aufstellt, wo man Lichtkegel landen lässt und wie man verschiedene Lichtstärken kombiniert, kann in einem Raum buchstäblich, aber auch bildlich einen Unterschied wie Tag und Nacht machen. In diesem Abschnitt habe ich die grundlegenden Kenntnisse über Beleuchtung und Einrichtungstricks bei der Lichtgebung zusammengefasst.

Ohne Licht keine Gemütlichkeit

Der Zweck der Innenbeleuchtung ist nicht besonders schwer zu verstehen. Jeder, der schon einmal einen Stromausfall erlebt hat, weiß, wie schnell ein Zimmer von praktisch und heimelig in ein ungemütliches Chaos stürzen kann. Wir brauchen Licht, um richtig sehen zu können, und je nachdem, wie wir die Lampen stellen und welche Stärke wir ihnen geben, können wir zudem verschiedene Stimmungen und Empfindungen in einem Zimmer erzeugen. Wir können hervorheben, was uns gefällt, und die Augen von Stellen ablenken, mit denen wir weniger zufrieden sind. Nichtsdestotrotz gibt es nicht viele, die die

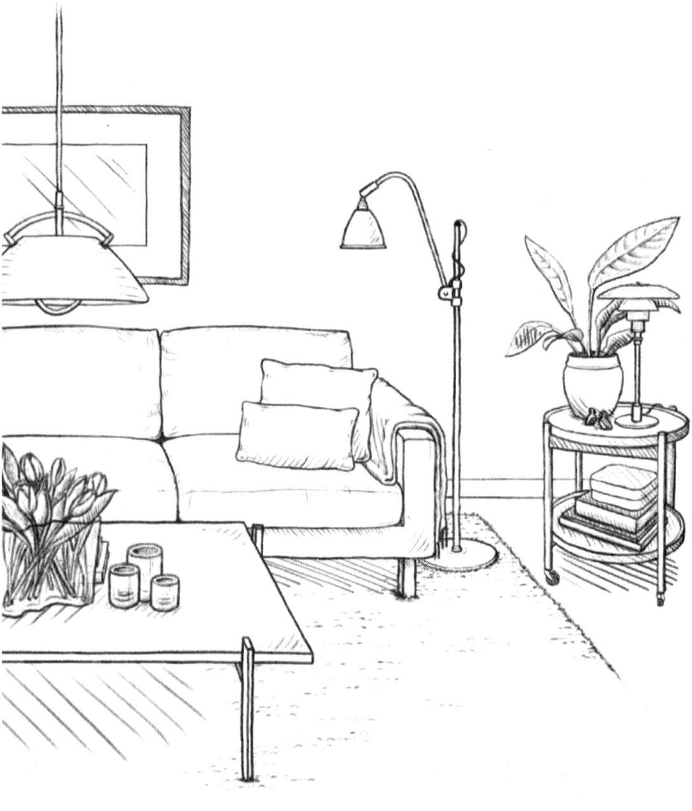

Beleuchtungsfrage bei einem Einrichtungsprojekt wirklich ernst nehmen, und viele kaufen ihre Lampen aus den falschen Beweggründen. Gefällt Ihnen in Wirklichkeit die Form der Lampe oder haben Sie sie deswegen ausgesucht, weil sie ihren Zweck so gut erfüllt? Eine gute Beleuchtung soll nicht nur selbst gesehen werden, sondern sie soll dafür sorgen, dass alles in ihrer Umgebung besser gesehen werden kann.

Form oder Funktion

„Passt diese Lampe zu meinem Einrichtungsstil?" Ich bekomme öfter Fragen zum Aussehen der Lampen gestellt als dazu, ob sie ihre Aufgabe erfüllen können. Wenn man seine Einrichtung plant und zur Beleuchtungsfrage kommt, ist es wichtig, sowohl Design als auch Wirkung im Kopf zu haben. Welche Stellen im Zimmer müssen durch Licht hervorgehoben werden? Welche Art Beleuchtung wird dort benötigt und welche Unterstützung haben die Lampen im Zimmer bereits? Es braucht nicht nur eine, sondern mehrere Lampen für die vollständige Lichtgebung, deswegen gelingt das selten, indem man immer nur ein einzelnes Teil kauft – vielmehr sollte man berücksichtigen, dass mehrere Lampen vonnöten sind.

Heutzutage gibt es ein riesiges Angebot an Lampen, doch die grundlegenden Kenntnisse über Beleuchtung scheinen ziemlich gering. Obwohl die Generationen vor uns jahrelang geforscht haben, um blendfreie Schirme und Leuchten zu erfinden, die unseren Augen guttun würden, hängen wir uns am Ende doch immer wieder nackte Glühbirnen mit Textilkabel auf – weil es trendy ist. Die richtige Lampe scheint wichtiger zu sein als die richtige Wirkung, und ich glaube, das müssen wir ändern. Schlecht beleuchtete Zimmer sind nicht nur weniger gemütlich, sie fordern uns auch größere Anstrengung ab, wenn wir Details erkennen wollen, und dann bekommen wir leicht Kopfschmerzen oder werden müde. Da wir uns mehr anstrengen müssen, um bei schlechter Beleuchtung zu sehen, fällt uns die Konzentration schwerer, und dann gehen einem schnell auch Geduld und Kraft aus. Die richtige Beleuchtung ist also nicht nur dafür wichtig, dass wir gut sehen, sondern auch dafür, dass es uns besser geht.

> Ein zweidimensionaler Lichtteppich schafft keine spannende Dynamik, keinen Raum im Raum. Ein richtig ausgerichteter Lichtkegel jedoch kann genauso effektiv sein wie eine Akzentwand, um Abtrennungen und Räumlichkeit zu schaffen. Insbesondere am Abend.

Unterstreichen und ablenken

Indem wir mithilfe von Lampen Licht und Schatten in unserer Einrichtung schaffen, können wir auch aktiv verschiedene Teile eines Zimmers unterstreichen und betonen. Oder verbergen und den Blick ablenken, damit der Fokus dort hingelenkt wird, wo wir ihn gerne hätten. Die Beleuchtung ist also nicht nur ein Hilfsmittel, damit wir im Dunkeln besser sehen, sondern ein mindestens ebenso wichtiges Werkzeug, um Dinge zu akzentuieren und hervorzuheben, die wir gut finden – wie ein Bild, ein schönes Accessoire auf dem Bücherregal, ein Möbelstück – und warum sollte man nicht einfach mal ein Spotlight direkt auf ein architektonisches Detail oder eine Tapete richten?

Die 5–7-Regel

Ein guter Ausgangspunkt für die Beleuchtung lautet, dass es in jedem Zimmer mindestens fünf bis sieben Beleuchtungspunkte geben sollte, manche gehen sogar so weit, sieben bis neun zu verlangen.

Machen Sie einmal die Runde in Ihrer Wohnung und zählen Sie nach. Wie viele Lampen gibt es in jedem Zimmer und wie steht es um Stärke und Platzierung? Erfüllen Ihre Lampen in den jeweiligen Räumen wirklich ihren Zweck an den Stellen, an die Sie sie gestellt haben? Abgesehen von der richtigen Anzahl an Lampen sollten Sie am besten mindestens eine aus jeder der unten angeführten Kategorien besitzen. Wenn Sie nicht auf diese Anzahl kommen, überlegen Sie, welche Art Lampe noch fehlt, und verwenden Sie die folgenden Beschreibungen als Inspiration!

Allgemeine Beleuchtung: Deckenlampe (oder eine andere Lampe), die ein Grundlicht im ganzen Zimmer verbreitet.

Arbeitsbeleuchtung/Funktionsbeleuchtung: Leselampe am Sessel oder Sofa, Beleuchtung an der Arbeitsplatte in der Küche oder Schreibtischlampe.
Punktbeleuchtung: zielgerichtete Spots/Strahler/Akzentlicht auf Bilderwand, Kunstwerk, Bücherregal oder Schattenspiel auf einer Wand.
Stimmungsbeleuchtung/Dekorationsbeleuchtung: gemütliche gedämpfte Beleuchtung, dimmbare kleine Lampen, Lichterketten und Kerzen.

Störende Schatten

Ein gewisses Maß an Schattenwurf sorgt für Stimmung im Zimmer, aber das gilt nicht für die Arbeitsbeleuchtung. Denken Sie bei Planung und Montage Ihrer Beleuchtung immer daran, wo die Menschen in einem Zimmer stehen werden. Hängt die einzige Lichtquelle an der Decke, schräg hinter der Arbeitsplatte in der Küche, so laufen Sie Gefahr, dass Sie beim Kochen einen Schatten auf die Fläche vor sich werfen. Dann braucht es zum Beispiel noch eine Lichtquelle unter dem Hängeschrank, mit der Sie wirklich gut sehen können, was Sie auf der Arbeitsplatte machen. Dasselbe Prinzip gilt auch in anderen Räumen, beispielsweise in Garage, Hobbyraum und Arbeitszimmer.

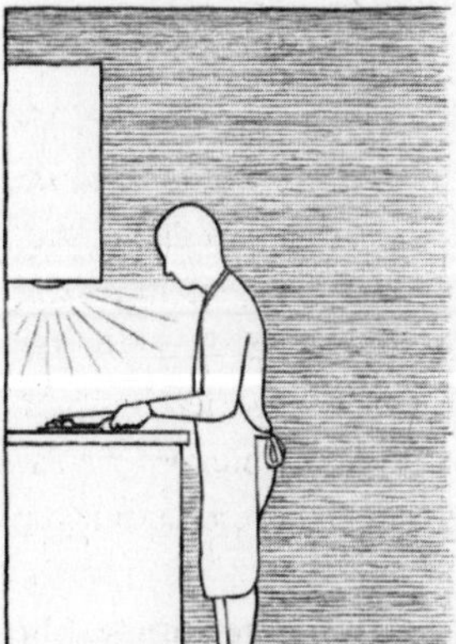

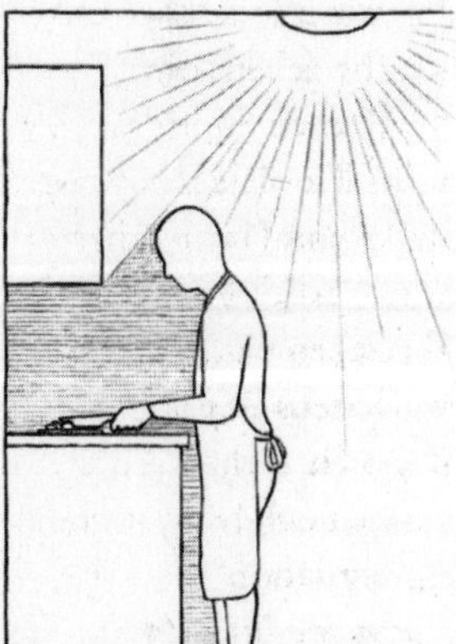

Direktes oder diffuses Licht

Wenn Sie ein Zimmer mit Lampen bestücken, ist es auch wichtig, ein Gleichgewicht zwischen direktem und indirektem/diffusem Licht herzustellen. Lampen, die so geformt sind, dass sie einen zielgerichteten Lichtkegel erzeugen, spenden direktes Licht. Werden die Lichtstrahlen jedoch gefiltert oder breiten sich gedämpft durch einen Lampenschirm aus, so spricht man von diffusem Licht. Wird die Lichtquelle auf eine reflektierende Fläche oder eine Wand gerichtet, um das Licht auf diese Weise zu verbreiten, nennt man diese Beleuchtungsform indirekte Beleuchtung.

Direktes Licht: gerichteter Lichtkegel

Diffuses Licht: durch einen Schirm gefiltertes Licht

Indirektes Licht: Licht, das zum Beispiel von einer Wand reflektiert wird

Wie Licht und Schatten von einer Lampe geworfen werden, kann man im Geschäft manchmal schwer beurteilen. Ich habe einmal gelesen, dass die Beurteilung einer Lampe in einem beleuchteten Geschäft genauso schwer ist wie die Beurteilung eines Lautsprechers im Elektrofachhandel, wenn alle anderen Lautsprecher gleichzeitig laufen. Bitten Sie darum, die Lampe einmal nach Hause ausleihen zu dürfen oder Fotos anschauen zu können, auf denen Sie diese Lampe in einer eingerichteten Umgebung sehen, damit Sie sich wirklich ein Bild davon machen können, wie sie ihr Licht verbreitet und welche Schatteneffekte sie hat.

Zielgerichteter Lichtkegel oder diffuses Licht

Stark vereinfacht ausgedrückt könnte man sagen, dass Lampen entweder gerichtetes oder gestreutes Licht verbreiten. Gerichtetes, direktes Licht eignet sich meistens am besten für die Funktions- oder Arbeits-

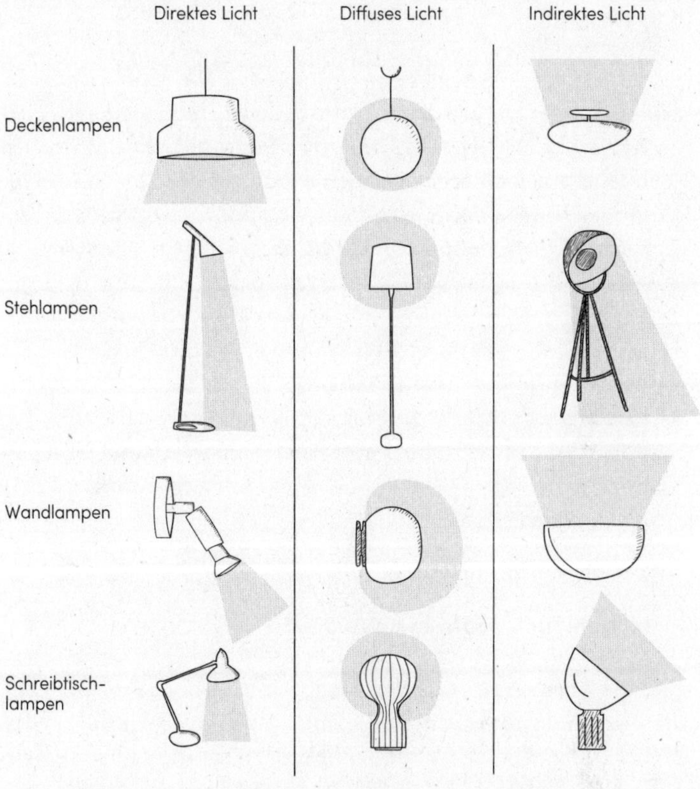

beleuchtung, während diffuses oder indirektes Licht oft besser als Stimmungs- oder Dekorationsbeleuchtung geeignet ist. Diese Sichtweise auf Beleuchtung ist gut, wenn Sie sich zwischen zwei verschiedenen Modellen entscheiden sollen und unsicher sind, welches sich am besten für Ihre Zwecke eignet. Eine Stehlampe mit gerichtetem Licht eignet sich am besten, wenn Sie ein Buch lesen oder Handarbeiten machen. Eine Stehlampe, die ihr Licht zum Beispiel durch einen weißen Stoffschirm oder einen milchigen Glasschirm verbreitet, ist hingegen geeigneter, wenn Sie es auf Dekorations- oder Stimmungsbeleuchtung abgesehen haben, als Licht in einer dunklen Ecke.

Bedenken Sie:

- Ein dunkler Lampenschirm lässt nicht so viel Licht durch wie ein hellerer Schirm, sondern drückt das Licht stattdessen nach unten (oder nach unten und oben).
- Ein gemusterter oder perforierter Lampenschirm verbreitet ein eher ungleichmäßiges Licht, was für Schatteneffekte und Lichterspiel im Zimmer sorgt.
- Ein farbiger Lampenschirm kann farbiges Licht verbreiten. Ein roter Lampenschirm taucht gerne mal das gesamte Zimmer in rotes Licht.
- Ist ein farbiger Stoffschirm an der Innenseite weiß bezogen, wird das Licht von dieser Fläche reflektiert und weniger von der Farbe auf der Außenseite des Lampenschirms beeinflusst.

Richtwerte für blendfreie Beleuchtung

Eine gut funktionierende Beleuchtung hängt nicht nur von der Zahl der Beleuchtungspunkte in einem Zimmer ab, sondern auch von der Höhe, in der man die Lampen anbringt. Hängt die Lampe zu weit oben, besteht die Gefahr, dass das Licht blendet und den Augen unangenehm ist, wenn man sich hinsetzt. Hängt die Lampe zu weit unten, schlägt man sich am Ende jedes Mal den Kopf an, wenn man aufsteht. Trotzdem kommt es häufig vor, dass man zu hoch oder zu tief hängende Lampen sieht, wenn man Bilder in Zeitschriften oder in den sozialen Medien betrachtet.

Wenn es darum geht, Lampen über dem Küchentisch anzubringen, arbeiten Einrichtungsberater und Raumausstatter mit einer Richthöhe von 50 bis 60 Zentimetern über der Tischplatte (aber auch der Lampenkorpus und die Größe der Familienmitglieder oder Hausbewohner spielt mit hinein). Auf dieser Höhe beleuchtet die Lampe meistens den kompletten Tisch, ohne die Leute zu blenden, die daran sitzen, und sie werden auch nicht von einem Lampenschirm gestört, der ihnen die Sicht versperrt.

An einer Kücheninsel oder Bartheke mit Sitzplätzen gilt dasselbe Prinzip, auch wenn die Tischplatte meistens höher und weiter vom Boden entfernt ist als bei einem Küchentisch. Es kann auch eine gute Idee sein, mehr als eine Lampe aufzuhängen, wenn die Breite des Lampenschirms nicht für die gesamte Tischfläche ausreicht – je nachdem, wie der Lichtkegel über die Breite der Tischplatte fällt. Das Anderthalbfache der totalen Breite des Lampenschirms ist oft eine brauchbare

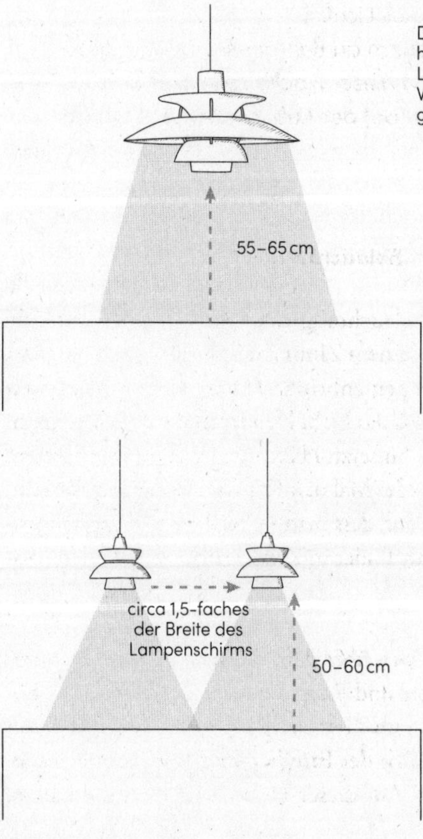

Die optimale Höhe der Lampe hängt davon ab, wie hoch die Lichtquelle im Lampenschirm sitzt. Wenn sie eher tief sitzt, besteht ein größeres Blendrisiko.

Empfehlung für den Abstand zwischen den Lampen, wenn man mehrere nebeneinander hängen möchte.

Gute Richtmaße für einen Kronleuchter

- Kronleuchter über dem Tisch: circa 75 – 80 cm über dem Tisch
- Kronleuchter an der Decke: mindestens 2 m über dem Boden
- Kronleuchter im Flur: mindestens 2 m über dem Boden und circa 30 – 40 cm oberhalb des Türrahmens (für freien Durchgang und den Radius der aufgehenden Tür)

Über dem Esstisch, an dem man nur zu festlicheren Anlässen isst und an dessen Beleuchtung man deswegen nicht dieselben funktionalen Ansprüche stellt wie an den Küchentisch, hängen viele gerne einen Kronleuchter auf, um stimmungsvolle Beleuchtung zu schaffen. Da bei einem Kronleuchter die Glühbirnen nach oben gerichtet sind, gibt er nicht den konzentriert nach unten gerichteten Lichtkegel, der bei einer funktionalen Alltagsbeleuchtung wichtig ist. Das indirekte Licht, das nach unten auf die Tischplatte fällt, ist oft schwach und kann obendrein – bedingt durch die Form der Lampe – Schatten werfen.

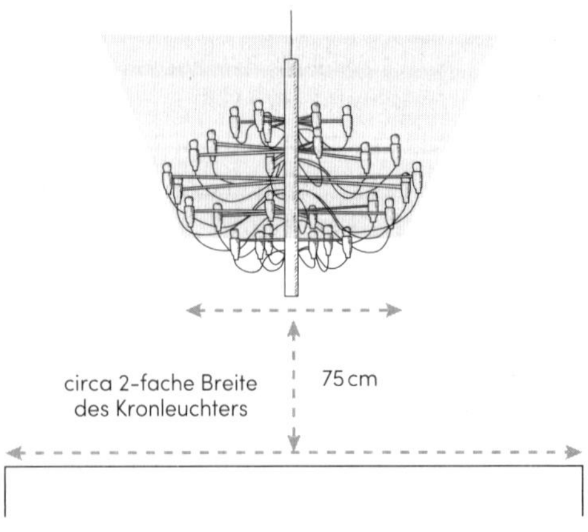

Ein Kronleuchter über einem Esstisch muss etwas höher hängen als normale Esstischlampen, um die Sicht zwischen den Gästen nicht zu behindern. Ein gutes Richtmaß sind circa 75 bis 80 Zentimeter über der Tischplatte. Man muss sich ein bisschen zur richtigen Höhe vorarbeiten, denn das optimale Maß hängt von der Deckenhöhe ab – aber über einem Tisch darf ein Kronleuchter auch *nicht zu hoch sitzen*, sonst wirkt er wie ein Korblüster. *Zu tief* sollte er auch nicht hängen, denn dann verdeckt er einem die Sicht, wenn man am Tisch sitzt. Es ist außerdem wichtig, dass der Tisch größer ist (sowohl der Breite als auch der Länge nach) als der Durchmesser des Kronleuchters, damit die Möblierung optisch nicht aus dem Gleichgewicht gerät.
In bestimmten Räumen, zum Beispiel im Wohnzimmer und Fernsehzimmer, ist es besonders wichtig, blendfreie Schirme einzusetzen und sowohl an die Richtung des Lichtkegels zu denken als auch an die Höhe, in der man Wandlampen anbringt oder Tischlampen aufstellt. Die Sitzhöhe und der Winkel der Rückenlehne eines Möbelstücks kann ausschlaggebend sein, wie man eine Lichtquelle platzieren muss, damit sie Personen auf einem niedrigen Sofa oder Sessel nicht blendet oder stört.

Beleuchtung im Flur

Gibt es gute Tipps und Faustregeln für die Beleuchtung im Flur? Ja: Orientieren Sie sich immer an Form und Deckenhöhe des Zimmers, wenn Sie Ihre Lampenmodelle auswählen.

- Bei hoher Decke sieht eine lange Pendelleuchte gut aus. Denken Sie daran, Sicherheitsabstand zum Öffnungsradius der Tür und zur Garderobe zu halten. Hängen Sie die Lampe nicht tiefer als 30–40 Zentimeter vom Türrahmen entfernt.
- In einem länglichen Flur brauchen Sie meistens mehr als eine Lichtquelle an der Decke – entweder mehrere Deckenlampen oder eine längere Schiene mit Strahlern, die längs zum Raum aufgehängt wird. Richten Sie sie an die Wände, sodass das Licht breiter gestreut wird. Dann wirkt der Flur weniger eng, und keiner wird geblendet.

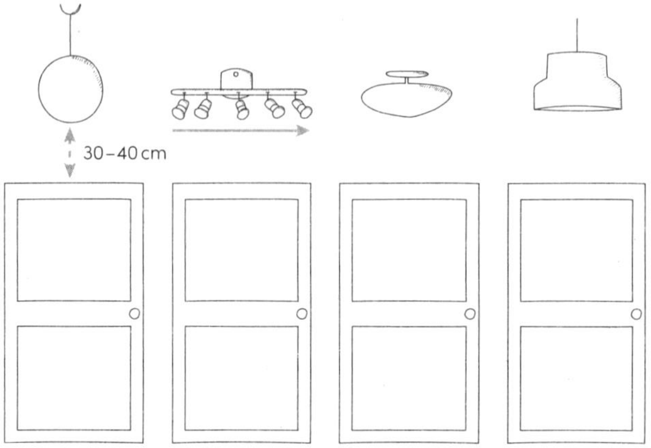

- Bei normaler Deckenhöhe (2,40 Meter) passt es meistens am besten, wenn man eine flache Lampe (Plafondleuchte) an der Decke montiert, um zu vermeiden, dass Haustüren, angrenzende Zimmertüren oder Schranktüren gegen einen hängenden Lampenschirm schlagen.
- Wenn Sie sich für eine Hängelampe im Flur entscheiden, ist es wichtig, dass sie nach unten nicht geöffnet ist, denn das kann blenden. Suchen Sie ein Modell mit einem Blendschutz oder einem Schirm aus, der das nach unten gerichtete Licht filtert.

Variierende Höhe der Lichtquellen

Abgesehen davon, dass man die Anzahl der Beleuchtungspunkte berücksichtigen muss, diffuses und indirektes Licht sowie die Höhe der Funktionsbeleuchtung, damit sie nicht blendet oder stört, ist es wichtig, das Licht in unterschiedlicher Höhe einzusetzen, damit nicht alle Lichtpunkte im Raum linear liegen. Nicht selten landen alle Lampen (außer der Deckenlampe) ungefähr in derselben Höhe – dann könnte es angebracht sein, eine von ihnen höher oder tiefer zu stellen oder einen drehbaren Strahler einzusetzen, der sein Licht nur nach oben oder unten wirft und einem gleich mehr Variationsmöglichkeiten eröffnet. Das Ziel ist, dass alle Lichtkegel zusammenarbeiten, um ein Gesamtlichtbild zu erzeugen, das funktionell und anpassbar ist, unabhängig von der Tageszeit oder der Art der Aktivitäten im Zimmer. Punktbeleuchtung in dunklen Ecken kann als Trick eingesetzt werden, um einen Raum größer wirken zu lassen.

Wenn Sie unzufrieden mit Ihrem Zuhause sind und es nicht besonders wohnlich finden, sollten Sie vielleicht erst einmal versuchen, die Beleuchtung zu ändern, bevor Sie die Möblierung angehen. Vielleicht liegt das Problem nicht darin, dass Sie die falschen Möbel besitzen, sondern die falsche Beleuchtung? Checken Sie oben, unten und in der Mitte, wenn Sie die Beleuchtung in Ihrem Zimmer betrachten, dann können Sie rasch erkennen, welches Level im Zimmer noch Verstärkung braucht. Vielleicht haben Sie ja nur eine Deckenlampe und Tischlampen?

Hier sind Beispiele für Lampen, die man auf verschiedenen Höhen einsetzen kann:

Oben	Mitte	Unten
• Deckenlampen • Plafondleuchten • Schienen mit Strahlern • In die Decke eingelassene Lichter • Pendelleuchten	• Boden- und Leselampen • Tischlampen, die man auf eine höhere Kommode oder ein Sideboard stellt • Klemmleuchten im Bücherregal • Bildbeleuchtung • Strahler, deren Lichtkegel zielgerichtet Wände oder Kunst beleuchten • Hängende Fensterlampen	• Lampen mit niedrigem Fuß auf dem Fensterbrett • Kerzenleuchter und Teelichter auf dem Wohnzimmertisch • Niedrige Stehlampen • Im Boden eingelassene Leuchten • LED-Lichterketten an Bodenleisten oder Fensternischen

Natürliches Licht

Man schaltet im Haus Lampen nicht nur an, um besser sehen zu können, sondern auch um den Fluss des natürlichen Lichts im Tagesverlauf auszugleichen und zu kompensieren. Die Sonne geht im Osten auf und im Westen unter, und im Laufe des Tages verändert das Licht seine Farbe. Je nachdem, in welche Himmelsrichtung Ihre Fenster weisen, bewegt sich das Tageslicht anders durch Ihr Zuhause und schafft damit auch Farbveränderungen in Ihrer Einrichtung.

Am Morgen, wenn die Sonne aufgeht, ist das natürliche Licht kälter und intensiver, im Laufe des Tages wird es heller und weißer, um dann gegen Abend in ein wärmeres Licht überzugehen, bis die Sonne untergeht und es dunkel wird. Indem Sie verschiedene Farbtemperaturen in Ihren Leuchtmitteln haben und überhaupt mehrere Lampen in einem Zimmer anschalten, dimmen oder ausschalten können, je nach Lichtrhythmus, können Sie Ihre Beleuchtung dem Rhythmus des Tages anpassen. Die Farbtemperatur des Lichts wird in Kelvin gemessen. Machen Sie ein Foto von Ihrem Zimmer und Ihren Lampen und gehen Sie in ein Fachgeschäft, damit man Ihnen hilft, die Leuchtmittel auszusuchen, die Sie benötigen, um im Laufe eines Tages die perfekte Lichtgebung zu erzielen. Heutzutage gibt es immer mehr technische Hilfsmittel, mit denen man das Licht per Fernbedienung justieren und anpassen kann. Wenn Sie neugierig sind, können Sie im Internet ja mal nach „Human Centric Lightning" suchen.

Wenn Sie indirekte Beleuchtung in einem Zimmer möchten, überlegen Sie sich vorher, welche Glanzzahl Sie für Ihre Decken- und Wandfarbe aussuchen, damit das Licht nicht so leicht blendet.

> ***Lampen ohne Dimmer sind wie Lautsprecher, bei denen man nur eine einzige Lautstärke einstellen kann.***
>
> Åsa Fjellstad

Beleuchtungstricks

- Eine Tischlampe auf den TV-Tisch zu stellen, verleiht dem Zimmer nicht nur zusätzliche Gemütlichkeit – eine zwischengeschaltete Lichtquelle in der Nähe des Fernsehers hilft außerdem, den scharfen Kontrast zwischen einem stark leuchtenden Fernseher und einem dunklen Zimmer etwas zu verwischen.
- Möchten Sie ein Bild beleuchten? Denken Sie daran, dass verglaste Rahmen das Licht auf eine Art reflektieren können, die die Betrachtung des Motivs erschwert. Versuchen Sie, ein schönes Licht seitlich daneben zu platzieren, anstatt das Bild von vorn anzuleuchten, und montieren Sie die Lichtquelle mindestens einen Meter entfernt vom Motiv. Vermeiden Sie aus demselben Grund, Bilder hinter Glas gegenüber von großen, funkelnden Kronleuchtern oder von einem Fenster aufzuhängen.

Deswegen sehen die Leuchtmittel unterschiedlich aus

Wenn man sich seine alten Glühbirnen anschaut und sie nun mit diesen ganzen neuen Energiesparlampen vergleicht, hat man nicht unbedingt gleich den Durchblick. Man kann aus einer Menge verschiedener Stärken wählen, aber auch bei den Formen und der Transparenz des Glases gibt es Unterschiede. Wann soll man welche Variante aussuchen?

Glühbirnen mit klarem Glas machen sich meistens am besten in Lampen mit durchsichtigen Schirmen (Regel: klar zu klar). In diesem Fall sollten Sie aber daran denken, das Licht über einen Dimmer oder die Leistung zu regulieren, denn solche Lampenschirme dämpfen das Licht natürlich nicht.

Matte Glühbirnen funktionieren in den meisten Lampen gut, weil milchiges Glas das Licht gleichmäßig verteilt.

Kopfverspiegelte Birnen werfen das Licht zurück auf den Reflektor im Inneren der Lampe und funktionieren gut in offenen Lampen, wie zum Beispiel Schuhmacherlampen, da hier durch das geschlossene obere Ende verhindert wird, dass die Lampe blendet.

Checkliste für die Analyse von Farbe und Licht in Ihrem Raum

Im Folgenden finden Sie eine kurze Erklärung visueller Begriffe, die Sie verwenden können, um die Lichtwirkung in einem Raum zu beurteilen.

- *Helligkeit:* Wie hell ist es im Zimmer?
- *Lichtverteilung:* Wie ist das Licht über den Tag verteilt? Und wie am Abend? Wie habe ich meine Lampen platziert?
- *Schatten:* Ist das Niveau der Schattenbildung ausgeglichen, sodass die Lichtgebung nicht zu flach wirkt? Schatten können Formen und Strukturen verstärken und betonen, aber zu scharfe, harte Schatten können auch störende Kontraste hervorrufen.
- *Lichtflecken:* Gibt es kleine Bereiche, in denen die Helligkeit vom allgemeinen Licht im Zimmer abweicht? Lichtflecken können sowohl von elektrischem Licht (zum Beispiel einem perforierten Lampenschirm) verursacht werden als auch von natürlichem Licht (zum Beispiel der Kontur eines Fensters, die man durch den Lichteinfall auf der gegenüberliegenden Wand sieht).
- *Reflexe:* Reflektiertes Licht kann einen schönen Glanz erzeugen und glatte Materialien hervorheben. Unerwünschte Reflexe können jedoch stören und unangenehm werden.
- *Blenden:* Ist das Licht blendfrei oder stören Lampen ohne Schirm, deren Licht in den Augen sticht?
- *Lichtfarbe:* Was für eine Farbe hat das Licht im Zimmer? Das hängt davon ab, ob das Licht der Glühbirnen kalt oder warm ist, von ihrer Farbwiedergabe sowie von der Farbe der Flächen, von denen das Licht reflektiert wird.

- *Veränderte Farbwahrnehmung:* Die Farbe, die wir an Wänden und Möbeln sehen, kann vom darauf fallenden Licht beeinflusst werden. Eher unbunte Flächen (zum Beispiel ein graues Sofa) werden stärker von der Lichtfarbe verändert. Eine intensive Farbe wird subjektiv weniger beeinflusst, weil sie eine deutlichere, eigene Farbidentität hat.

(aus: Klarén, U., Fridell Anter, K., Arnkil, H u. Matusiak, B. [2011]: Percifal: Perceptual spatial analysis of colour and light. Als PDF auf https://www.konstfack.se/PageFiles/20012/PERCIFAL-eng.pdf)

Glossar Beleuchtung

Watt (W): Maßeinheit für die Leistung (Energieumsatz pro Zeitspanne)
Lumen (lm): Maßeinheit, in der angegeben wird, wie viel Licht ein Leuchtmittel abgibt. Eine hohe Lumenzahl bedeutet stärkeres Licht, eine niedrigere schwächeres Licht.
Kelvin (K): Maßeinheit für die Farbtemperatur des Lichts
Ra-Wert: Maß für die Farbwiedergabe einer Lampe. Der Ra-Wert liegt zwischen 0 und 100. Ein hoher Ra-Wert bedeutet gute Farbwiedergabe, ein niedriger weniger gute Farbwiedergabe.

6

Gestaltungstricks

In diesem Kapitel habe ich eine Reihe von handfesten Gestaltungstricks zusammengefasst. Das ist alles keine exakte Wissenschaft, und es gibt auch keine festen Regeln und Verordnungen, wie man die Dinge machen muss. Betrachten Sie meine Tipps eher als verschiedene Strategien oder Methoden und Anregungen, wenn Sie so möchten. Sie können sie alle ausprobieren, um weiterzukommen, wenn Sie sich einmal irgendwo verfahren haben.

Das Rezept für den letzten Schliff

Es wirkt vielleicht ein bisschen seltsam, wenn ich ein ganzes Kapitel über Inneneinrichtung damit beginne, wie man bei einem Einrichtungsprojekt den letzten Schliff hinkriegt – aber das ist eine der häufigsten Fragen, die wir Einrichtungsberater gestellt bekommen, wenn wir Privatpersonen treffen. Viele haben nämlich ihre Basismöblierung beisammen, aber ihnen fehlen noch die letzten Details, die ein Zimmer erst so richtig gemütlich und interessant machen. Wie kann man das hinkriegen, was kann man tun, um dieses Ziel zu erreichen?

Ich benutze oft die kluge Checkliste von Kelley Carters, auf der ganz konkrete Beispiele stehen, welche wichtigen Aspekte nötig sind, damit sich ein Raum vollständig anfühlt. Sie hat mir erlaubt, sie mit Ihnen zu teilen. Kelley fasst in Worte, in welche Richtung man denken kann, um eine Einrichtung interessanter und einladender zu gestalten. Und wenn man ihre Kategorien im Hinterkopf behält, wird es vielleicht sogar ein bisschen einfacher, die anderen Tipps aufzunehmen, die später in diesem Kapitel folgen. Denn vielleicht müssen Sie ja nur ein Arrangement verschiedener Objekte oder eine Bilderwand hinzufügen, als Blickfang oder Wow-Effekt, um dem Ganzen den letzten Touch zu geben? Deswegen glaube ich, es wäre gut, wenn Sie vor allem anderen diese Liste kennen:

- *Der Magnet (The Inviter)* ist etwas, was Ihr Interesse und Ihre Neugier weckt, was Sie in ein Zimmer hineinzieht. Das kann ein auffälliges Detail sein, das Sie als Betrachter packt, sodass Sie Lust bekommen, einzutreten und sich etwas näher anzuschauen oder mehr über etwas zu erfahren.
- *Der Gemütlichmacher (The Cozyfier)* ist etwas, was Sie verlockt, im Zimmer zu verweilen. Vielleicht eine wunderbare Kaschmirdecke oder ein bequemer Sessel, die zum Hineinkuscheln einladen?
- *Der Blickheber (The Eye Lifter)* ist ein Detail, das Ihren Blick nach oben richtet und einen Rahmen für die anderen Möbel im Raum bietet. Das kann eine Lampe sein, wegen der Sie den Blick heben und den gesamten Raum sehen, eine tolle Bilderwand vom Boden bis zur Decke oder eine große Bodenpflanze, die Ihre Augen erst auf sich und dann aufs ganze Zimmer lenkt.

- *Das Wow-Objekt* ist das Detail im Zimmer, das am lautesten tönt und damit den deutlichen Fokuspunkt bildet. Das kann etwas Architektonisches sein, zum Beispiel große Fenster mit fantastischem Ausblick, oder ein verblüffendes Möbelstück oder Accessoire.
- *Das auffällige Stück (The Weird Thing)* ist das, was das Auge abbremst und den Betrachter innehalten lässt. „Wo zum Teufel hast du DAS denn her?" Das kann ein Gemälde sein, ein Erbstück, eine Sammlung von Dingen, die Sie auf dem Flohmarkt gekauft haben, oder vielleicht sogar etwas, was Sie selbst gemacht haben?
- *Die persönliche Note (The Personalizer)* sind die Dinge, die Ihr Haus oder Ihre Wohnung zu Ihrem Zuhause machen. Das können Familienfotos sein, Erbstücke, Souvenirs und persönliche Gegenstände, die davon erzählen, wer unter Ihrem Dach wohnt und lebt. Das muss gar nicht mal sonderlich ins Auge fallen oder hervorstechen, es kann auch einfach etwas sein, was in irgendeinem Arrangement im Zimmer „bloß" hübsch aussieht.
- *Die natürlichen Elemente* sind Objekte, die ein Gefühl von Leben, Textur und vielleicht sogar ein wenig Farbe ins Haus bringen. Pflanzen, Schnittblumen, natürliche Materialien und Objekte mit organischen Formen.
- *Die abschließenden Details* sind Dinge, die Leerstellen in einer ansonsten fertigen Einrichtung füllen und die Möblierung lebendiger wirken lassen. Das können zum Beispiel ein Korb mit Zeitschriften neben dem Sofa sein, ein paar Bücherstapel auf einem Schreibtisch oder eine hübsche Schale auf dem Wohnzimmertisch.
- *Lebenszeichen* sind die letzten Details, die es braucht, um ein Zimmer zum Leben zu erwecken, sie verraten, dass hier jemand wohnt. Das können Ihre Lieblingspantoffeln sein, Ihre Lesebrille, Ihre Tasse Kaffee neben dem Sessel. Dies sind Dinge, die wir meistens wegräumen, wenn wir ein Foto für Instagram schießen oder wenn wir Bilder für Zeitschriften oder Einrichtungsbücher machen. Doch im Alltag tragen sie dazu bei, dieses herrlich gemütliche Gefühl zu schaffen, dass es sich hier jemand wohnlich gemacht hat.

Stillleben schaffen

Einrichtungsberater und Raumausstatter benutzen oft Gruppierungen von Objekten, um einen Blickfang zu schaffen oder um den Stil oder das Flair zu unterstreichen, den sie mit einer Einrichtung verwirklichen möchten. Solche Arrangements bezeichnet man auch als Stillleben. Dinge zu gruppieren, anstatt sie zu verteilen, ist oft ein effektiver Trick, um eine detailreiche Einrichtung konzentrierter scheinen zu lassen. Aber wie arrangiert man verschiedene Objekte zu einer schönen Komposition?

Ich habe viele solcher Stillleben genauestens studiert und versucht, häufige Formationen und wichtige Elemente zu identifizieren. Je nachdem, wie viele oder wenige Dinge Sie gruppieren möchten, muss ein Objekt vielleicht auch mehrere Rollen gleichzeitig einnehmen, aber hier sind schon einmal ein paar Elemente, nach denen Sie Ausschau halten sollten, bevor Sie loslegen:

Wichtige Elemente:

- Ein Höhepunkt (wie hohe Kerzenleuchter, eine hohe Pflanze oder Schnittblumen)
- Ein Schwerpunkt (wie eine runde Vase, Schale oder ein anderes visuell schweres Objekt)
- Ein Fokuspunkt (das Detail, das die Hauptrolle in Ihrem Stillleben spielen soll)
- Etwas Organisches oder Unregelmäßiges (wie ein Gegenstand aus der Natur oder etwas aus Naturmaterialien Hergestelltes, Keramik oder Kunsthandwerk)

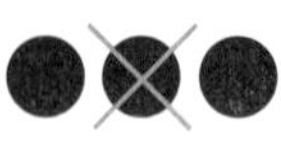

Stellen Sie Ihr Stillleben nicht in einer Reihe auf.

Gruppieren und sammeln Sie.

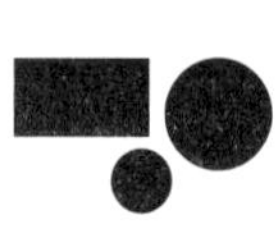

Arbeiten Sie ruhig mit verschiedenen Größen und Formen.

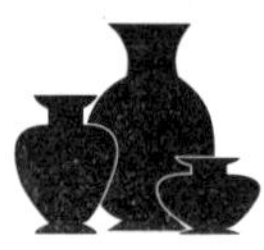

Denken Sie an überlappende Ebenen. Schaffen Sie ein Vorn und ein Hinten.

- Horizontale Linien (wie liegende Bücher, Kästchen oder längliche Schalen).
- Vertikale Linien (wie hohe und schmale Dekorationsgegenstände oder Kerzenleuchter).
- Füllobjekte (kleine persönliche Details, die die Lücken ausfüllen und Pepp in Ihr Stillleben bringen – vielleicht ein schöner Stein, ein Schneckenhaus, etwas, was Ihre Kinder gemacht haben).

So gruppieren Sie – Schritt für Schritt

1) Sammeln Sie die Objekte, die Sie benutzen möchten. Mischen Sie gerne verschiedene Materialien und Strukturen, wie zum Beispiel Holz, Metall und Glas in verschiedenen Formen (rund, gerade, viereckig und organisch). Denken Sie auch daran, die Größe zu variieren. Benutzen Sie Gegensätze, um Kontraste zu schaffen, zum Beispiel hoch und tief, weich und hart, matt und glänzend, glatt und rau.
2) Sortieren Sie die Objekte zunächst nach Größe, bevor Sie beginnen. Das macht es Ihnen leichter.
3) Suchen Sie sich einen Platz aus, an dem Ihr Stillleben stehen soll. Messen Sie ihn mit dem Auge ab oder markieren Sie ihn, damit Sie wissen, innerhalb welcher Fläche Sie bleiben wollen. Ein guter Anfängertrick: Stellen Sie ein Tablett darunter, dann haben Sie einen deutlichen Rahmen, mit dem Sie arbeiten können.
4) Entscheiden Sie, welche Außenkontur Sie Ihrem Arrangement geben wollen. Denken Sie in Dreiecken. Sollen die Dinge zusammen die Form eines gleichschenkligen oder liegenden rechtwinkligen Dreiecks bilden? Und in welche Richtungen möchten Sie die Linien (und das Auge) lenken?
5) Beginnen Sie beim Platzieren der Objekte ganz hinten und arbeiten Sie sich nach vorne.
6) Arbeiten Sie mit einer ungeraden Anzahl (drei, fünf und sieben statt zwei, vier und sechs). Das schafft angeblich eine bessere Dynamik, weil es das Auge austrickst. Dieses möchte Eindrücke sonst gerne sortieren und paarweise anordnen.

7) Achten Sie darauf, Überlappungen in der Gruppierung zu belassen, sodass sie sich gegenseitig ein bisschen verdecken – auf diese Art werden sie zu einem Ganzen zusammengebunden.
8) Versuchen Sie, mithilfe der Platzierung Ihres Blickfangs den Weg des Auges durch Ihr Stillleben zu lenken. Denken Sie an die Goldene Spirale und versuchen Sie, den Blick in so eine Bewegung zu führen.

Die geheimen Tricks der Einrichtungsexperten
Möchte es Ihnen nicht recht gelingen? Hier sind ein paar Anregungen, die einen großen Unterschied machen können und Ihr Arrangement aus der Amateurliga auf Profiniveau hieven.

Unterschiedliche Höhen
Arbeiten Sie mit unterschiedlichen Höhen, um Leitlinien und schräge Außenkonturen zu schaffen.

Überlappungen
Stellen Sie die Sachen nicht wie zu einer Parade auf, sondern achten Sie darauf, dass sie sich überlappen.

Tiefe
Arbeiten Sie dreidimensional und schaffen Sie Tiefe in Ihrem Arrangement, indem Sie ein Vorne und ein Hinten schaffen und, wenn es genug Platz gibt, auch noch eine Mitte.

Schichten
Ein dekoratives Gruppenensemble wirkt oft spannender und dynamischer, wenn es mehrere Schichten zu entdecken gibt.

Zeigen Sie Ihre tolle Sammlung

Sammeln Sie etwas? Dann stellen Sie es in einem dekorativen Arrangement aus. Ein Stillleben aus Keramikvasen, gefärbten Glas oder kleinen Figürchen in verschiedenen Größen (oder was auch immer Sie im Laufe der Jahre eben gesammelt haben) kann sehr hübsch aussehen. Geben Sie den Objekten einen prominenten Platz in Ihrem Zuhause.

Bewegung
Führen Sie den Bick durch Ihre Gruppierung und versuchen Sie, eine spiralförmige Augenbewegung zu erzielen.

Dreiecksformen (gleichseitig oder liegend rechtwinklig)
Vermeiden Sie es, Kästen zu bauen. Streben Sie vielmehr eine dreieckige Kontur an. Sie könnten sogar mit einem primären Dreieck (das erste, das Sie sehen) und einem sekundären Dreieck arbeiten (eine kleinere Ausgabe, die erst ins Auge fällt, wenn man eine Weile draufgeschaut hat).

Gute Orte für ein Stillleben

Falls Sie in Ihrem Zuhause noch nie Gegenstände dekorativ arrangiert haben, wissen Sie vielleicht nicht so recht, wie Sie anfangen sollen. Hier habe ich Ihnen ein paar Orte zusammengestellt, die sich für Stillleben, wie ich sie oben beschrieben habe, eignen, aber auch ein paar gute Gründe, Ihre Sachen an verschiedenen Stellen zu sammeln. Was können diese Stillleben zu Ihrem Zuhause beitragen?

Erster Eindruck – vor dem Haus

Für Sie, die Sie in einem Haus wohnen, kann ein Stillleben das sein, was Sie und Ihre Gäste begrüßt, bevor Sie eintreten. Eine Gruppierung aus verschieden hohen Gartenvasen neben der Haustür kann je nach Saison variiert werden und ein einladendes Flair schaffen.

Etwas Einladendes – im Flur

Falls Sie die Möglichkeit haben, im Flur einen anderen Blickfang zu schaffen als die oft notwendigen Verstauungslösungen für sich und Ihre Gäste, ist ein Stillleben im Eingangsbereich eine gute Option, um etwas Schönes zu kreieren. Das kann auf einer Flurkommode oder auf einem Wandregal sein oder es ist vielleicht ein Arrangement, das man in etwas Entfernung in einem Zimmer sieht, in der Sichtlinie vom Flur (falls dieser zu eng für ein solches Stillleben ist).

Etwas Persönliches – im Wohnzimmer

Stellen Sie Dinge, die eine Bedeutung für Sie haben und die Ihnen ein gutes Gefühl geben, irgendwo im Wohnzimmer zu einem Stillleben zusammen. Hier können Sie eine Fläche im Bücherregal, auf dem Wohnzimmertisch oder auf einem TV-Möbel benutzen, je nachdem, was Ihnen geeignet erscheint. Diese Dinge können Details sein, die Sie an Ihr Hobby erinnern, oder ein schönes Schneckenhaus, das Sie einmal im Urlaub mitgenommen haben. Statt neue Deko zu kaufen, benutzen Sie Ihre Erbstücke, irgendetwas aus Ihrem Elternhaus oder einen ganz besonderen Flohmarktfund, der positive Erinnerungen und Assoziationen in Ihnen auslöst.

Etwas Gemütliches – im Bad oder Gästezimmer

Hier kann ein Stillleben zu einem gemütlichen, liebevoll gepflegten Flair beitragen – für Sie oder Ihre Gäste. Eine kleine Blume oder ein grüner Zweig in einer Vase und ein paar schöne Parfumflakons in einer Gruppe und eine feine Seife, die auf einem Regal liegt, können ein hartes, kaltes Badezimmer gleich ganz anders wirken lassen. Auch ein Gästezimmer kann von einem Stillleben profitieren, das zeigt, wie Sie sich um Leute kümmern, die Sie besuchen. Gruppieren Sie eine kleine Vase mit einer Blume, einen Zeitschriftenstapel und eine Duftkerze auf dem Nachttisch oder auf einer Kommode.

Etwas Geordnetes – in der Küche, im Arbeitszimmer oder im Kinderzimmer

An allen Orten im Haus, wo es nur natürlich ist, dass viele Sachen gleichzeitig benutzt werden, kann einem die Methode der Gruppierung von Objekten wunderbar helfen. Ich denke vor allem an Küche und Arbeitszimmer, aber auch Kinderzimmern kann es guttun, Dinge bewusst zu gruppieren, die eine Klammer bilden und Struktur schaffen. Solche Arrangements sind nicht nur ein hübscher Blickfang, sondern haben auch eine praktische Funktion im Alltag. Stellen Sie zum Beispiel Öle, Kräuter und Schneidebretter in Gruppen auf der Küchenarbeitsplatte zusammen und arrangieren Sie Stifte, Pinsel, Werkzeug oder Schreibzubehör zu einem

Stillleben in Ihrem Arbeitszimmer. Oder gruppieren Sie Spielsachen, Stofftiere und Bücher in den Zimmern der kleinsten Familienmitglieder.

Bilder aufhängen

Kein Zuhause ist komplett ohne gestaltete Wände. Trotzdem gibt es viele, die unnötig lange mit leeren, inhaltslosen Wänden leben, weil sie Angst haben, Löcher in die Wand zu schlagen oder ein Bild falsch aufzuhängen.

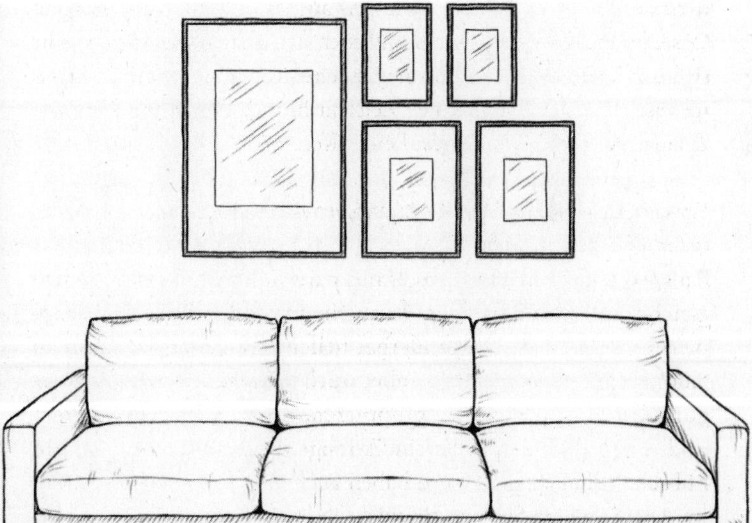

Der beste Rat, um in so einem Fall aktiv zu werden, lautet: Eine leere Wand ist oft schlimmer als ein falsch aufgehängtes Bild, und ein schiefer Rahmen lässt sich auch ganz einfach korrigieren – aber das Vakuum, das entsteht, wenn man Wände gähnend leer lässt, ist oft wesentlich schlimmer anzusehen.

Ein Motiv aussuchen

Sollen die Bilder lauthals singen oder eher summender Backgroundchor sein?

Bevor Sie Ihre Motive aussuchen, denken Sie über die Frage von Eindruck und Stimuli nach. Was für einen Effekt möchten Sie mit Ihren Bildern erzielen? Möchten Sie ein Ausrufezeichen oder eher diskrete Motive?

Rahmen, Passepartout und Glas

„Wenn Kleider Leute machen, dann machen Rahmen das Bild", hat einmal jemand gesagt. Das sollte man sich vor Augen halten, denn die Wahl des Rahmens soll das Kunstwerk unterstreichen, nicht die Einrichtung. Viele denken allerdings eher daran, dass die Rahmen zu den Möbeln passen sollen, nicht zum Motiv. Welches Holz, welche Farbe oder welches Metall man aussucht und wie dick oder dünn der Rahmen ist, kann einen Riesenunterschied für das Motiv bedeuten, egal ob es ein einfacher Druck oder eine teure Lithografie ist. Abgesehen von säurefreiem Papier, das dem Motiv eine wesentlich längere Lebensdauer gibt, ist auch das Glas wichtig. Ein gutes UV-Glas hat dieselbe Wirkung auf die Haltbarkeit des Bildes wie die Wahl des Passepartouts. Ein nicht reflektierendes, qualitativ hochwertiges Glas sorgt überdies dafür, dass die Schärfe und die Wahrnehmung des Motivs eine ganz andere werden, als wenn Sie zu einer billigen Lösung greifen. Wussten Sie übrigens, dass die Ränder von Passepartouts schräg geschnitten sind, damit sie helfen, Licht auf das Motiv zu lenken? Außerdem sind sie dazu da, dass das Bild nicht in direkten Kontakt mit dem Glas kommt.

Grundlegende Tipps

- Bilder hinter einem Sofa oder Bett müssen nicht Linie an Linie mit dem Möbelstück abschließen. Meistens sieht es besser aus, wenn sie zwei Drittel der Wand hinter dem Möbelstück bedecken.
- Der häufigste Fehler ist der, dass man die Bilder zu hoch oder zu niedrig hängt. Das optimale Maß hängt von der Deckenhöhe Ihrer Behausung und von den Möbeln, die in der Nähe Ihrer Bilder stehen, ab. Eine gute Richtlinie ist es, wenn man vom 145-Prinzip ausgeht (darüber können Sie im nächsten Abschnitt mehr lesen) oder davon, dass die Mittellinie des Bildes circa zwei Drittel über dem Boden verläuft (die Einteilung funktioniert so, dass die drei Drittel dem gesamten Abstand zwischen Boden und Decke entsprechen).
- Helle Rahmen rücken das Motiv am stärksten in den Vordergrund (sie nehmen weniger Fokus vom Inhalt).
- Dunkle Rahmen schaffen Kontrast und helfen, ein Motiv mit dunklen Partien auszubalancieren (zum Beispiel auf Schwarz-Weiß-Fotos).

Das 145-Prinzip

Wie hoch sollen Bilder hängen? Amerikanische Einrichtungsberater und Innenarchitekten nennen beim Aufhängen von Bildern oft die Faustregel „57 inch to the center“. Frei übersetzt bedeutet das, dass man das Bild oder die Bilderwand so hängt, dass ihre Mitte 145 Zentimeter über dem Boden landet. Diese Richtschnur entspringt der Erfahrung, dass ein Mittelpunkt in 145 Zentimeter Höhe die Betrachtung des Motivs bequem macht, weil das Motiv für den Betrachter in einer harmonischen Höhe hängt. Es kann ein bisschen heikel sein, diese Regel völlig unkritisch zu befolgen, weil ein Zimmer mit ungewöhnlich hoher Decke oder einem davorstehenden Sofa oder Möbeln mit ungewöhnlich niedriger Lehne die Proportionen schief wirken lassen kann. Es ist dennoch ein gutes Richtmaß, von dem Sie ausgehen können, wenn Sie die richtige Höhe finden möchten, die am besten für Ihr Zimmer passt.

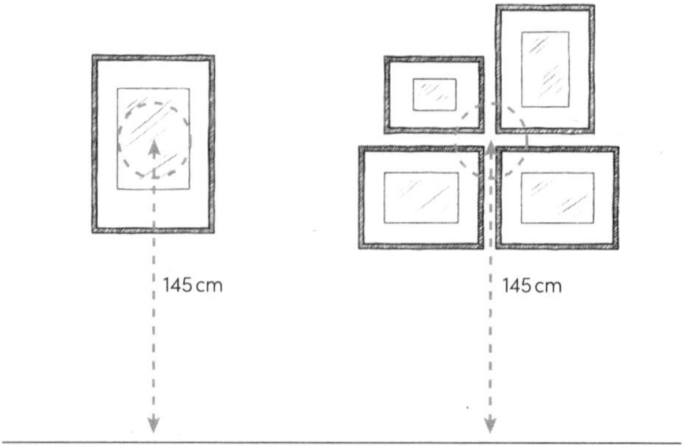

Optionen für Bilderwände

Möchten Sie eine Bilderwand kreieren, so können Sie verschieden vorgehen. Entweder arbeiten Sie repetitiv und benutzen dieselben Außenmaße für alle Rahmen, oder Sie benutzen mehrere verschiedene Größen. Falls Sie sich für die gemischte Variante entscheiden, sollten Sie mindestens drei verschiedene Rahmengrößen verwenden – eine größere, eine kleinere und eine mittlere. Auf diese Art schaffen Sie eine bessere Harmonie an der Bilderwand und eine Brücke zwischen den größten und kleinsten Formen. Vergessen Sie nicht, dass Sie die Rahmen auch drehen können, sodass sie nicht alle in dieselbe Richtung zeigen (variieren Sie gerne Quer- und Hochformat von Rahmen derselben Größe).

Ausrichtung an der Mittellinie

Hängen Sie die Bilder in einer Reihe mit einer gemeinsamen Mittellinie auf. Das Bohrloch soll so liegen, dass sich die Mitte des Bildes auf derselben Linie befindet wie die Mitte der anderen Bilderrahmen.

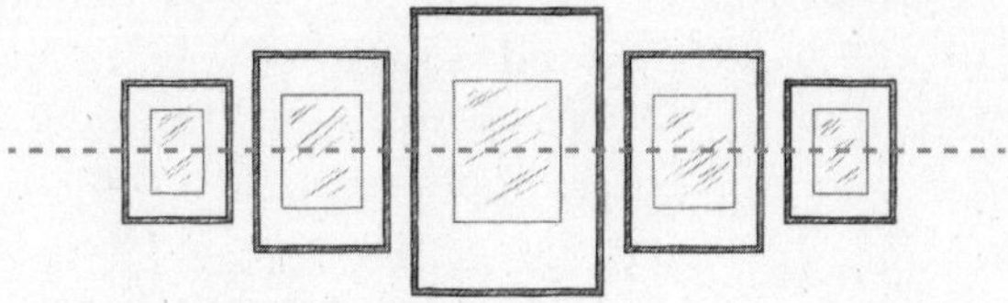

Ausrichtung an der Unterkante

Hängen Sie die Bilder in einer Reihe mit einer gemeinsamen Grundlinie auf. Das Bohrloch soll so liegen, dass sich die Unterkante des Bildes auf derselben Linie befindet wie die Unterkante der anderen Bilderrahmen. Dies funktioniert sowohl für gleich als auch für verschieden große Bilderrahmen.

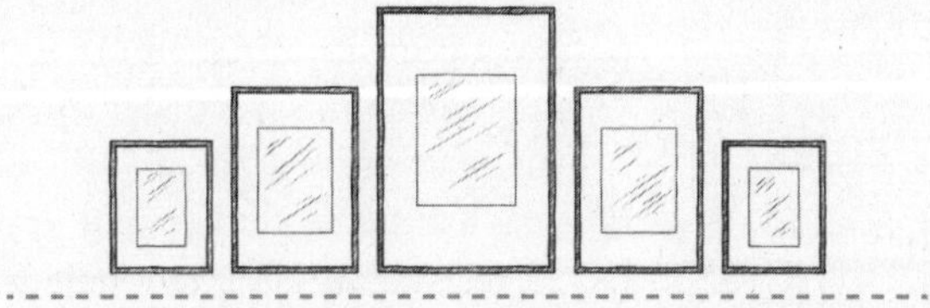

Ausrichtung an der Oberkante

Hängen Sie die Bilder in einer Reihe mit einer gemeinsamen Linie entlang ihrer Oberkante auf. Das Bohrloch soll so liegen, dass sich die Oberkante des Bildes auf derselben Linie mit der Oberkante der anderen Bilderrahmen befindet.

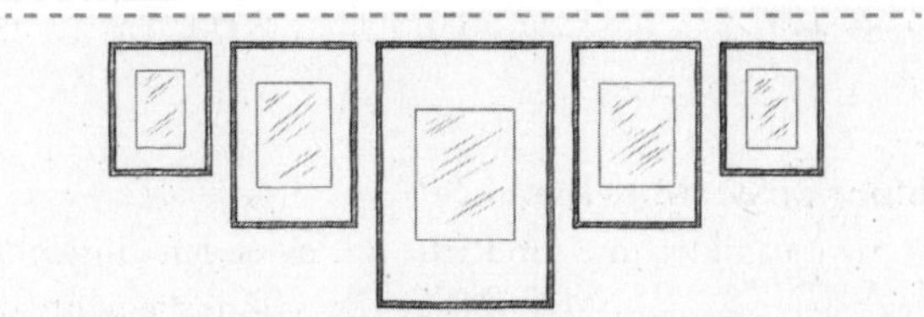

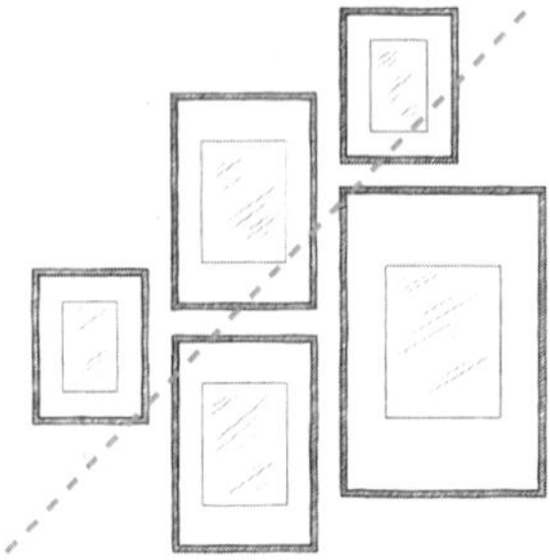

Ausrichtung an einer Führungslinie
Hängen Sie die Bilder so auf und wählen Sie auch die Motive Ihrer Bilderwand so aus, dass das Auge schräg nach oben gelenkt wird. Mischen Sie Hoch- und Querformat. Jeder Rahmen soll so hängen, dass er den gleichen Abstand zum benachbarten Rahmen hat (fünf bis zehn Zentimeter sind eine gute Richtschnur).

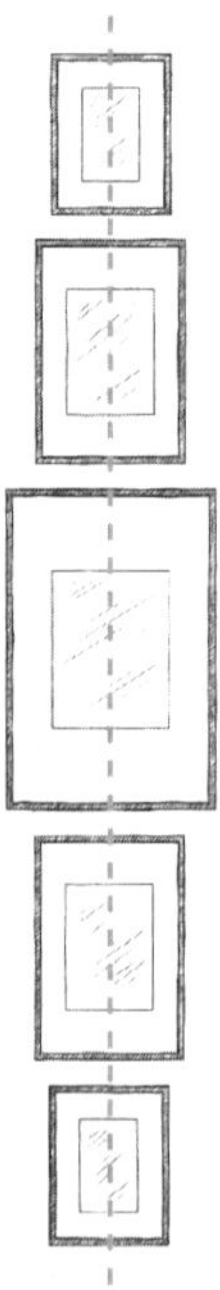

Ausrichtung an einer senkrechten Linie
Hängen Sie die Bilder in einer senkrechten Linie auf. Falls Sie verschiedene Rahmen verwenden, orientieren Sie sich an einer gemeinsamen Mittellinie, falls Sie repetitiv mit verschiedenen Rahmen arbeiten, richten Sie die Außenkanten gleich aus. Dies funktioniert sowohl für gleiche als auch verschiedene Formate (und macht sich toll auf schmalen Streifen zwischen Türen oder kleineren Durchgängen).

Ausrichtung an Bogenlinien
Möchte man viele Bilder mit klobigen Rahmen aufhängen, dabei aber ein gar zu strenges, massiges Gesamtbild vermeiden, so gibt es einen Trick: Hängen Sie sie so auf, dass die Rahmen in gedachten Bögen verlaufen. Suchen Sie sich ein Bild aus, das als Nabel dient, und hängen Sie davon ausgehend alle übrigen in Bogenlinien auf. So schaffen

Sie Einheitlichkeit fürs Auge, obwohl die Außenkonturen unregelmäßig aussehen.

Kastige Außenkonturen

Auch wenn Sie mit verschieden großen Rahmen und Motiven arbeiten, können Sie Einheitlichkeit erzielen, indem Sie den Außenkonturen Ihrer Bilderwand eine quadratische oder rechteckige Form geben.

Wählen Sie einen Protagonisten!

Manchmal ist es schwierig zu bestimmen, wo man anfangen soll, wenn man eine Bilderwand aufhängen möchte. Mein bester Trick: Suchen Sie sich einen Favoriten aus. Welches Motiv ist Ihr schönstes? Platzieren Sie dieses Bild als Erstes, und suchen Sie danach die Begleiter so aus, dass die anderen Bilder helfen, genau das Bild, das Sie am meisten mögen, hervorzuheben und zu unterstreichen.

Fließende Außenkonturen

Mithilfe verschiedener Gruppierungen von Bildern und Rahmen in verschiedenen Größen können Sie die Konturen Ihrer Bilderwand fließend gestalten. Ist ein Motiv zu groß oder zu klein (und nicht zu teuer), kann man einen Druck zum Beispiel beschneiden oder ein größeres Passepartout hinzufügen. So kann das Motiv an der Bilderwand einen anderen Rahmen bekommen als ursprünglich gedacht.

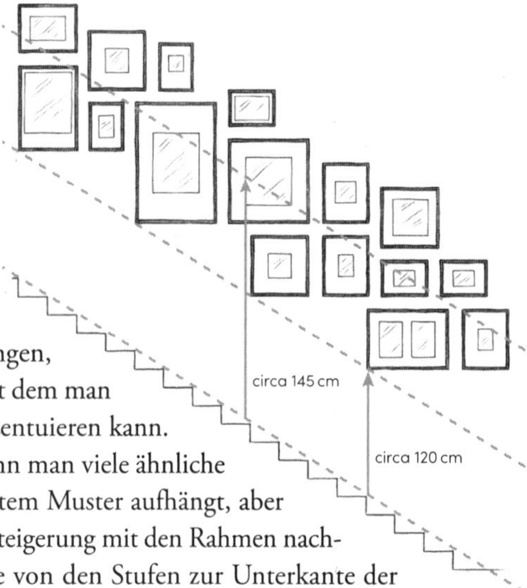

Treppentricks

Bilderwände in Treppenhäusern aufzuhängen, ist ein guter Trick, mit dem man Raum und Höhe akzentuieren kann. Hier passt es gut, wenn man viele ähnliche Bilder mit wiederholtem Muster aufhängt, aber auch, die sukzessive Steigerung mit den Rahmen nachzubilden. Messen Sie von den Stufen zur Unterkante der Rahmen und versuchen Sie, bei den Bildern eine gleichmäßige Mittellinie einzuhalten, sodass Sie der Bewegung der Treppe folgen.

Salonhängung

An den meisten Bilderwänden hängen die Bilderrahmen mit einem Zwischenraum von fünf bis zehn Zentimetern nebeneinander, aber es kann auch ein wirkungsvoller Trick sein, die Rahmen ganz dicht nebeneinander zu hängen – in der sogenannten Salonhängung. Auf diese Art entsteht ein zusammenhängendes Kunstwerk, das in einer Linie verläuft, oder eine wirkungsvolle Form, die sich durch das gesamte Zimmer zieht.

In der Ecke aufhängen

Es gibt bestimmte Flächen, die wir fast automatisch mit Bildern füllen (wie die Wände hinter einem Sofa und die Wand hinter dem Bett), aber es gibt auch bestimmte Flächen, die wir vergessen. Unsere Zimmerecken zum Beispiel. Indem man eine Ecke mithilfe von Bildern markiert, zum Beispiel eine Leseecke, können Sie das Gefühl eines zusätzlichen Zimmers im Zimmer schaffen.

Praktische Tipps für Bilderwände

- Hängen Sie größere und visuell schwerere Motive, Rahmen und Bilder auf die linke Seite einer Bilderwand. Die meisten lesen von links nach rechts und fangen deswegen bei einer Bilderwand genauso an.
- Große Bilder hängen am besten im unteren Bereich einer Bilderwand.
- Wenn Sie die Bilder hinter dem Sofa aufhängen, achten Sie darauf, dass der Rahmen 15–30 Zentimeter über der Oberkante der Rückenlehne hängt, sonst besteht das Risiko, dass man die Bilder versehentlich berührt, wenn man auf dem Sofa sitzt, oder dass hervorstehende Rahmen stören und den Sitzkomfort beeinträchtigen.
- Möchten Sie die Bilder an einem Essplatz aufhängen, kann es nützlich sein, ihren Mittelpunkt etwas abzusenken, sodass man den Anblick der Bilder auch noch genießen kann, wenn man am Tisch sitzt und isst.

Bevor Sie den Nagel in die Wand schlagen

Um zu vermeiden, dass die Wände am Ende aussehen wie ein Schweizerkäse, kann es ratsam sein, eine Trockenübung zu machen und verschiedene Kompositionen zu testen, bevor Sie zur Tat schreiten. Hier sind ein paar Tricks, wie Sie kein Loch in die Wand schlagen müssen, bevor Sie sich entschieden haben!

Der Bodentrick

Bevor Sie anfangen, Ihre Bilderwand aufzuhängen, ist es eine gute Idee, verschiedene Kompositionen von Rahmen und Motiven auf dem

Boden auszuprobieren, unterhalb der Fläche, die Sie benutzen möchten. Legen Sie alle Rahmen und die Bilder, die Sie kombinieren wollen, vor sich hin, bis Sie sich nach und nach zur besten Kombination vorgearbeitet haben. Auf diese Art können Sie verschiedene Abstände und Variationen ausprobieren, ohne Löcher in die Wand zu schlagen.

Der Klebeband-Trick
Falls Sie neue Rahmen gekauft haben, liegt innen oft ein Blatt (auf dem der Hersteller vielleicht das Maß des Bildes oder andere Informationen aufgedruckt hat). Werfen Sie es nicht weg! Bevor Sie Löcher in die Wand bohren, benutzen Sie die leeren Blätter, um verschiedene Anordnungen zu testen, indem Sie sie mit Klebeband an die Wand heften. Falls Sie ältere Rahmen haben, können Sie mithilfe von Backpapier oder Geschenkpapier eigene Testblätter herstellen. Zeichnen Sie die Umrisse der Bilder auf und schneiden Sie sie aus. Seien Sie allerdings vorsichtig mit der Wahl des Klebebands, falls Sie tapezierte Wände haben.

Papiertrick
Wenn Sie noch nicht in Ihre Wohnung gezogen sind (oder Ihren Test in kleinem Maßstab durchführen möchten), können Sie mit einem Lineal die verschiedenen Rahmengrößen, die Sie an eine Wand hängen möchten, auf Papier zeichnen und ausschneiden und auf eine im gleichen Maßstab verkleinerte Wand aus kariertem Papier kleben.

Rezept oder Improvisation
Am leichtesten ist es immer, alle Zutaten zu kaufen, bevor man mit dem Kochen anfängt. Aber die Wirklichkeit sieht nicht immer so einfach aus. Auf jeden Fall nicht, wenn es um die Inneneinrichtung geht, weil man dabei viele Entscheidungen aus Lust und Laune und je nach Tagesform trifft. Manchmal findet man nicht

Der beste Trick, um alte Plastikdübel aus der Wand zu bekommen: Benutzen Sie einen Korkenzieher.

gleich das Richtige, und manchmal muss man sparen, bis man sich das Bild leisten kann, das man sich sehnlich wünscht – und in der Zwischenzeit möchte man schließlich nicht mit leeren Wänden wohnen. Ich glaube, dass man aufhängen sollte, was man hat, und der Rest wächst dann. Ein kleines Loch kann man immer schnell wieder zuspachteln. *Ein* Bild ist immer schöner als keines. Auch wenn man glaubt, alle Motive beisammenzuhaben, stellt man am Ende nach dem Test auf dem Boden fest, dass etwas rausgehört oder hinzugefügt werden muss, deswegen ist es immer das Beste, wenn man mit dem anfängt, was man hat.

Ist es okay, Rahmen zu mischen?

Kann man verschiedene Arten von Rahmen, Holzsorten oder Materialien an einer Bilderwand mischen? Absolut! Auf diese Art bewirken Sie sogar ein lebendigeres Gefühl, nicht zuletzt, wenn die Motive monochrom sind (zum Beispiel aus Schwarz-Weiß-Fotos bestehen). Mit einer Mischung verschiedener Rahmen erzielt man einen eklektischen Ausdruck. Wenn man es gerne ruhiger möchte, bleibt man bei einer Farbe oder einem der warmen oder kalten Metalle, auch wenn die Form der Rahmen variiert – so bleibt der rote Faden im Mix erhalten.

Spartricks für Fotokunst

Fotokunst ist beliebt, aber teuer. Möchten Sie Ihre Wände trotzdem für kleines Geld mit schönen Bildern schmücken? Marschieren Sie gleich mal zum nächsten Zeitungsstand und kaufen Sie sich einen Stapel Hochglanzmagazine, Lifestyle- und Modezeitschriften. Je größer das Format, desto besser. Denken Sie auch an die Papierqualität – je kräftiger und steifer das Papier, desto länger ist das Kunstwerk haltbar. Dünne Seiten haben die Tendenz, mit der Zeit blasig auszusehen. Suchen Sie sich schöne, textfreie Motive aus Modereportagen oder andere Teile, die Sie ausschneiden können. Benutzen Sie eine scharfe Schere oder ein Messer, um ganze Seiten herauszutrennen oder kleinere Bilder auszuschneiden, aus denen Sie mithilfe von Passepartouts größere Bilder erstellen können. Die Passepartouts können Sie mit Standardmaß fertig kaufen oder in den Abmessungen bestellen, die Sie benötigen (auf die Gefahr hin, dass es dann etwas hochpreisiger wird). Wenn Sie geschickt sind, können Sie selbst einen festen Karton im Bastelgeschäft kaufen und mithilfe eines Lineals und scharfen Messers oder eines Skalpells Ihre eigenen Passepartouts zuschneiden.

> Wenn Sie größere Kunstwerke aufhängen, denken Sie daran, dass die größeren Motive meistens ein bisschen Abstand brauchen, damit das Auge sie optimal wahrnehmen kann. Abgesehen von den Proportionen an der Wand und den Möbeln in der Umgebung müssen Sie auch beachten, aus welchem Abstand das Bild größtenteils betrachtet wird. Ist das Zimmer so möbliert, dass man das Motiv aus der Entfernung genießen kann, oder besteht die Gefahr, dass man es immer nur aus sehr geringem Abstand betrachten kann?

Fenster gestalten

Wie wir unsere Fenster dekorieren, sieht man sowohl von innen als auch von außen. Trotzdem weiß ich aus Erfahrung, dass viele bei der Gestaltung ihrer Fenster nur frustriert seufzen. Ein Grund ist der, dass es schwer ist, generelle Ratschläge zu erteilen, weil verschiedene Modelle ganz verschiedene Voraussetzungen und Herausforderungen bedeuten. Im Laufe der verschiedenen Stilepochen hat es eine Menge verschiedene Fensterformen gegeben. Das Fenster eines Hauses von der Jahrhundertwende hat ganz andere Linien, Proportionen und natürliche Fokuspunkte als ein modernes Panoramafenster. Hier sind ein paar Faktoren, über die Sie nachdenken können, wenn Sie nicht mehr weiterkommen.

Sprossen und Fensterrahmen

Beginnen Sie damit, dass Sie die Voraussetzungen Ihrer Fenster definieren. Mit welcher Art Rahmen können Sie arbeiten? Wie groß ist die Scheibe, welche Farbe hat der Rahmen, wie viele Sprossen gibt es und wie steht es um Außenmaße, Form und Stil? Haben Sie viele Linien und Winkel, die Aufmerksamkeit auf sich ziehen, oder besteht die Herausforderung darin, dass es nur eine einzige große Scheibe gibt, aus der Sie eine harmonische Komposition machen sollen? Das hat Einfluss auf die Dimensionen von allem, von den Gardinen bis hin zu Vasen und Lampen.

Fensterbänke und Fensterbretter

Ältere Häuser haben oft richtig tiefe Fensterbretter, auf denen große Gegenstände Platz haben – andererseits „ertrinken" viele kleinere Objekte aber auch in so viel Raum. In diesem Fall brauchen Sie nicht zurückhaltend zu sein mit der Größe der Vasen und Lampenfüße. Lieber größer, aber stattdessen etwas weniger. Man erzielt ein harmonischeres Ganzes, wenn man ein paar wenige große Objekte auswählt anstatt viele kleine.

Neue Häuser haben oft schmale Fenster und Fensterbretter, die es einem ganz schön schwer machen, harmonische Kompositionen mit Pflanzen und Lampen zu schaffen, denn sie bieten nach oben Platz, während sie in die Breite und in die Tiefe nicht zu viel Volumen hergeben. Der Trick hier ist der, dass Sie nicht nur von unten nach oben arbeiten, sondern auch von oben nach unten, sowohl mit Pflanzen, aber auch mit jedem anderen Blickfang, der für Abwechslung und Höhenunterschiede sorgt.

Griffe

Ältere Espagnoletten können an einem älteren Fenster durchaus hübsch und dekorativ aussehen, während man modernere, praktischere Griffe aus Aluminium wohl eher selten hervorheben möchte. Je nachdem, ob Sie betonen oder ablenken möchten, können Sie Linien schaffen, die das Auge dort hin- oder fortlenken, und bewusst Fokuspunkte schaffen, wo Sie die Aufmerksamkeit hinführen möchten.

Lenken Sie das Auge von hässlichen Griffen ab, indem Sie eine prächtige Kletterpflanze an der Außenkante des Fensters emporranken lassen. Wählen Sie auffällige Vasen, ein schönes Stillleben oder eine hübsche Fensterlampe, die einen natürlichen Landeplatz fürs Auge bieten. Sind die funktionalen Details jedoch schön, dann richten Sie das Rampenlicht auf sie, buchstäblich wie bildlich. Unterstreichen Sie sie mit ähnlichen Metallen oder Materialien in Ihren Vasen und Accessoires.

Ausblick

Was sieht man auf der anderen Seite? Möchten Sie die Aussicht verbergen oder hervorheben? Sieht es vor dem Fenster trist aus, gewinnen Sie vielleicht am ehesten dadurch, dass Sie das Tageslicht filtern, aber falls es hinter der Fensterscheibe schön ist wie ein Bild, ist Dekoration vielleicht sogar überflüssig.

Himmelsrichtungen

Es ist wichtig, dass Sie sich bewusst machen, in welche Himmelsrichtungen die Fenster ausgerichtet sind, dann fällt auch die Gestaltung leichter, bezüglich sämtlicher Fragen wie Farbe und Lichtempfindlichkeit der Vorhänge und nicht zuletzt der Wahl der Pflanzen.

Proportionen

Je größer Ihre Fenster sind, desto gröber die Pinselstriche, mit denen Sie zu Werke gehen müssen. Gehen Sie immer von der Größe der Scheibe aus, wenn Sie Vasen und Pflanzen wählen, damit sie nicht zu klein und durcheinander wirken.

Platzierung

Es entsteht selten Dynamik, wenn man mehrere gleichartige Gegenstände in einer Linie aufreiht. Wirkt Ihre Fensterdekoration irgendwie eindimensional? Vielleicht liegt es daran, dass zu viel Wiederholung und Symmetrie darin herrscht und zu wenig Variation? Versuchen Sie dann, die Vasen zu einer Gruppe zusammenzustellen, statt sie auszubreiten, und einen unregelmäßigen Rhythmus in der Leere zu schaffen, der dem Auge einen weniger linearen Weg gibt. Vergessen Sie nicht, sowohl die Höhe als auch die Formen der Objekte zu variieren, die Sie aufs Fensterbrett stellen. Hier kann man auch mit Gegensätzen arbeiten. Rund kann neben eckig stehen, weich neben hart und so weiter. Nutzen Sie auch das Kapitel über die Nebeneinanderstellung und Kontraste, um sich zu einer guten Komposition vorzuarbeiten.

Höhenunterschiede

Ich sehe oft, dass ein Fenster spannender aussieht, wenn es einem gelingt, verschiedene Höhen stattfinden zu lassen, nicht nur im Fenster, sondern auch außerhalb des gegebenen Rahmens. Gestatten Sie einer Kletterpflanze, sich vom Fensterbrett herunterzuschlängeln oder nach oben zu klettern wie eine pflanzliche Gardine, während andere Topfgewächse in der Mitte ein üppiges Grün veranstalten – auf diese Art durchbrechen Sie das Gefühl der Wiederholung. Um zusätzliche Dynamik zu schaffen, mit runden Formen und anderen Konturen, sind Kerzenleuchter dankbare Objekte. Das Modell Gloria von Klong ist nicht ohne Grund beliebt (wegen seiner runden Form), und die Modulkerzenhalter von Nagel passen in flache Fenster, weil man mit ihnen zur Seite bauen kann.

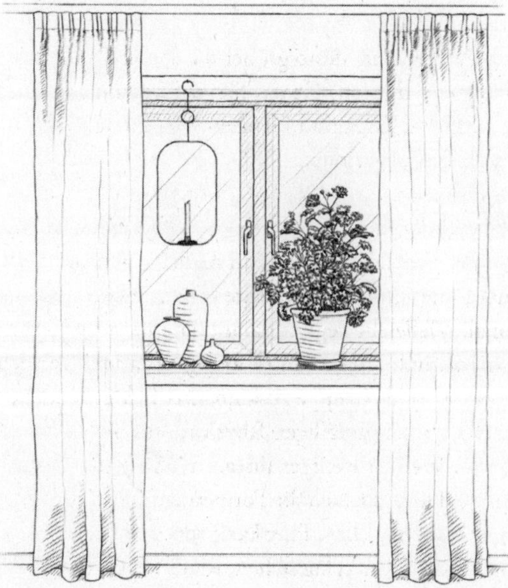

Lampen und Beleuchtung

Die Beleuchtung ist ein wichtiger Teil der Fenstergestaltung, denn sie hilft, ein gemütliches, harmonisches Gefühl zu schaffen, sowohl im Zimmer als auch von außen betrachtet, nicht zuletzt in der dunkleren Jahreszeit. Messen Sie immer die Tiefe des Fensterbretts, bevor Sie einen Lampenschirm kaufen oder bei einer teuren skulpturalen Designlampe zuschlagen. Die Lampe soll wirklich dort Platz haben, wo Sie sie hinstellen möchten, und nicht gleich hinunterfallen. Variieren Sie stehende und hängende Beleuchtung zwischen verschiedenen Zimmern in Ihrem Zuhause, je nachdem, was an der jeweiligen Stelle das Praktischste ist.

In den Zimmern der kleineren Kinder würde eine Lampe mit Fuß vielleicht unnötig häufig umfallen, wenn die Kleinen sich im Kabel verheddern – deswegen ist eine hängende Pendelleuchte eventuell praktischer (falls Sie keinen Stecker in Fensternähe haben, können Sie das Kabel mit speziellen Nagelschellen mit weißen Klammern befestigen – fragen Sie im Elektrofachhandel danach). In einem Zimmer, in dem Sie Raffrollos haben, ist eine Pendelleuchte wahrscheinlich unpraktischer. Vielleicht ist an dieser Stelle eine Lampe, die so konstruiert ist, dass sie allein steht (auf einem Fuß oder als skulpturales Objekt), hübscher und funktionaler.

Dekoration

In geraden, eckigen Häusern mit großen Fenstern ist es auch denkbar, die schlichten Linien mit organischen Formen und unregelmäßigen Konturen zu brechen. Abgesehen von den bereits erwähnten Kerzenleuchtern wären Buchstützen, Skulpturen oder Vasen gute Bausteine.

Gardinen

Genau wie bei Kleidung gibt es auch bei Vorhängen Moden, und welche Längen, Volumen und Schnitte man haben möchte, hängt natürlich stark von Stil und Geschmack ab. Im Folgenden ein paar wissenswerte Richtlinien und empfohlene Maße – ganz unabhängig davon, welches Vorhangmodell Sie bevorzugen.

Wir gestalten unsere Fenster mit Stoff aus praktischen, aber auch ästhetischen Gründen. Wenn man in einem älteren Haus wohnt, das schlecht isoliert ist, können die Vorhänge gegen Zug und Kühle, die vom Fensterbereich ausgehen, schützen. Sie können auch helfen, ein Zimmer zu verdunkeln, störendes Tageslicht zu dämpfen oder vor Lichtreflexen auf Computer- oder Fernsehbildschirmen schützen.

Je nachdem, welche Farbe, welchen Stoff und eventuell welches Muster Sie für Ihre Vorhänge wählen, können Sie schnell verschiedene Stimmungen in einem Zimmer schaffen. Ein dicker Samtvorhang kreiert gleich ein ganz anderes Gefühl als ein dünner, zarter Stoff, und eine Vorhangwand aus gemusterten Textilien kann die Wahrnehmung eines Zimmers genauso verändern wie eine Akzentwand. Raumausstatter benutzen oft Vorhänge, um optische Täuschungen zu erzielen, durch die das Fenster oder das ganze Zimmer größer oder kleiner wirken, je nach Bedarf.

Obwohl Neubauten und moderne Häuser nicht so viele Sorgen mit Isolierung und Zug an den Fenstern bereiten, haben Vorhänge eine neue, praktische Bedeutung: Da die Größe unserer Glasflächen in den letzten Jahren deutlich gewachsen ist, haben Sie auch noch eine andere Aufgabe zu erfüllen. Große Fenster gewähren meistens große Einblicke, vor allem in dicht bebauten Gegenden, in denen die Häuser nahe beieinanderstehen. Dann kann eine dünne Gardine, die man vors Fenster ziehen kann, zu mehr Ungestörtheit, Territorium und Abschirmung verhelfen, ohne das Tageslicht auszusperren. Schwingende Textilien können auch sehr zur Auflockerung eines kargen Neubaus beitragen und in eckigen, harten Räumen ein gemütlicheres Gefühl erzeugen. Außerdem können Vorhänge wirkungsvoll eine störende Akustik dämpfen und ein harmonischeres Geräuschmilieu schaffen, und nicht zuletzt können Sie die Textilien Ihres Mobiliars und Bodenbelags vor Ausbleichen durch zu starke Sonneneinstrahlung schützen.

Schiene oder Stange

Es gibt sehr viele verschiedene Arten, Vorhänge aufzuhängen. Eine wichtige Entscheidung ist die, ob Sie die Textilien an einer Stange oder einer Schiene befestigen möchten. Die klassische Gardinenstange ist relativ leicht zu montieren, normalerweise mit zwei Haltern an der Wand rechts und links vom Fenster. Die Stange kann diskret sein und mit dem Hintergrund verschmelzen oder ein Teil der Einrichtung werden, wenn Sie ein auffälliges Modell mit dekorativen Endstücken wählen. Der Vorteil einer Gardinenstange ist der, dass man die Breite relativ schnell und einfach regulieren kann (vielfach hat man Teleskopmodelle, die auf die gewünschte Länge eingestellt werden können). Es ist normalerweise auch einfach, die Vorhangstange mitzunehmen und wiederzuverwenden, wenn man umzieht. Die Aufhängung lässt sich mit allem Möglichen variieren; mit einfachen Raffhaltern an der Seite bis hin zu eingenähten Ösen oder Vorhangringen mit Clips, die es in diversen Varianten gibt.

Schienen sind in den letzten Jahren sehr populär geworden. Sie lassen sich entweder an der Wand befestigen, mit Halterungen wie eine Vorhangstange, meistens werden sie jedoch an der Decke montiert. Man setzt sie oft ein, wenn man die Vorhänge in einem Zimmer von der einen bis zur anderen Wand laufen lassen möchte oder um sie in einer Ecke hübsch aufzuhängen. Man kann sie sich nach Maß bestellen oder auf die gewünschte Breite kürzen. Die Schiene selbst ist ziemlich diskret, und die Gardinenrollen sind nicht immer zu sehen. Und möchte man zum Beispiel verschiedene Stoffschichten nebeneinander einsetzen, wie eine dünnere Gardine für den Sichtschutz und einen stärkeren Vorhang zur Verdunklung, gibt es praktische Mehrfachschienen, die kaum mehr Platz wegnehmen.

> Verstecken Sie schönen Stuck nicht mit einem Vorhang! Hängen Sie diesen lieber an einer Vorhangstange auf, die an der Wand befestigt wird, oder montieren Sie eine Schiene direkt unterhalb der Stuckatur an der Wand mithilfe entsprechender Winkel.

Länge und Höhe der Vorhangstange

Um herauszufinden, wie lang Ihre Vorhangstange sein sollte und wie hoch sie sitzen muss, messen Sie die Breite Ihres Fensters von Außenseite zu Außenseite und geben Sie rechts und links jeweils mindestens zehn Zentimeter hinzu. Dann messen Sie von diesen zwei Punkten mindestens zehn Zentimeter nach oben, um zu markieren, wo die Halterungen sitzen sollen. Das ist das empfohlene Mindestmaß. Haben Sie Angst, dass die Vorhänge das Tageslicht aussperren, oder möchten Sie, dass das Fenster größer wirkt? Dann können Sie noch ein paar Dezimeter mehr zugeben, sowohl seitlich wie in die Höhe. Achten Sie jedoch auf die Wände und die Möblierung in der direkten Umgebung, damit die Vorhangstange nirgendwo seitlich anstößt. Heutzutage ist es üblich, dass man die Stange 30 bis 40 Zentimeter über den Rand des Fensters hinausstehen lässt. Denken Sie daran, dass man manchmal weitere Halterungen in der Mitte der Stange benötigt, wenn sie sehr lang ist oder die Vorhänge schwer sind.

Wenn Sie eine Schiene montieren, können Sie bei den Außenmaßen dasselbe Prinzip befolgen. Soll die Schiene in einem Zimmer von einer Seite zur anderen laufen, müssen Sie natürlich von der Gesamtbreite des Zimmers ausgehen, wenn Sie sie nach Maß bestellen. Wenn Sie Ihre Gardinen an der Decke aufhängen möchten, ist es wichtig, die Schiene nicht zu nah an der Wand festzuschrauben, denn die Gardinen brauchen Platz, um sich in Wellen zu legen, ohne dass der Stoff die Wand berührt. Außerdem ist es wichtig, damit Sie die Stoffbahnen ohne Widerstand ziehen können. Denken Sie daran, dass Sie die Schiene eventuell mit der einen oder anderen Extraschraube an den Stellen sichern müssen, an denen sich das Gewicht schwerer Vorhänge konzentrieren wird.

Wie viel Vorhangstoff wird benötigt?

Wenn man den Stoffbedarf für die Vorhänge ausmisst, wird häufig der Fehler gemacht, dass man einfach nur die Breite des Fensters misst. Messen Sie stattdessen die ganze Länge der Gardinenstange oder -schiene und multiplizieren Sie den Wert mit 1,5 bis 2, je nachdem, wie viele und wie tiefe Falten Sie an Ihren Vorhängen haben möchten. Ich gehe im Grunde immer von zwei Metern Stoff für einen Meter Schiene aus. Falls Sie Vorhänge aus gemusterten Textilien nähen, ist es wichtig, auch auf den Musterrapport zu achten, wenn Sie sie aufhängen. Die Breite des Musterrapports wird normalerweise in

Zentimetern angegeben, wenn Sie Stoff im gut sortierten Fachhandel kaufen.

Wie lang soll Ihr Vorhang sein?

Länge und Breite der Vorhangtextilien sind Geschmackssache und variieren, je nach Stil und Ausdruck. Im Folgenden habe ich ein paar der häufigsten Maße aufgeschrieben, die heutzutage gebräuchlich sind:

Mittellange Vorhänge

Enden zwei bis drei Zentimeter unter dem Fensterrahmen oder Fensterbrett.

Lange Vorhänge

Hier gibt es etwas unterschiedliche Schulen, aber der häufigste Ratschlag lautet doch, dass man die Vorhänge nicht zu kurz kaufen sollte. Eine Faustregel, die ich von vielen gehört habe, die Vorhänge auf Bestellung nähen, sind zwei bis drei Zentimeter, die der Vorhang über dem Boden enden soll. Wenn man möchte, dass es so scheint, als schwebe der Stoff über dem Boden, empfiehlt man, ihn einen Zentimeter über Bodenhöhe enden zu lassen. So kommt er dem Boden sehr nahe, ohne darüber zu schleifen. Eine andere Alternative sieht so aus, dass man die Vorhänge so lang lässt, dass sie auf dem Boden aufliegen und eine Art Pfütze bilden. In diesem Fall muss man allerdings wirklich deutlich Länge zugeben, damit es nach einem beabsichtigten Effekt aussieht. Wenn die Länge hier grenzwertig ist, sieht es schnell so aus, als hätte man die Vorhänge nur schlampig aufgehängt.

Mit einem aufbügelbaren Saumband brauchen Sie keine Nähmaschine, um Ihre Vorhänge auf die gewünschte Länge zu kürzen. Sie brauchen nur eine Schere und ein Bügeleisen.

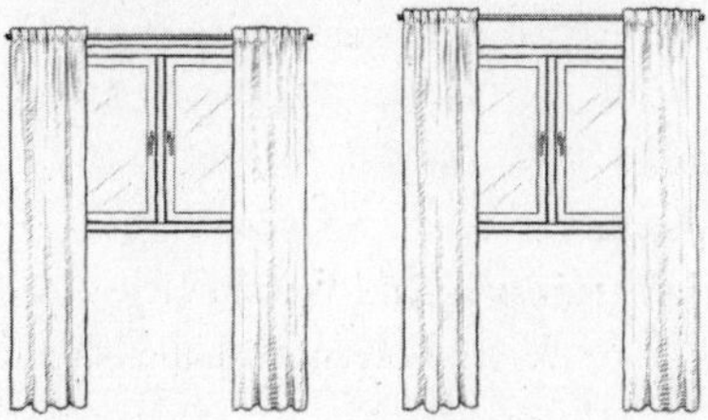

Hängen Sie die Gardinenstange nicht zu nah an die Außenkante des Fensters, denn dadurch wirkt es kleiner. Montieren Sie sie lieber ein Stück weiter oben. Wie hoch das sein sollte, kommt ganz darauf an, wie viel Platz noch bis zur Decke bleibt, aber empfehlenswert wären mindestens 10 cm.

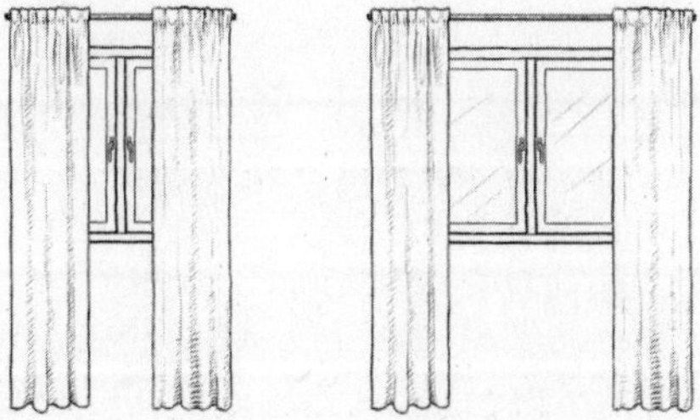

Decken Sie mit den Vorhängen kein einfallendes Licht zu, sondern lassen Sie sie seitlich vom Fenster herunterhängen. Auf die Art können Sie auch die optische Illusion erzeugen, dass das Fenster größer wirkt, als es wirklich ist. Die Vorhänge sollten mindestens so lang sein, dass sie die gesamte Fensterhöhe abdecken.

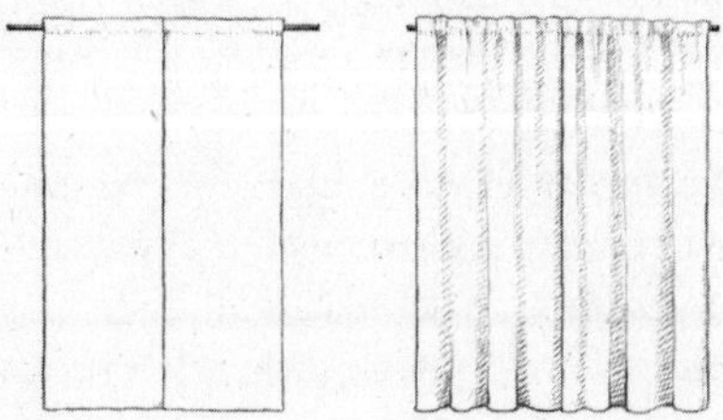

Geizen Sie nicht mit dem Stoff. Multiplizieren Sie die Länge der Gardinenstange mit 1,5 oder 2, dann haben Sie ausreichend Stoff.

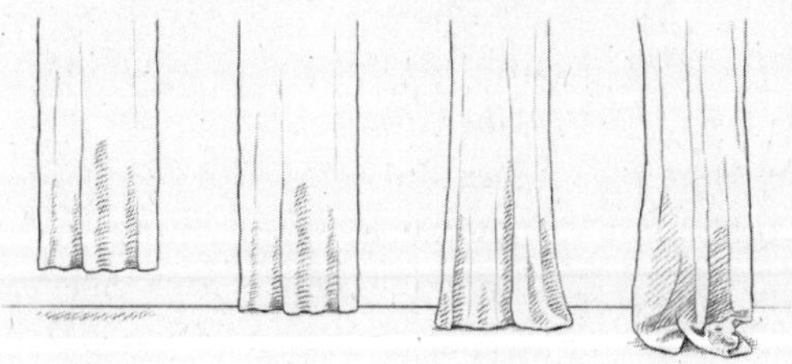

A **B** **C** **D**

A: Nein – Hochwasser (kann so aussehen, als hätte der Stoff nicht gereicht)

B: Ja – die Vorhänge enden haarscharf über dem Boden (sieht aus wie maßgeschneidert)

C: Na ja – die Vorhänge liegen auf dem Boden auf (kann so aussehen, als hätte man sie schlampig aufgehängt oder als wären sie einfach nur schlecht drapiert)

D: Ja, allerdings nur in der richtigen Umgebung – die Vorhänge bilden unten eine „Pfütze" („Puddling").

Vorhangvolants
Die Länge hängt von der Größe des Fensters ab und wie groß der Teil sein soll, den man abdeckt, aber die übliche Richtschnur für fertig genähte Vorhangvolants liegt bei 40 bis 45 Zentimetern.

> Ein Vorhang fällt meistens schöner, wenn man ihn unten doppelt nimmt. Man kann auch einen Kanal einnähen und ein Band zum Beschweren hineinlegen, dadurch hängen dünnere Stoffe schöner.

Anpassung der Gestaltung an verschiedene Zimmer

Der Typ eines Zimmers kann uns wichtige Hinweise geben, wie wir unsere Fensterpartie am besten gestalten, um den gewünschten Eindruck eines harmonischen Ganzen zu erzielen.

Badezimmer
Da Badezimmer mit ihren wasserdichten Materialien oft hart und flach wirken, ist ein Badezimmerfenster (falls es denn überhaupt eines gibt) ein sehr dankbarer Platz für Grünpflanzen und hübsche kleine Arrangements, die die Atmosphäre etwas auflockern. Hier können Sie vielleicht auch Pflanzen als Sichtschutz einsetzen, oder Sie stellen Ihre Pflegeprodukte so auf, dass Sie sie schnell und leicht zur Hand haben. Ich habe vor einem schattigen Badezimmerfenster im Obergeschoss ein Gruppenarrangement aus meinen Lieblingsparfums zusammengestellt – auf diese Art sind sie zum einen immer gleich griffbereit, zum anderen sind sie zwischendrin ein schöner Blickfang. Falls Sie auch so etwas vorhaben, überlegen Sie vorher, in welche Himmelsrichtung Ihr Fenster zeigt, denn die Cremes oder Parfums können von der Sonnenwärme verderben, wenn sie tagsüber dort liegen und sich aufheizen. Je nach Größe Ihres Badezimmerfensters können Sie auch überlegen, ob Sie Gardinen aufhängen oder sich durch einen Textilspannrahmen oder eine selbstklebende Fensterfolie Sichtschutz einbauen möchten.

Küche

Das Küchenfenster kann den Gebrauchscharakter dieses Raums widerspiegeln, indem man das Fensterbrett sowohl für dekorative Zwecke als auch für praktische Aufbewahrung nutzt. Stellen Sie gerne Topfpflanzen neben Alltagsobjekte und Gegenstände, die Sie im Laufe des Tages gern zur Hand haben möchten – natürlich kommt es immer auch ein bisschen darauf an, wie nah das Fenster an der Arbeitsplatte oder am Esstisch ist. Ein schöner Mörser, eine hübsche Gießkanne, eine alte Waage, eine handgetöpferte Schüssel oder eine Schale mit nachreifenden Tomaten – all so etwas kann sich sehr hübsch machen neben Ihren Topfpflanzen.

Aufgrund der unvermeidlichen Spritzer und Bratdünste sieht man in der Küche eher selten großzügige Vorhänge von der Decke bis zum Boden. Inwieweit Raffrollos, kurze Volants oder ein Sichtschutz am besten in Ihr Zuhause passen, kommt natürlich auf die Form des Zimmers und die Platzierung der Fenster an, aber versuchen Sie, sich Anregungen von Ihrem eigenen Einrichtungsstil oder der Stilepoche des Hauses zu holen. Haben Sie eine Bistroküche? Dann wären vielleicht klassische Cafégardinen schön. Haben Sie eine ländliche Küche? Dann wären womöglich Raffrollos passend. Und wenn Sie einen eher eleganten, Art-déco-inspirierten Stil haben, bei dem das Fenster näher am Esstisch als am Herd liegt, dann passt es vielleicht recht gut, wenn hier ein Vorhang von der Decke bis zum Boden reicht.

Wohnzimmer

Die Vorhänge im Wohnzimmer sind oft groß und üppig, um den Raum besser gegen Tageslicht abschirmen zu können. Hier könnte eine doppelte Lösung angebracht sein: dünnere Gardinen, um das Licht nur etwas zu dämpfen und sich gegen neugierige Blicke von draußen zu schützen, und dickere Vorhänge, die man vorziehen kann, um ganz zu verdunkeln, wenn man einen Film anschaut oder ein Computerspiel spielt. Je nach Einrichtungsstil und Fenstergröße kann man das Fensterbrett für kleinere Arrangements mit Kerzenleuchtern, Büchern, Vasen und anderen Dekorationsgegenständen zwischen Pflanzen und Lampen nutzen.

Schlafzimmer

Hier möchten wohl die meisten eine ruhige, harmonische Atmosphäre, um den Tag angenehm und entspannt beginnen und beschließen zu können. Ein Tipp besteht darin, Vorhänge mit viel Stoff zu wählen, die die Akustik dämpfen und ein Gefühl der Gemütlichkeit erzeugen. Nehmen Sie Vorhänge, die vom Boden bis zur Decke reichen, gerne an einer Vorhangstange oder Schiene, die es Ihnen ermöglichen, das Tageslicht auszusperren, wenn es Zeit zum Schlafen ist. Große grüne Pflanzen und schaffen eine gemütliche Atmosphäre im Zimmer. Stimmungslicht ergänzt die allgemeine Beleuchtung an der Decke und die Beleuchtung durch die Leselampe neben dem Bett. Dimmbare Fensterlampen erzeugen eine ruhige Abendstimmung beziehungsweise einen sanften Start in den Tag, bevor das Zimmer komplett beleuchtet wird.

Arbeitszimmer

In meinem Arbeitszimmer, welches im Nordosten der Wohnung liegt, habe ich einen geraden Vorhangvolant und weiße Stoffjalousien statt Metalljalousien zwischen Innen- und Außenscheibe, damit ich das Tageslicht so hereinlassen und filtern kann, dass es gemütlich wird, wenn ich am Computer sitze. Welche Vorhänge am besten in Ihr heimisches Büro passen, kommt unter anderem darauf an, in welcher Himmelsrichtung es liegt. Auf meinem Fensterbrett habe ich große Grünpflanzen und kleine Arrangements meiner Arbeitswerkzeuge (Becher mit Stiften, Pinseln und Linealen), dazu Familienfotos und einen schönen Briefbeschwerer. Ich würde immer raten, bei der Einrichtung mit Details zu arbeiten, die sich ohnehin schon im Zimmer befinden, und mit solchen, die positive Gefühle beim Arbeitenden hervorrufen.

Kinderzimmer

In den Zimmern ganz kleiner Kinder kann es schwierig werden, mit Dingen zu arbeiten, die man normalerweise ins Fenster stellt; Lampen können die Kinder herunterwerfen, Pflanzen sind oft giftig, die Kleinen könnten vielleicht auf die Idee kommen, die Blätter zu kosten. Benutzen Sie das Fensterbrett stattdessen zur Aufbewahrung schöner

Spielsachen, Bücher, Legobauten und Puzzles. Ein Trick, um verschiedene Höhen zu erzielen, kann darin bestehen, etwas Hübsches vom Mauerbogen über dem Fenster hängen zu lassen, zum Beispiel eine Hängelampe, eine Ampel, ein schönes Mobile mit Glasprismen oder eine kleine Figur an einer Schnur, die sich sachte bewegt und hübsche Schatten und Sonnenflecken im Zimmer malt. Das ist ein beruhigender Anblick für Ihr Kind, wenn es mal nicht einschlafen kann – diese Idee funktioniert ebenso gut in einem Baby- wie in einem Teenagerzimmer (nur dass man vielleicht verschiedene Figuren nehmen muss).

Topfpflanzen für Fenster in unterschiedlichen Himmelsrichtungen
Denken Sie immer an die natürlichen Bedürfnisse der Pflanze, wenn Sie Topfpflanzen für Ihre Fenster aussuchen. Auch wenn die meisten lokal gezogen wurden, haben viele von unseren Topfpflanzen ihre ursprüngliche Heimat in Gegenden mit anderen Lichtverhältnissen und anderer Luftfeuchtigkeit. Indem Sie Arten aussuchen, die zu den Voraussetzungen passen, die in genau Ihrem Fenster herrschen – also Himmelsrichtung und Temperatur –, können Sie der Topfpflanze leichter geben, was sie zum Gedeihen braucht. Verschiedene Fenster bieten völlig verschiedene Voraussetzungen, was Sonnenlicht und Wärme unter Tag betrifft. Die folgenden Tipps gelten, wenn Sie auf der Nordhalbkugel wohnen.

Nordfenster – kühl und schattig
Geeignete Pflanzen: Grünpflanzen ohne Blüten und Gewächse mit großen, weichen Blättern. Hier passen Pflanzen, die normalerweise auf dem Boden wachsen, denn diese vertragen schlechtere Lichtverhältnisse und haben somit größere Chancen, in einem Nordfenster wirklich zu gedeihen.
Achtung: Vermeiden Sie es, Pflanzen zu lange in ein Zimmer mit Nordfenster zu stellen, denn das wird leicht zu dunkel. Alle Pflanzen brauchen Licht für die Fotosynthese.

Südfenster – viel Licht, streckenweise starke Sonneneinstrahlung
Geeignete Pflanzen: Gewächse, die sich mit viel Sonne und Wärme wohlfühlen. Pflanzen mit bunten und gemusterten Blättern brauchen

normalerweise einen hellen Standort. Je mehr Weiß eine Pflanze in den Blättern hat, desto sonniger sollte ihr Platz sein. Dickblättrige und tropische Gewächse, zum Beispiel Kakteen, Sukkulenten und andere Gewächse mit Dornen oder Flaumbehaarung, kommen alle aus trockenen Wüstengebieten und kommen daher gut mit sehr sonnigen Südfenstern zurecht.

Achtung! An sonnigen Tagen und im Sommer kann es an Südfenstern sehr warm werden. Dann muss man daran denken, die Pflanzen öfter zu gießen oder zu besprühen. Tun Sie dies aber nicht mitten am Tag, denn die Wassertropfen, die auf der Pflanze liegen bleiben, heizen sich auf und können sie verbrennen.

Ost- und Westfenster – viel Licht, aber keine starke Mittagssonne

Geeignete Pflanzen: Hier fühlen sich die meisten Pflanzen wohl, also haben Sie eine große Auswahl.

Achtung! Was steht vor Ihrem Fenster? Gibt es dort ein Gebäude, einen großen Baum oder einen Balkon, der Schatten wirft, kann ein Ostfenster genauso lichtarm werden wie ein Nordfenster. Es ist wichtig, dies bei der Wahl der Topfpflanzen zu bedenken.

Denken Sie daran, auch im Hausinneren die Jahreszeiten zu berücksichtigen. Es gibt keine Pflanzen, die das ganze Jahr über blühen. Deswegen ist es auch natürlich, dass bestimmte Pflanzen im Winterhalbjahr eine Ruhepause brauchen, die sie auch in ihrer natürlichen Umgebung gemacht hätten. Ein Beispiel sind Pelargonien, die im Winterhalbjahr dunkel und kühl stehen müssen, um im Frühjahr wieder ihr prächtiges Grün entfalten und neue Triebe bilden zu können. Ein Tipp lautet daher, eine Garnitur Pflanzen für den Sommer und eine für den Winter zu haben, genauso wie man früher Sommer- und Wintervorhänge hatte.

Die Akustik regulieren

Viele, die in Neubauten mit offenem Grundriss ziehen, stellen fest, dass sie Probleme mit der Akustik haben. Harte Flächen in Kombination mit wenigen Wänden und Türen lassen den Schallwellen freien Spielraum, was die Akustik zur echten Herausforderung macht. Aber es gibt ein paar Tricks, wie man störendes Hallen und Echos dämpfen kann.

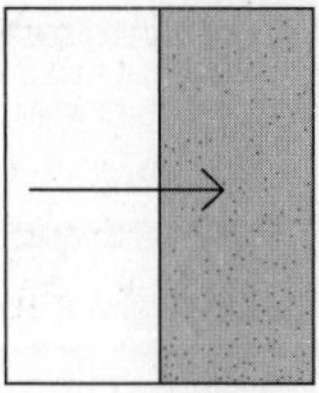

Absorption

Mit absorbierenden Flächen lässt sich störendes Hallen in einem Raum dämpfen. Solche Flächen schlucken den Schall. Ein Zimmer, das allzu gut schallisoliert ist, kann jedoch fast ungemütlich oder schon ein wenig erstickend wirken, deswegen ist es wichtig, das Ganze entsprechend mit der Isolierung an der Außenseite abzustimmen, damit nicht alle beteiligten Flächen Schall absorbieren.

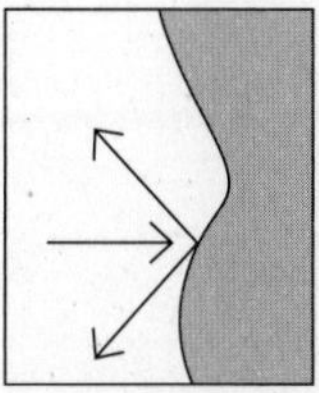

Diffusion

Statt die Schallwellen zu absorbieren, kann man sie durch Diffusion auch brechen und in verschiedene Richtungen lenken.

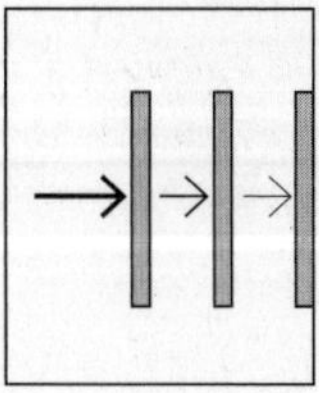

Schalldämpfung

Man kann das Zimmer auch in kleinere Flächen teilen, in akustische Zonen sozusagen, und so mithilfe von Möbeln oder Wandschirmen verschiedene Arten von Barrieren für die Schallwellen schaffen.

Textilien

Weiche Textilien haben schallabsorbierende Eigenschaften. Verwenden Sie Gardinen, Vorhänge, Kissen, Decken, Tischtücher und textile Dekoration oder vielleicht sogar Stoff auf Spannrahmen, um störenden Schall wegzuzaubern. Je schwerer der Stoff, desto besser die Wirkung, zum Beispiel bei Wolle, Samt und Textilien mit hoher Fadendichte. Nutzen Sie gerne sogenannte Hotelvorhänge, die von der Decke bis zum Boden reichen. Wenn Sie eine zweispurige Gardinenschiene benutzen, können Sie eine Schicht dünnere Gardinen aufhängen, die das Licht filtern und als Sichtschutz fungieren, und davor Vorhänge aus dickerem Stoff, die das Tageslicht ganz aussperren. Um den besten Effekt zu erzielen, sollten die Vorhänge in einer Entfernung von mindestens zehn Zentimetern von der Wand hängen. Je mehr Falten der Stoff hat, desto stärker ist die dämpfende Wirkung.

Bücherregale

Gefüllte Bücherregale (und Bücher) sind gute Schalldämpfer. Dank des Materials und seiner unregelmäßigen Form werden die Schallwellen gebrochen statt zurückgeworfen. Bücherregalwände oder niedrigere Regale als Raumteiler bremsen die ungehinderte Schallausbreitung in einem offenen Grundriss.

Polstermöbel

Sofas, Sessel, Schemel und andere Polstermöbel helfen, Bässe zu dämpfen. Bezogene Möbel mit Rückenlehnen schaffen zudem Schallbarrieren in offenen Grundrissen, also überlegen Sie sich, wie Sie Ihre Möbel im Raum aufstellen. Vielleicht sind zwei gegenüberstehende Sofas mit etwas Abstand zur Wand eine Alternative zu einem größeren Sofa, welches Sie sonst an die Wand gestellt hätten?

Teppiche

Teppiche dämpfen in erster Linie den Trittschall auf hartem Parkett. Große, weiche langflorige Teppiche und Auslegeware können wunderbar den Schall absorbieren. Allerdings muss es schon ein dickeres Material sein – dünne Teppiche haben keinen so großen Effekt.

Beispiele für Schall, der als störend empfunden werden kann:

- Flächen aus hartem Material, die ein Echo mit störend langem Nachhall zurückwerfen
- Knallen von Haus- und Zimmertüren, Schranktüren, Küchenschränken und -schubladen
- Trittschall vom Boden
- Scharren von Stuhlbeinen
- Großelektrogeräte wie Kühlschrank, Gefrierschrank, Spül- und Waschmaschine
- Rauschende Abflüsse und Geräusche von Wasser in den Heizkörpern
- Computer und Elektronik
- Viel befahrene Straßen vor dem Haus
- Busse, Rettungsfahrzeuge, Trambahnen, Züge und U-Bahnen
- Flugzeuglärm
- Lärm von Baustellen oder Renovierungsarbeiten in der Nachbarschaft
- Mittelbarer Lärm von Spielplätzen, Schulen und Kindergärten
- Schlechte Isolierung, die Geräusche aus dem Nachbarzimmer durchlässt

Pflanzen

Grünpflanzen mit großen Blättern können helfen, den Schall zu bremsen, bevor er auf große, harte Flächen trifft, zum Beispiel Fensterscheiben. Ecken können ebenfalls zu einer schlechten Akustik beitragen, also stellen Sie Ihre Topfpflanzen nicht nur vor die Fenster, sondern gerne auch Zimmerbäumchen und Kletterpflanzen in Ecken und Nischen.

Weiche und harte Materialien

Harte Möbel, große Lampenschirme aus Metall, Vitrinenschränke mit Glastüren oder Tischplatten aus Beton oder Glas können eine bereits störende Akustik noch verstärken. Denken Sie strategisch, wenn Sie die Einrichtungsgegenstände für eine Neubauwohnung kaufen, sorgen Sie für genug weiches, schallabsorbierendes Material.

Sollten Sie zu Hause eine richtig schlechte Akustik haben, können Sie auch schallabsorbierende Platten kaufen, die Sie an der Decke und an den Wänden oder auch unter großen Tischplatten anbringen können.

Bewusste Musik statt nerviger Akustik

Haben Sie schon einmal darüber nachgedacht, dass Hotels, Geschäfte und Restaurants oft mit Musik arbeiten, um verschiedene Stimmungen in einer Umgebung zu schaffen? Es ist fast immer ein schwaches Geräuschbild im Hintergrund, das eine angenehme Stimmung schafft, trotz Küchenlärm im Restaurant und Stimmengewirr in der Lobby. Sie können versuchen, sich für Ihr Zuhause etwas Ähnliches zu überlegen. Indem Sie schwache Musik im Hintergrund spielen lassen, übertönen Sie vielleicht etwas anderes, was Ihre Sinne stört. Manche Hotels haben sogar eigene Playlists oder CDs, falls Sie deren charakteristischen Sound kopieren wollen.

Andere Herausforderungen

Man ist nicht immer zufrieden mit den Voraussetzungen, die eine Wohnung bietet. Manche finden, dass sie zu beengt wohnen, andere nehmen ihre Räume als zu hoch wahr, während es für wieder andere zu Hause zu groß und hallend ist. Aber es gibt Tricks, derer man sich bedienen kann, um trotz allem ein gutes Feeling zu schaffen.

Im Folgenden möchte ich Tricks mit Ihnen teilen, wie man ein Zimmer vergrößert oder verkleinert. Oder die Sinne hinters Licht führt, wenn Sie so möchten. Die häufigsten Fragen, die mich zu diesem Thema erreichen, haben damit zu tun, wie man es anstellen kann, dass sich etwas Kleines größer anfühlt, aber es kommt auch vor, dass jemand das umgekehrte Problem hat: Es gibt zu viel Raum und er möchte eine gewisse Gemütlichkeit schaffen. Aus diesem Grund habe ich den folgenden Abschnitt in zwei Hälften geteilt.

Wie man es anstellt, dass ein Zimmer größer wirkt

Wenn man beengt wohnt, möchte man ein Gefühl von mehr Raum und Volumen erzeugen. Zu diesem Zweck können Sie Folgendes unternehmen:

Wählen Sie eine helle Farbskala

Leichte, helle Farben an Wänden, Decke und Möbeln geben einem das Gefühl, dass ein Zimmer größer ist als mit dunklerem Farbeinsatz.

Sorgen Sie für freie Fenster und Lichteinfall

Möchten Sie, dass viel Tageslicht ins Zimmer gelangt, dann wäre es ungeschickt, die Fensterbereiche mit Möbeln zuzustellen. Einrichtungsberater empfehlen für gewöhnlich, Möbel nicht so zu platzieren, dass sie das einfallende Licht verstellen.

Richten Sie in der richtigen Größe ein

Zu große, klobige Möbel lassen ein Zimmer eng und zugestellt wirken. Suchen Sie eine Einrichtung aus, die den Maßen und Voraussetzungen Ihres kleinen Zimmers angepasst ist. Lesen Sie mehr darüber im Abschnitt über die Drittel-Regel (S. 29) und im Abschnitt über Proportionen und Größe (S. 49).

Suchen Sie leichte Textilien und Möbel aus

Dunkle, schwere Textilien können ein kleines Zimmer dämpfen und noch kleiner wirken lassen. Sie können außerdem eine unangenehm gedämpfte Akustik bewirken. Ein leichteres Gefühl erzielt man durch helle, zarte Textilien. Lesen Sie mehr darüber im Abschnitt über visuelles Gewicht auf S. 37.

Mit Linien optische Täuschungen erzielen

Vertikale Linien lassen die Decken höher wirken, als sie eigentlich sind, während horizontale Linien das Zimmer verbreitern. Richten Sie deswegen eher mit hohen, schmalen Schränken ein als mit niedrigen, breiten. Lesen Sie mehr über Linien auf S. 34.

Mit Spiegeln tricksen

Spiegel sind gut, weil der optische Effekt den Raum größer wirken lässt. Ein Spiegel hilft außerdem, das Licht im Zimmer zu verbreiten. Je größer der Spiegel, desto größer der Effekt.

Ecken betonen

Indem man Ecken beleuchtet und einrichtet, wirken sie oftmals größer, als wenn man die Flächen dort leer lässt.

Suchen Sie Bilder mit betonter Perspektive aus

Überlegen Sie, welche Bilder Sie aussuchen: Motive mit deutlicher Betonung der Perspektive (Landschaftsbilder, Innenansichten von Zimmern oder Gemälde mit konvergierenden Linien) können einem Zimmer zusätzlich Tiefe und Raum verleihen.

Weniger tiefe Kommoden und Regale

Falls Sie die Wahlmöglichkeit haben, suchen Sie sich flachere Modelle von Bücherregalen, Sideboards und Kommoden! Manche Hersteller verkaufen Möbel mit unterschiedlichen Tiefen, was das Auge des Betrachters in Ihrem Zimmer täuschen kann. Wählen Sie zum Beispiel eine Tiefe von 30 bis 40 statt der üblichen 60 Zentimeter.

Lassen Sie Bodenfläche frei

Ein Raum mit viel sichtbarer Bodenfläche wirkt oft größer, als er ist. Das ist ein Kniff, den viele Makler anwenden – Sie haben sicher schon einmal Anzeigenfotos ohne Teppiche gesehen oder mit weniger Möbeln, als normalerweise in einer Wohnung stehen. Das ist ganz bewusst so gemacht, damit ein Zimmer luftiger aussieht als in Wirklichkeit.

Um so eine optische Illusion zu erzeugen, können Sie mehr freie Bodenfläche schaffen, indem Sie Regale an der Wand montieren, Wohnzimmertische mit Glasplatte kaufen, insgesamt kleinere Möbelstücke wählen und sie bewusst aufstellen (mit genug Luft zwischen den einzelnen Stücken).

Nutzen Sie tote Flächen

Unsichtbare Quadratmillimeter als Stauraum zu nutzen ist eine Paradedisziplin der Compact-Living-Anhänger. Indem Sie die Benutzung toter Flächen optimieren – wie den Platz unter dem Bett, über den Schränken und im Küchenschrank, unter dem Sofa, unter dem Waschbecken im Badezimmer und auf der Rückseite von Zimmertüren –, können Sie zusätzlichen Stauraum schaffen, und zwar durch clevere Schubladen, Körbe, Gefäße oder Einbaulösungen.

Wie man es anstellt, dass ein Zimmer kleiner wirkt

Wenn ich einen Vortrag für Bauunternehmen oder Privatpersonen halte, die gerade einen Neubau gekauft haben, höre ich oft die Frage, wie man es anstellen kann, bei offenen Grundrissen stärker definierte Räume zu schaffen. Viele moderne Häuser wirken sehr frei und luftig. Das ist im Grunde schön, kann aber doch eine Herausforderung darstellen, wenn man auch ein paar geschütztere, gemütlichere Ecken schaffen möchte. Gibt es Tricks, wie man ein Zimmer verkleinern kann, das sich zu groß anfühlt, kann man in solch einem Raum eine intimere, gemütlichere Atmosphäre schaffen? Absolut. Man kann zum Beispiel die oben angeführten Tricks für die optische Vergrößerung eines Raumes noch einmal lesen und sich genau das Gegenteil denken: einer dunkleren Farbpalette den Vorzug geben, Spiegel vermeiden, mit gemusterten Tapeten dekorieren, um größere Wandflächen kleiner wirken zu lassen. Aber es gibt auch einige clevere Möblierungstricks, die dem Problem fehlender Innenwände abhelfen können.

Einteilung in Bereiche

Hat der Raum zwischen Funktionsflächen wie Küche, Esszimmer und Wohnzimmer zu wenige natürliche Begrenzungen, können Sie Ihre eigenen Bereiche schaffen, entweder indem Sie die Wände unterschiedlich streichen oder indem Sie die Möbel zu deutlichen Gruppen zusammenstellen. Mithilfe visueller Marker, wie Farbe, Tapeten und Teppichen, und längerer Kommoden oder Teilungsmöbel, wie Sideboards, können Sie einen Eindruck vom Zimmer im Zimmer herstellen. Denken Sie an die Hauptaufgabe des betreffenden Bereichs (Zubereitung von Speisen, Einnehmen von Mahlzeiten, sozialer Umgang, Entspannung) und optimieren Sie jede Einheit entsprechend.

Von innen nach außen möblieren

In großen Zimmern sind die Außenmaße nicht so entscheidend bei der Möblierung wie in kleineren Zimmern. Gestatten Sie sich deswegen, von der Raummitte auszugehen und von innen nach außen zu möblieren oder die Möbel völlig frei stehend in Inseln zu gruppieren statt an den Wänden entlang.

Abschnittweise beleuchten

Die Möglichkeit, die Beleuchtung für eine weichere Lichtgebung zu dimmen, kann viel helfen, wenn man in einem großen Zimmer mit offenen Flächen ein gemütlicheres Feeling erzeugen möchte. Sie können in fest montierte Dimmer investieren oder freistehende Lampen mit einer entsprechenden Funktion kaufen. Indem Sie den großen Raum aufbrechen und ihn abschnittweise beleuchten, statt ihn als eine einzige Einheit zu behandeln, können Sie die Lichtgebung auch nutzen, um deutliche Abgrenzungen zwischen einzelnen Bereichen zu erzeugen. So schaffen Sie ein Gefühl der Abgeschiedenheit in gemütlichen Schlupfwinkeln, obwohl gar keine Wände vorhanden sind. Ziehen Sie Lampen über den Tisch und sorgen Sie dafür, dass es deutliche Lichtkegel gibt, die einzelne Bereiche einkreisen.

Greifen Sie zu Textilien

Ein großzügiger Raum wird oft als weniger hallend empfunden, wenn man großzügig mit Textilien umgeht und Wände, Boden und Möbel mit reichlich Stoff weicher macht. Das verbessert nicht nur die Akustik (siehe früherer Abschnitt zu diesem Thema), sondern trägt auch dazu bei, ein warmes, gemütliches Gefühl zu erzeugen.

Richten Sie auch oberhalb der Kopfhöhe ein

Es klingt vielleicht unsinnig, auch oberhalb der Kopfhöhe zu gestalten, wenn man seine reichlich bemessene Deckenhöhe ohnehin schon nicht mag. Doch ich empfinde einen Raum, der lediglich bis Kopfhöhe mit Accessoires gestaltet wird, als weniger gemütlich als ein Zimmer mit hoher Decke, in dem man die Raumhöhe wirklich ausnutzt, stellenweise ganz bis nach oben. Trauen Sie sich etwas, dann wird sich das Gefühl größerer Geborgenheit einstellen. So musste ich selbst denken, als ich mein Fotostudio in einer Spinnerei einrichtete, in einem alten Industriegebäude mit vier Meter hohen Räumen. Als ich so richtig loslegte und eine gigantische Bilderwand aufhängte, die sich bis zur Decke streckte, und auch die Regale deutlich höher montierte, entstand ein völlig anderes, gemütlicheres Gefühl, als wenn sich alles nur auf normalen Höhen abgespielt hätte.

Stellen Sie das Sofa möglichst nicht mit dem Rücken zum Eingang

Einrichtungsberater geben einem oft den Ratschlag, das Sofa nicht mit dem Rücken zur Zimmertür zu stellen, weil es sich unangenehm anfühlen kann, wenn man keine Übersicht über den Raum hat und nicht weiß, was hinter einem passiert, wenn man auf dem Sofa sitzt. Gehen Sie gerne noch einmal zum Abschnitt über den Isovist (S. 55) zurück, wenn Sie mehr Ausführungen zu diesem Thema lesen möchten.

Vermeiden Sie die Bowlingbahn

Meistens rücken wir die Möbel komplett an die Wand, und leider sieht das Ergebnis oft aus wie eine große ungenutzte Bowlingbahn oder gar wie eine ganze Tanzfläche mitten im Zimmer. Das gilt insbesondere für offene Grundrisse. Versuchen Sie, Ihre vorgefertigte Meinung darüber, wie man möblieren sollte, oder Ihre Gewohnheiten, wie Sie das Zimmer früher möbliert haben und wie Sie von vorherigen Besitzern oder Nachbarn mit ähnlichen Zimmertypen beeinflusst werden, loszulassen. Fordern Sie sich selbst auf, neue Lösungen zu finden. Schlimmstenfalls und wenn es gar nicht funktioniert, müssen Sie die Möbel eben wieder zurückstellen!

Das Bücherregal gestalten

Heutzutage verwenden viele ihre Bücherregale dazu, anderes als Bücher aufzubewahren, entweder ganz bewusst oder während sie darauf warten, dass sich ihre Regale mit mehr Büchern füllen. Da das Bücherregal oft eines der größten Möbelstücke in einem Zimmer ist, fällt es ins Auge – und deswegen wird ein Bücherregal, mit dem man nicht richtig zufrieden ist, auch leicht zum Störfaktor.

Aber wie stellt man es an, dass man die Regale gestaltet, egal ob man Bücher, eine Mischung aus Dekorationsgegenständen oder beides darin aufbewahren möchte? Im Folgenden habe ich ein paar Methoden aufgelistet, die ich im Laufe der Jahre gelernt habe.

Sortierung nach Alphabet

Bücher in alphabetischer Reihenfolge zu ordnen, nach dem Nachnamen des Autors, ist das logischste Modell, nicht zuletzt für Leute, die Regale voller Bücher besitzen und einen bestimmten Titel schnell finden müssen. Belletristische Bücher sind ungefähr gleich groß und deswegen sind diese Sortierung und Regalgestaltung meistens der einfachste Ausgangspunkt, wenn Sie von dieser Art Bücher die meisten besitzen. Trotzdem kann man den Inhalt seiner alphabetisch sortierten Regale zusätzlich nach den unten angeführten Prinzipien ordnen.

Sortierung nach Größe

Wenn nicht alle Bücher gleich groß sind und Sie nicht unbedingt auf eine alphabetische Sortierung angewiesen sind, ist es meistens angenehmer fürs Auge, wenn Sie die Bücher nach der Höhe ihrer Buchrücken ordnen. Von klein zu groß – oder umgekehrt.

Höchster oder niedrigster Punkt in der Mitte

Es gibt aber auch die Variante, die Buchrücken nach ihrer Größe geordnet zu platzieren, also den höchsten oder niedrigsten Punkt in die Mitte zu setzen. Indem man entweder die niedrigsten oder höchsten Bücher in die Mitte stellt, erzielt man eine andere Form, die einem hilft, auf einem oder mehreren Regalbrettern hübsche Abwechslung zu schaffen.

Mit welchen Gegenständen Sie Ihre Bücher ergänzen können

- Zeitschriftenstapel
- Zeitschriften-Sammelordner
- Kartons mit kleinen Gegenständen
- Dosen und Schachteln
- Urlaubserinnerungen, wie Schneckenhäuser, Steine und Souvenirs
- Skulpturen
- Vasen aus verschiedenen Materialien
- Neue Kerzen oder alte Kerzenstummel in Gläsern
- Vitrinen und Glaskuppeln
- Gerahmte Fotos
- Topfpflanzen und von einem Regalbrett herunterhängende Blumenampeln

Bücher als Bücherstütze

Wenn Sie nicht komplette Regalfächer mit Büchern füllen können, kann es ein hübscher Trick zum Auffüllen sein, ein paar Bücher hinzulegen, gestapelt mit dem Rücken nach vorn, sodass der Turm als liegende Buchstütze fungieren kann.

Sortierung nach Regenbogenfarben

Vor ein paar Jahren verbreitete sich das Phänomen der farblich sortierten Bücherregale wie ein Lauffeuer in den sozialen Medien: Man sortierte die Buchrücken nach Farbe, damit das Regal einem Regenbogen ähnelte. Egal ob Sie das ganze Farbspektrum in den Titeln Ihrer heimischen Bibliothek haben oder ob Sie sich in einer neutralen Skala bewegen – das könnte eine hübsche Alternative für die Gestaltung Ihres Bücherregals sein.

Geschenkpapier

Ein anderes Phänomen, das Makler und kommerzielle Einrichtungsberater oft für ihre Werbebilder verwenden, um den Eindruck eines

Bücherregals zu anonymisieren oder ruhiger zu gestalten, ist das Einbinden der Bücher in ähnliches Geschenkpapier. Das können Sie auch tun – variieren Sie die Farbe der Umschläge nach Ihrem eigenen Geschmack und schreiben Sie den Titel jedes Buchs mit schöner Handschrift auf den Rücken.

Gemischte Akzente

Abgesehen von Büchern gibt es noch viele andere hübsche Dinge, die man auf leere Regalfächer in einem hohen Regal oder ein großes Regalsystem stellen kann. Wechseln Sie Literatur mit gemischten Akzenten und Dekorationsartikeln, um Dynamik zwischen all den flachen Büchern zu schaffen. Mit runden, organischen und dreieckigen oder lebendigen Formen wirkt so ein Bücherregal gleich weniger statisch und interessanter.

Frontalpräsentation

Etwas größere Bücher, sogenannte Coffee Table Books, haben im Gegensatz zu belletristischen Titeln ein sehr unterschiedliches Format und nicht selten Umschläge, die sich hübscher machen, wenn sie schräg aufgestellt oder liegend präsentiert werden. Falls Sie viele solche Bände besitzen, könnte es daher eine gute Idee sein, ein Bücherregal mit einem oder mehreren leicht schräg gestellten Regalbrettern aufzustellen, das sich für die Frontalpräsentation eignet. Das Bücherregal muss nicht komplett so gebaut sein – es kann sogar schöner aussehen, schräge Fächer mit normalen, geraden zu mischen.

Tricks, um Gleichgewicht im Bücherregal zu schaffen

Ein chaotisches Bücherregal ohne Struktur kann einem Raum ein unordentliches, unangenehmes Gefühl verleihen, während ein wohlkoordiniertes Regal mit durchdachter Platzierung von Büchern und Dekorationsartikeln die genau entgegengesetzte Wirkung haben kann: Das gesamte Zimmer wirkt zusammenhängender und organisierter.

Wenn Sie ausschließlich Bücher ins Regal stellen, können Sie zwar Farbe und Größe der Buchrücken nicht beeinflussen, aber die Struktur findet sich ja in sich selbst, weil sie in den langen Bücherreihen immer wiederholt wird.

Wenn Sie Ihr Bücherregal jedoch nicht nur mit Literatur füllen, sondern auch verschiedene Akzente und Dekorationsgegenstände untermischen möchten, ist es schon eine größere Herausforderung, Wiederholungen und Strukturen zu schaffen, die den Gesamteindruck erholsam für das Auge machen – aber auch hier gibt es ein paar gute Tricks.

!

- Widerstehen Sie der Versuchung, Teelichter und Kerzenleuchter ins Bücherregal zu stellen, und sei es auch nur zu dekorativen Zwecken. Wenn irgendjemand nicht nachdenkt und Lust bekommt, die Kerzen anzuzünden, kann das zu Brandlöchern im Regalbrett darüber führen, oder, noch schlimmer, zu einem Wohnungsbrand.
- Wenn Sie Ihre Bücher mit anderen Accessoires mischen möchten, stellen Sie die Fächer nicht komplett zu. Lassen Sie ungefähr 30 Prozent frei. Damit vermeiden Sie, dass die Komposition zu gedrängt wirkt.
- Denken Sie an das visuelle Gewicht und platzieren Sie die dicksten Bücher und Objekte in den untersten Fächern.

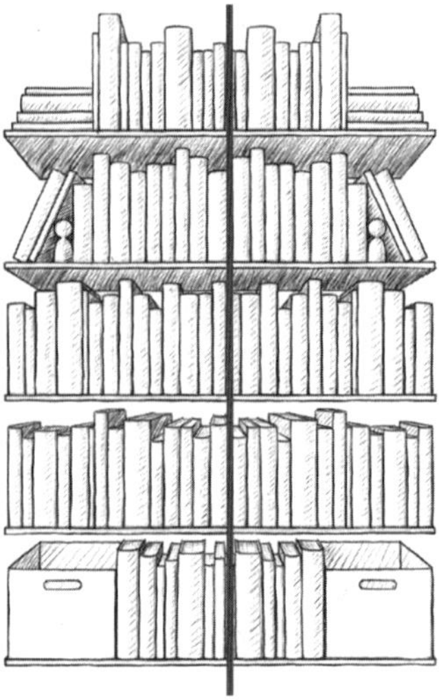

Spiegeltrick

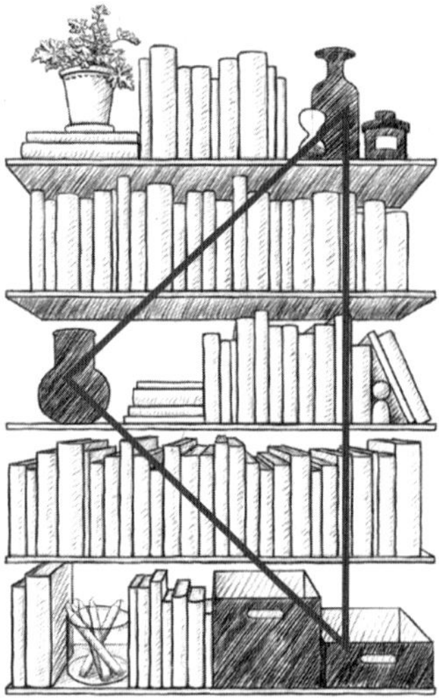

Dreiecksmethode

Der Spiegeltrick

Nach dem Prinzip der Symmetrie können Sie die Regalbretter spiegeln, um Ausgewogenheit und Ruhe zu schaffen. Auch wenn die Fächer in sich unordentlich sind, schaffen Sie eine Art Ordnung, indem Sie die Unordnung spiegelverkehrt auf der anderen Seite wiederholen.

Dreiecksmethode

Die Dreieckskomposition ist auch eine Methode, die Sie gut einsetzen können, wenn Sie Dekorationsartikel ins Regal stellen – damit schaffen Sie Fixpunkte für das Auge. Indem Sie drei Gegenstände in derselben Farbe oder aus demselben Material aussuchen, die Sie dann entsprechend auf dem Regal positionieren, geben Sie dem Auge etwas, woran es sich festhalten kann. Man kann mehrere Dreiecksplatzierungen auf demselben Regal einsetzen, je nachdem, wie viele Fixpunkte man unter die Bücher oder Gegenstände auf dem Regal mischen möchte.

Sofas, Sitzgruppen und Wohnzimmertische

Man sagt, die Küche sei Herzstück eines Hauses. Aber wie sollte man dann die Sitzgruppe nennen, die wir oft zum Beisammensein nutzen, um uns mit anderen zu unterhalten oder uns einfach nur eine Weile zu entspannen? Sie ist auch ein sehr wichtiger Ort in unserem Zuhause. Da wir sie auf so viele verschiedene Arten verwenden, kann es eine etwas größere Herausforderung sein, Ordnung hineinzubringen. Im folgenden Abschnitt habe ich eine Reihe von gut durchführbaren Tricks zusammengestellt, die uns in den Zimmern helfen, die wir mit Sofas, Sesseln und Wohnzimmertischen einrichten. Welche Gedanken kann man sich über Größenverhältnisse, Platzierung der Möbel, Arrangements und Dekokissen machen? Falls Sie eine Richtschnur in diesen Fragen benötigen, könnte Ihnen vielleicht eine dieser Methoden oder Überlegungen helfen!

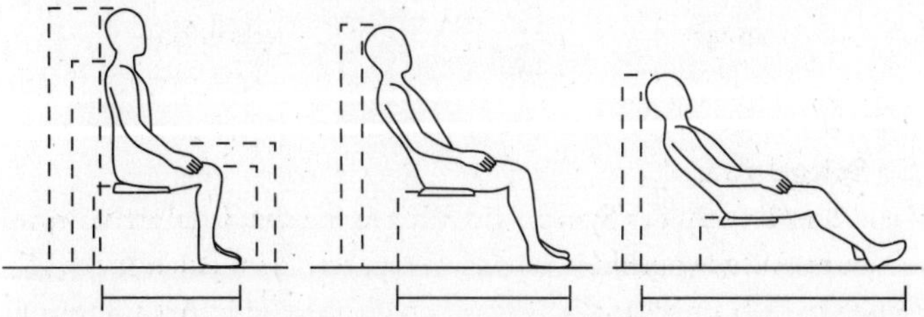

Wie Sie auf einem Sofa oder Sessel sitzen, wirkt sich nicht nur auf den Komfort aus, sondern auch auf die Maße. Eine halb liegende Sitzstellung verlangt mehr Fläche als eine aufrechte.

Stil versus Sitzkomfort

Da die Sitzgruppe oft die größte Möbelgruppe in einem Wohnzimmer oder Mehrzweckraum darstellt, werden Sofas und Sessel zu wichtigen Vermittlern des Gefühls, welches wir uns für diese Räume wünschen, ästhetisch ebenso wie funktional. Die Form des Sofas und der Sessel tendiert aufgrund ihrer Größe dazu, alle anderen Stilmerkmale im Zimmer zu übertönen. Daher ist es wichtig, dass die Wahl dieser Möbelstücke unserem roten Faden folgt oder die Dinge zumindest nicht in eine andere Richtung zieht als geplant, wenn wir einen runden Gesamteindruck mit unserer Einrichtung erzielen möchten.

Viele Leute, die frustriert sind, weil sie in ihrem Wohnzimmer einfach nicht das richtige Feeling hinbekommen, haben einen Elefanten im Zimmer, für den sie völlig blind sind. Das kann ein großes schwarzes Ledersofa aus dem Hausrat des Partners oder ein unverhältnismäßig dimensioniertes Sitzmöbelmodell aus einer früheren Wohnung sein. Die Elefanten passen nicht in die neuen Voraussetzungen oder zu dem Stil, den man jetzt schaffen möchte. Man möbliert darum herum und versucht, das gewünschte Feeling mit diversen Kombinationen aller möglichen Accessoires zu erzielen, erreicht sein Ziel aber letztlich nie.

Wendekissen und Decken schenken einem Sofa eine längere Lebensdauer. Abnehmbare Bezüge kann man waschen, und Sie können auch einzelne Teile austauschen, wenn etwas kaputtgeht oder Sie eine andere Farbe möchten.

Wenn Sie an so einem Punkt sind, geht es meistens darum, dass Sie sich entscheiden müssen: Entweder akzeptieren Sie das große Möbelstück, statt weiter ständig dagegen zu arbeiten, oder Sie tauschen es aus. Vielleicht lässt es sich ja auf dem Second-Hand-Markt verkaufen oder gegen ein anderes Modell eintauschen?

Sind Sie bereit, eine neue Sitzgruppe zu kaufen, lautet mein bester Rat an Sie, in Ihrer Wahl halbwegs neutral zu bleiben. Natürlich sollte man auf sein Bauchgefühl hören, wenn man sich seiner Sache sicher ist und einen ein außergewöhnlicheres Modell lockt – wenn Sie es aber nicht sind, rate ich meistens davon ab, bei so großen und teuren Möbeln allzu gewagte Entscheidungen bei Bezug und Modell zu treffen. Diese auszutauschen würde nämlich ganz schön ins Geld gehen – sowohl im Sinne Ihres Geldbeutels als auch im Sinne des Nachhaltigkeitsgedankens. Wenn Sie so ein gewaltiges Möbelstück kaufen, kann es Ihnen passieren, dass Sie sich für eine geraume Weile an einen speziellen Ausdruck gebunden fühlen.

Für alle, die sich nicht recht entscheiden können, ist es meistens besser, mit austauschbaren Kissen in mutig gemusterten Bezügen zu arbeiten.

Stil und Aussehen des Sofas sind zwar wichtig für die meisten, die in so ein großes, kostspieliges Möbel investieren, doch es ist nicht nur wichtig, darüber nachzudenken, wie es aussehen soll, sondern auch, wie Sie am liebsten auf dem Sofa sitzen. Falls noch weitere Leute als Sie das Sofa benutzen, lohnt es sich, darüber nachzudenken, wer am häufigsten dort sitzen wird, um zu sehen, welches Modell Sie am besten aussuchen sollten. Ein paar Fragen, die man sich stellen kann:

- Ist es Ihnen wichtig, dass man mit geradem Rücken sitzen und die Füße auf den Boden stellen kann? Dann nehmen Sie ein niedrigeres, festeres Modell.
- Ist es Ihnen wichtig, dass Sie auch halb liegen oder die Beine hochziehen können, wenn Sie auf dem Sofa sitzen? Dann nehmen Sie ein tieferes, weicheres Modell.
- Haben Sie Probleme damit, sich zu bücken oder aufzustehen, nachdem Sie zusammengekauert gesessen haben? Oder geht es einem Ihrer Familienmitglieder so? Kaufen Sie ein Sofa mit festen Polstern und etwas höheren Beinen.
- Haben Sie kleine Kinder (oder Haustiere) in der Familie, denen Sie ermöglichen müssen, selbstständig hinauf- und hinunterzuklettern? Dann nehmen Sie ein Sofa mit niedrigeren Beinen.

> ! Vermeiden Sie, dunkle Sofas in Südlage zu stellen, weil das besonders starke Sonnenlicht den Bezug des Sofas rasch ausbleichen kann.

Höhe und Form des Couchtisches

Wenn Sie einen Couchtisch kaufen, behalten Sie als Richtlinie im Hinterkopf, dass er nicht über die Außenkanten des Sofas herausragen sollte. Viele Einrichtungsexperten empfehlen, dass die Breite des Tisches ungefähr zwei Dritteln der totalen Breite des Sofas entsprechen soll.

Wenn Sie ein Eck- oder Récamiere-Sofa besitzen, sollte der Tisch am besten eine andere geometrische Form haben als der Raum, in dem er steht. So sollten Sie zum Beispiel keinen quadratischen Tisch kaufen, wenn die offene Fläche vor dem Sofa ebenfalls quadratisch ist. Ein runder, ovaler oder rechteckiger Couchtisch bricht die Linien und schafft mithilfe der geometrischen Formen eine harmonischere Komposition.

Maße, die Sie beim Kauf Ihres Couchtisches im Kopf haben sollten

- Die Breite des Sofas (der Couchtisch sollte höchstens zwei Drittel der totalen Breite des Sofas messen)
- Die Sitzhöhe des Sofas (der Couchtisch sollte genauso hoch sein wie die Sitzhöhe plus/minus zehn Zentimeter)
- Die Fläche vor der Sitzgruppe (der Couchtisch sollte nicht so groß sein, dass er die gesamte Fläche schluckt, aber auch nicht so klein, dass man sich recken muss, um die Kaffeetasse abstellen zu können)

Falls Sie oft am Tisch sitzen und etwas essen oder Kaffee trinken oder das Zeitungskreuzworträtsel auf dem Tisch lösen, wird ein etwas niedrigerer Tisch eher beschwerlich sein. Falls Sie die Sitzgruppe mehr als Loungemöblierung benutzen, ist ein etwas niedrigerer Tisch vielleicht ein bisschen bequemer. Oft wirkt es ausgewogener, wenn man einen etwas niedrigeren Sofatisch zu einem großen Eck- oder Récamiere-Sofa kombiniert, sodass sich eine graduelle Abstufung der Höhen ergibt. Ein zwei- oder dreiteiliger Tisch kann auch eine gute Alternative sein, denn der bietet eine flexiblere Lösung, die man daran anpassen kann, wie man gerade auf dem Sofa sitzt oder liegt. Glastische oder Tische mit dünnen Beinen und Tischplatten eignen sich gut, wenn Sie ein allzu kompaktes, enges Gefühl in einem Zimmer kompensieren wollen.

Gestaltung des Sofatisches

Wenn man in Einrichtungszeitschriften blättert, sind die abgebildeten Couchtische selten leer.

Einrichtungsexperten lassen sich selten eine Gelegenheit entgehen, Wohnzimmertische für ein Stillleben zu nutzen, und die Tischplatte ist eine dankbare Fläche für Arrangements aus praktischen wie stimmungsvollen Objekten. Hier funktionieren daher mehrere von den Tipps, die ich im Abschnitt über Arrangements aufgezählt habe (S. 128), aber auch das Prinzip der Goldenen Spirale aus dem Abschnitt über Einrichtungsmathematik (S. 26) kann hier Anwendung finden. Da die Tischplatte meistens eher niedrig ist, sollten Sie sich vorher Gedanken machen, wie der Tisch von der Seite und von schräg oben aussieht, denn in den meisten Fällen werden Sie ihn aus diesen Perspektiven sehen.

Beginnen Sie damit, dass Sie aussuchen, welche Dinge Sie auf dem Tisch platzieren möchten (und auch wirklich dort benötigen), und versuchen Sie dann, einige in den unten angeführten Kategorien zu finden.

Formen

- Eckig: Quadratische oder rechteckige Objekte, wie Bücher, Schachteln, Zeitschriften und Gefäße.

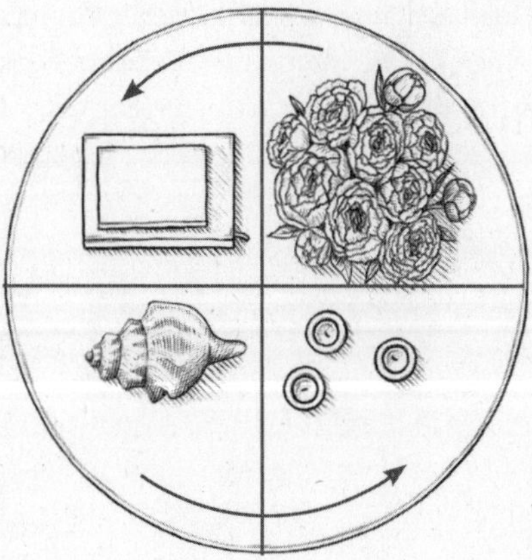

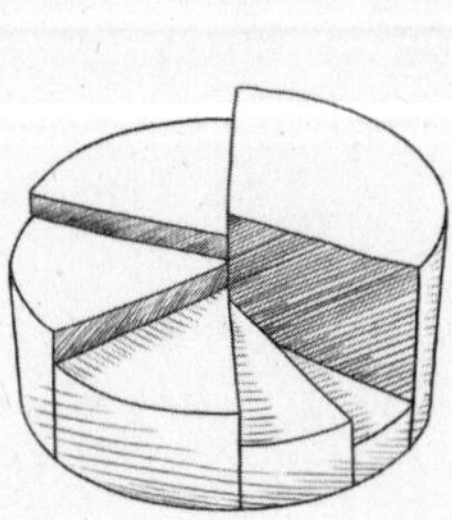

- Rund: Runde oder ovale Objekte, wie Schalen, Vasen oder Kerzenständer.
- Organisch: Unregelmäßige oder organische Formen, welche die eher geometrischen Elemente aufbrechen und verstärken. Das können dreidimensionale Objekte, Schüsseln, Teller oder Kerzenleuchter sein.

Material

- Etwas Lebendiges, wie Schnittblumen, Zweige oder eine Topfpflanze
- Etwas Durchsichtiges aus Glas oder Plexiglas
- Etwas aus Holz, zum Beispiel eine Schale, ein Teller oder ein Tablett
- Etwas aus Metall, wie Messing, Chrom, Silber, Zinn oder Kupfer

Teilen Sie dann den Couchtisch in Bereiche oder Abschnitte auf, statt die gesamte Tischplatte als eine Einheit zu betrachten. Rechteckige Tische teilt man normalerweise in drei Teile und gestaltet sie dann mit Objekten in verschiedenen Höhen, um eine schrittweise Abstufung zu schaffen, in einer nach unten (oder oben) laufenden Spirale.

Denken Sie hier an den Goldenen Schnitt oder Fibonaccis Spirale. So können Sie zum Beispiel einen Blumenstrauß den höchsten Punkt sein lassen und sich dann Schritt für Schritt nach unten arbeiten, wie in Treppenstufen, bis zum niedrigsten Punkt – das können ein Bücherstapel oder Zeitschriften sein, ein paar kleine Teelichter oder eine flache Schale. Mit diesem Trick vermeiden Sie das etwas einsame Gefühl, welches leicht entsteht, wenn Sie nur einen einzelnen Gegenstand mitten auf den Tisch stellen.

Wissen Sie noch?

- Denken Sie an das Prinzip der Dreieckskomposition, wenn Sie mit Stillleben auf rechteckigen Tischen arbeiten, und bauen Sie verschiedene Höhen in den drei Bereichen ein, ausgehend von einem gedachten aufrechten oder schrägen Dreieck.
- Wenden Sie ruhig auch die Überlegungen aus dem Abschnitt über Fukinsei und Wabi Sabi an (S. 48) und stellen Sie in einen der Bereiche Objekte mit Patina oder einer natürlichen Unregelmäßigkeit.
- Sie können auch die Farbgebungsformel 60/30/10+S im Miniformat in Ihrem Arrangement auf dem Wohnzimmertisch verwenden, damit erzielen Sie eine spannende Dynamik und Farbgebung (lesen Sie mehr darüber in Kapitel 4). Vergessen Sie nicht, ein wenig Schwarz hinzuzufügen!

Möblierung von Sitzgruppen

Es gibt viele Möglichkeiten, ein Wohnzimmer zu möblieren. Trotzdem meine ich, sehr oft dieselbe Anordnung in vielen Häusern wiederzufinden: ein Sofa und ein Wohnzimmertisch und an der gegenüberliegenden Zimmerwand ein Fernseher- oder Medienregal. Solch eine Anordnung macht den Fernseher zum zentralen Lagerfeuer des Zimmers, egal ob man sich hinsetzt, um darauf zu schauen oder um Kaffee zu trinken und zu plaudern. Wenn man bessere Voraussetzungen für ein gemütliches Zusammensein schaffen möchte, muss man die Sitzplätze so arrangieren, dass man sich gegenseitig in die Augen schauen kann.

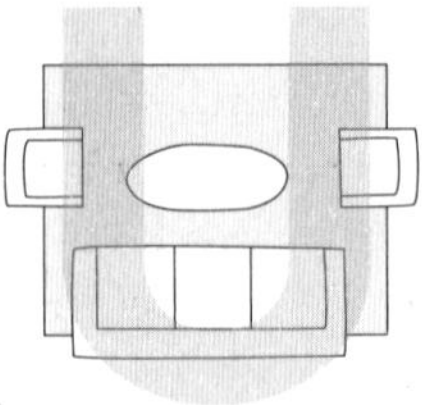

U-Form
Ein Sofa, zwei Sessel. Ausgerichtet auf einen Fernseher oder auf einen Kamin, aber bessere Möglichkeiten, zu interagieren und Gespräche mit Augenkontakt zu führen. Passend für Leute, die am gleichen Ort fernsehen und mit anderen Menschen gesellig beisammen sein wollen.

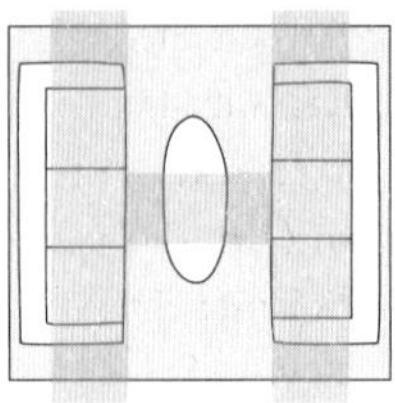

H-Form
Zwei gegenüberstehende Sofas bzw. ein Sofa mit zwei Sesseln gegenüber schaffen noch bessere Voraussetzungen für Augenkontakt und einen guten Unterhaltungsradius. Fernseher oder Kamin werden zweitrangig, können aber immer noch von allen im Zimmer gesehen werden.

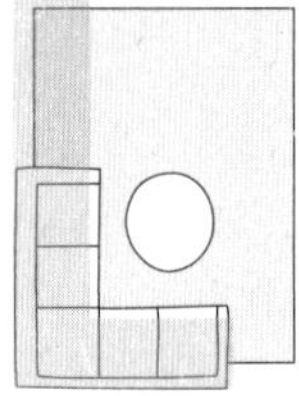

L-Form
Wenn man die Sitzgruppe in eine Ecke stellt, bzw. in einen größeren Raum, in dem man Abgrenzungen zwischen zwei Zonen schaffen will, kann eine L-förmige Aufstellung von Sofa oder Sitzgruppe eine gute Lösung sein. Diese Form erzielt man am besten mit einem Ecksofa oder einem normalen Sofa und einem geraden Sofa mit größerem Fußschemel, wobei Letzterer auch als Sitzplatz gedacht ist (nicht nur als Fußstütze).

Der optimale Radius

Viele Neubauten mit ihren offenen Grundrissen haben große Wohnzimmer. Wenn man sie einrichtet, passiert es einem leicht, dass man mehr auf die Außenmaße des Zimmers achtet als auf den optimalen Abstand zwischen den Personen, die sich dort begegnen sollen. Einrichtungsexperten berücksichtigen zu diesem Zweck einen gedachten Radius rund um den Mittelpunkt einer Sitzgruppe. Wenn man das Zimmer für soziale Interaktion einrichten möchte, sollten die Möbel am besten so platziert werden, dass der maximale Abstand diagonal zwischen 2,10 und 2,80 Meter liegt. Man möchte sich nicht zu dicht gegenübersitzen (das kann sich unangenehm nah anfühlen), aber man möchte auch nicht so weit auseinandersitzen, dass man für eine Unterhaltung die Stimme heben muss. Stellen Sie die Möbel also nicht zu weit voneinander entfernt, auch falls

Sie reichlich Platz haben. Denken Sie auch daran, dass (in Kopfhöhe) freie Sicht zwischen den Sitzplätzen herrschen sollte. Wenn die Möbel im Verhältnis zum Zimmer sehr luftig stehen, kann man die freie Fläche füllen, indem man ein niedriges Möbelstück hinter die Sofalehne stellt, zum Beispiel einen Bibliothekstisch oder ein niedriges Bücherregal.

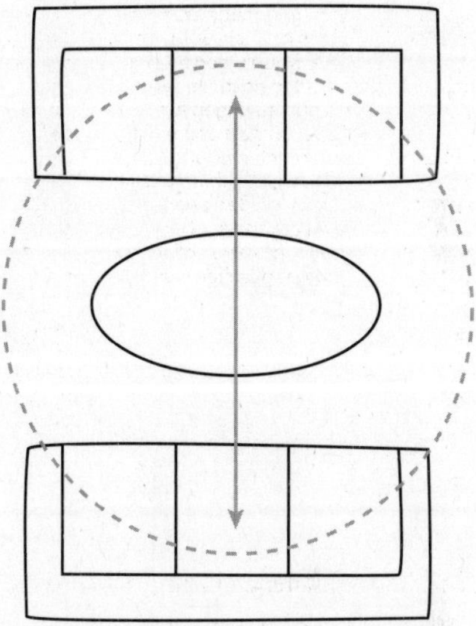

!

Wie viele Menschen finden auf dem Sofa Platz? Das lässt sich nicht immer an der Zahl der Sitzpolster ablesen. Manche Dreisitzersofas haben beispielsweise drei Polster, andere zwei oder vier. Das ist eher eine Designfrage. Um sicherzugehen, zücken Sie den Zollstock. Einrichtungsexperten rechnen normalerweise mit 60 Zentimeter Sitzfläche für eine Person.

Vermeiden Sie „Möbel-Tetris“

Eine Récamiere oder eine Chaiselongue brauchen Luft rundherum, um nicht wie ein Möbel zu wirken, das den Raum auffrisst. Überlegen Sie, bevor Sie Ihr Sofa kaufen, ob es die richtigen Proportionen im Verhältnis zum Zimmer hat, in dem es stehen soll. Vermeiden Sie außerdem, Ihr Sitzmöbel mit einem allzu großen Couchtisch zu ergänzen, der die offene Fläche vor den Sitzplätzen verstopft. Vergessen Sie nicht, wie wichtig es ist, freie Durchgänge zu lassen, damit der Raum nicht zu eng wirkt.

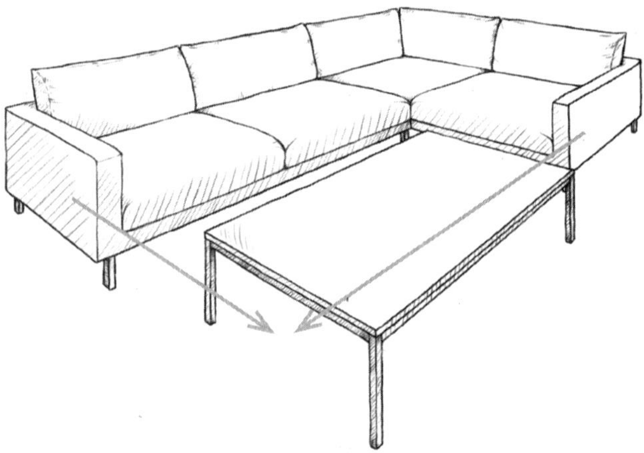

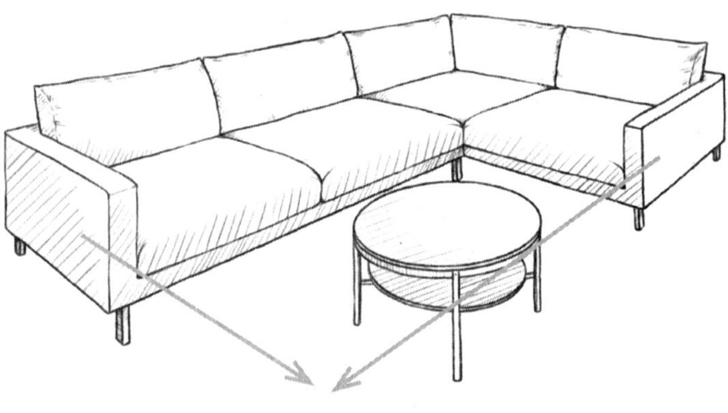

Einen größeren Teppich
Ein größerer Teppich, der die Möbel umgibt, kann helfen, das Gefühl, dass das Sofa besonders groß wirkt, auszugleichen. Ein kleiner Teppich in der Mitte hingegen kann das Gefühl verstärken, dass das Sofa furchtbar klobig erscheint.

Stellen Sie ein Beistelltischchen dazu
Da Eck- oder Récamiere-Sofas meistens mehr Sitzplätze haben als ein gerades Sofa, kann es für die außen Sitzenden schwierig werden, den Couchtisch zu erreichen. Da bietet sich die ebenso praktische wie hübsche Lösung an, noch ein Beistelltischchen neben das Sofa zu stellen, das als Abstellfläche für Kaffeetassen und Zeitschriften dienen kann.

Beleuchtungspunkte
Ein größeres Sofa stellt größere Anforderungen an die beleuchteten Aktivitätsbereiche als ein kleineres Modell – eine einzige Boden- oder Leselampe ist selten ausreichend. Gehen Sie stattdessen davon aus, wie viele Sitzplätze Ihr Sofa tatsächlich bietet, und sorgen Sie für eine entsprechend ausgewogene Zahl von Lampen.

Ecksofa
Obwohl auf Bildern von durchgestalteten Wohnzimmern in Einrichtungszeitschriften und Makleranzeigen fast immer Zwei- oder Dreisitzer zu sehen sind, scheint die Realität anders auszusehen.

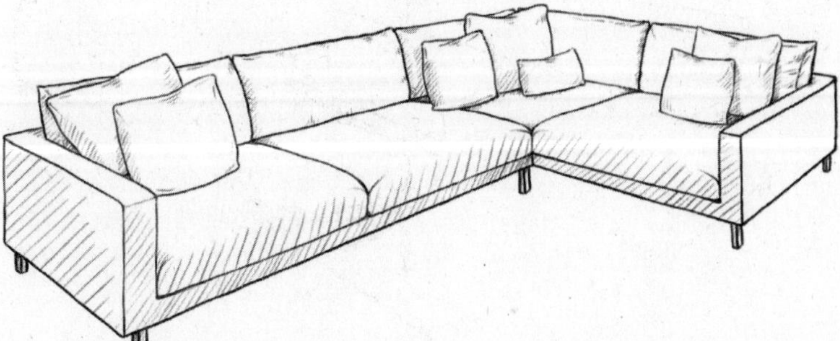

Hier sind ein paar Tipps, wie man Dekokissen auf Eck- oder Récamiere-Sofas arrangieren kann. Der Trick ist es, mit verschiedenen Formaten und Größen zu arbeiten, Dreiecke zu bauen und zu gruppieren.

Chaiselongue oder Récamiere gestalten

Meistens sieht es bei einem L-förmigen Sofa am besten aus, wenn man die Kissen auf drei Stellen auslegt – jeweils an die Ecken. Wenn ein Ende jedoch eine Récamiere ist, kann es schwierig werden, mit Kissen zu arbeiten. Legen Sie dann am besten eine Decke oder ein Schaffell über diesen Teil oder auch auf den dazugehörigen Schemel, falls Sie einen haben. Das bildet eine Klammer für die Gesamtgestaltung.

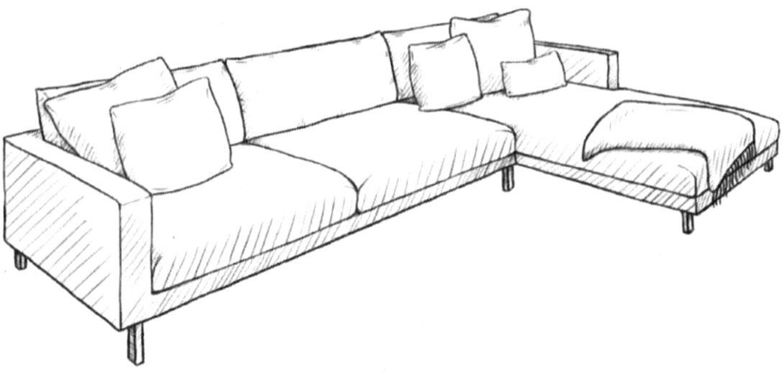

- Denken Sie an die Regel der ungeraden Anzahl.
- Schaffen Sie Ausgeglichenheit durch Wiederholung und Symmetrie, falls Sie einen schlichteren Ausdruck anstreben.
- Arbeiten Sie ruhig mit verschiedenen Größen und Formen, um bei asymmetrischer Platzierung ein Dreieck mit den Umrissen der Kissen zu bilden.
- Vermeiden Sie Spiegelsymmetrie, wenn Sie Dynamik möchten. Legen Sie nicht zwei identische Kissen an jedes Ende, sondern brechen Sie die Symmetrie mit ungleichen Zahlen und einem Mix aus verschiedenen Mustern.

Platzierung der Dekokissen

Einrichtungsberater arbeiten unterschiedlich mit Platzierung und Zusammenstellung der Dekokissen, je nachdem, welches Feeling sie in einem Haus schaffen möchten. In einem eleganten, adretten Interieur arbeiten sie häufig mit Spiegelsymmetrie und gleichen Gruppie-

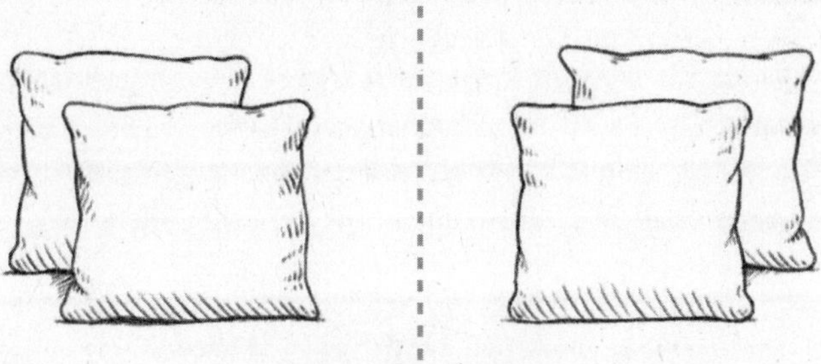

Spiegelsymmetrie

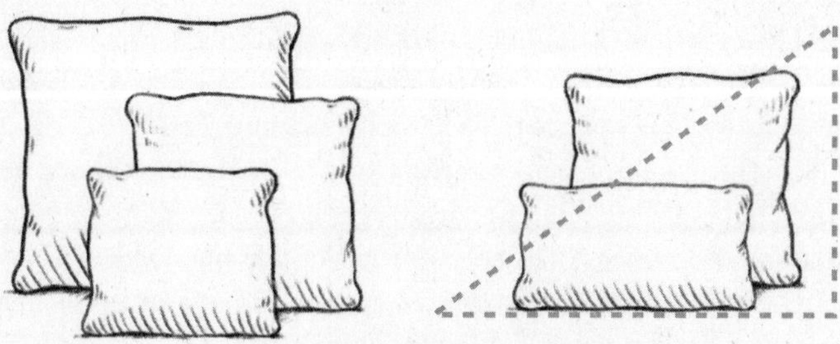

Asymmetrie und dreieckige Formen

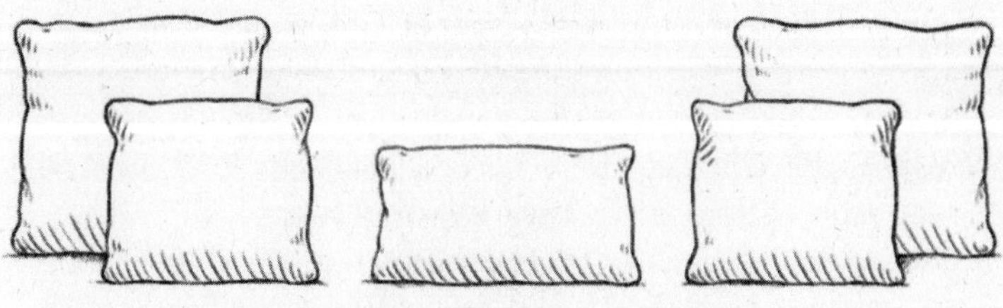

Ungerade Anzahl (2:2:1-Methode)

rungen perfekt aufgeschüttelter Kissen aus exklusiven Materialien. In eklektischen Interieurs hingegen entscheiden sie sich meistens für einen Ausdruck mit mehr Mustern und Farben sowie einer ungeraden Anzahl von Kissen.

Kissenkarate mit Dekokissen

Wer Dekokissen zu Hause hat, weiß, wie leicht sie platt gesessen und zusammengedrückt werden. Die meisten schütteln sie dann wieder auf, um wieder ein bisschen mehr Volumen in die Füllung zu bringen. Etwas, das viele nicht kennen, ist der Karatetrick der Einrichtungsberater.

Wenn Sie sich die Kissen in irgendeiner Einrichtungsreportage oder in einem Hotel anschauen, werden Sie verstehen, was ich meine. Hier sind die Kissen selten komplett glatt. Ebenso wie ein wenig zusammengeknüllte Decken einer Einrichtung mehr Leben einhauchen, kann man die Dekokissen ein bisschen einladender aussehen lassen, indem man ihnen ein wenig Form gibt. Das Resultat wird besser, wenn Sie qualitativ hochwertigere Kissenfüllungen kaufen.

Kissenkarate ist, knapp ausgedrückt, eine Methode, wie man den Kissen buchstäblich einen Karateschlag mit der Handkante verpasst, sodass sie oben einen Knick bekommen. Mithilfe einer offenen Handfläche und ein, zwei Karateschlägen auf das Kissen können Sie ihm mehr Stabilität und eine deutlichere Form geben. Das klingt albern, aber es ist ein gängiger Trick bei Raumausstattern, um bei perfekt zurechtgeklopften Dekokissen auf Sofas und Betten einen etwas lässigeren Look zu erzielen.

Falls Sie einen Kissenbezug aus Seide oder einem anderen glänzenden Stoff besitzen, schafft die Karatetechnik einen Schatteneffekt, der dem Betrachter wiederum ein deutlicheres Gefühl für den Stoff vermittelt. Auf die Oberkante eines Kissens zu schlagen, kann auch helfen, ein starkes Muster angenehmer wirken zu lassen.

Außerdem ist Kissenkarate der beste Freund von Familien mit kleinen Kindern, weil der Knick und die Schatteneffekte Flecken verbergen können.

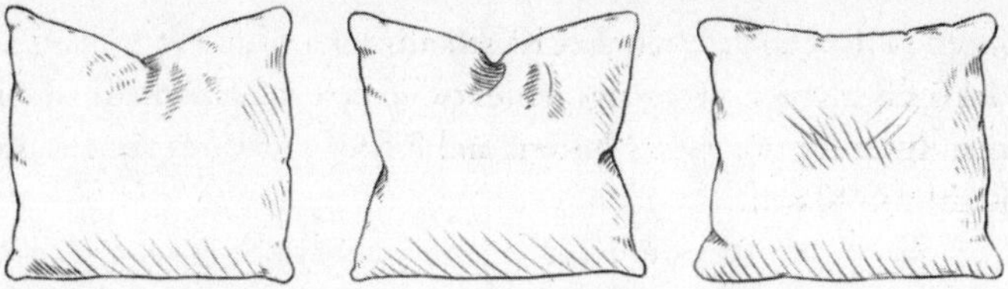

Einfacher Schlag: Ein Schlag auf die Oberkante
Doppelschlag: Ein Schlag auf die Oberkante, einen Knick rechts und links in die „Taille“ des Kissens
Schlag in den Magen: Einmal in die Mitte klopfen

Tricks fürs Bettenmachen

Betten sehen selten so einladend aus wie in feinen Hotels, in Zeitschriften oder Prospekten, oder? Wie kann man dasselbe traumhafte Gefühl auch zu Hause schaffen?

Viele Einrichtungsexperten arbeiten mit mehreren Lagen aus Kissen und Decken und setzen mehr Tricks ein, als sich mit bloßem Auge erkennen lässt.

Beginnen Sie mit einer guten Basis (einer wunderschönen Decke)
Möchte man das Bett so machen, dass es derjenige, der darin schläft, auch genießen kann, reicht es nicht, dass man sich über Bettzeug und die Zahl der Dekokissen Gedanken macht. Vielmehr sollte man, wie in vielen anderen Lebenssituationen auch, mit einer guten Grundlage beginnen.

Investieren Sie in bauschige Federdecken und qualitativ hochwertige Kissen. Schauen Sie sich die Angaben zur Füllung der Decken genau an. Daunen sind ein umstrittenes Material, da das Geschäft mit den Federn nicht immer tierfreundlich läuft. Stellen Sie Ansprüche und anstrengende Fragen, um sich zu vergewissern, dass Sie ein gutes Produkt kaufen! Die Daunen, die normalerweise in den Bettdecken stecken, kommen meistens von industriell geschlachteten Gänsen und

Enten. Je größer der Anteil der Gänsedaunen, desto teurer ist die Decke. Es ist auch wichtig zu kontrollieren, welche Bauschkraft sie haben (gemessen in cuin = *cubic inch*) und wie gründlich sie von Partikeln und Staub gereinigt wurden.

Andere Faktoren, die Komfort und Lebensdauer einer Decke beeinflussen, sind ihr Aufbau und die Form der Taschen. Manche Decken haben Kanäle, andere Kassetten. Eine schlecht genähte Decke verliert schneller ihre Form, die dann auch nicht mehr repariert werden kann. Eine Qualitätsdecke kann man bei Bedarf nach einer Weile wieder an den Hersteller schicken und neu füllen lassen.

Besorgen Sie sich eine Betthusse

Ein langweiliges Bett kann durch eine schöne Betthusse aufgewertet werden – das ist eine Art Überzug, der hässliche Beine und eventuelle Aufbewahrungskisten unter dem Bett verdeckt. Eine Husse, die Ton in Ton mit der Bettwäsche oder der Tagesdecke gehalten ist (vielleicht sogar mit dem Kopfende, wenn es mit Stoff bezogen ist), schafft einen Eindruck von Einheitlichkeit. Denken Sie daran, nach dem Auspacken alle Falten herauszubügeln, bevor Sie die Husse aufziehen.

Die Mathematik des Bettenmachens

Zwei normale Kopfkissen reichen selten aus, um dasselbe Feeling zu erzielen, das einladende Hotelbetten oder Werbefotos vermitteln. Einrichtungsexperten arbeiten meist mit wesentlich mehr Kissen, gerne auch in verschiedenen Größen. Man braucht im heimischen Schlafzimmer keine Prospektfotos anzustreben, aber wenn Sie statt Ihrer zwei Kissen auf dem Doppelbett vier bis fünf ans Kopfende legen, kann das schon einen großen Unterschied machen – sowohl im visuellen Eindruck und für das persönliche Wohlgefühl, wenn Sie in so ein schön gemachtes Bett zu schlüpfen. Unten sehen Sie Varianten, wie Sie die Kissen legen können, während Sie nicht selbst im Bett liegen.

Einrichtungsexperten, die Betten für Werbefotos stylen, verwenden meist mehr als nur eine bauschige Decke – und mehr Überwürfe/Wolldecken, als man zu Hause normalerweise verwendet. Es wäre unnötig, hier zu übertreiben, denn das kann alles schnell unpraktisch

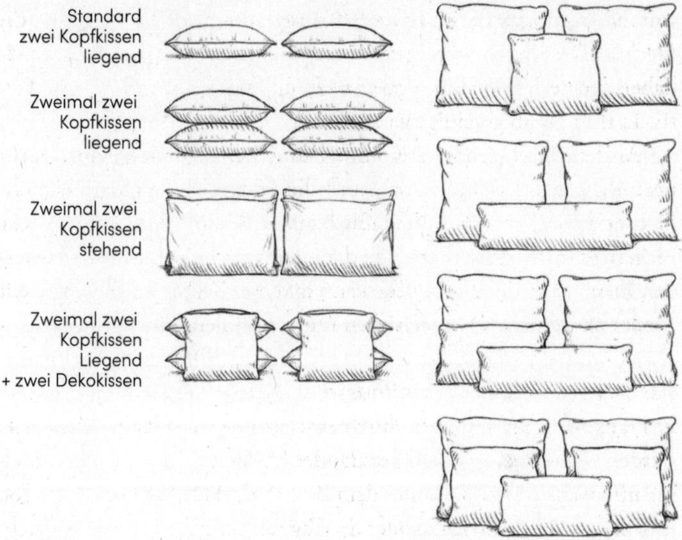

werden, aber man kann sich das Prinzip der verschiedenen Schichten aneignen, um auch im eigenen Zuhause tolle Ergebnisse zu erzielen.

> **!** Ein einfacher Spartrick, um ein Kopfteil für ein Doppelbett herzustellen: Überziehen Sie eine 90 Zentimeter breite Matratze mit einem einfarbigen Leinenlaken. Schlagen Sie den überstehenden Stoff nach hinten um und lehnen Sie das Ganze als Kopfteil an die Wand.

Die eine oder andere Überlegung zur Farbwahl könnte sich auch lohnen. Durch verschiedene Farben und Nuancen im Bettzeug lässt sich gleich ein ganz anderer Effekt erzielen als mit einfarbiger Bettwäsche. Indem man bewusst Bettzeug mit verschiedenen Farben für Decke, Kissen und Laken wählt, kann man dem Bett eine ganz andere Tiefe verleihen.

Entscheiden Sie sich für ein Bett mit Kopfteil. Hotelbetten werden meistens so gemacht, dass man die Kissen am Kopfende anlehnt, statt sie flach aufs Bett zu legen. Dafür ist ein Kopfteil, welches über die größten Kissen hinausragt, nötig. Je höher das Kopfteil, desto imposanter wird der Eindruck.

Fahren Sie ansonsten die Eindrücke im Schlafzimmer zurück. Je weniger Störmomente es rundum gibt, umso angenehmer wird meistens der Schlaf. Das lässt sich oft sehr leicht einrichten, indem man auf den Nachttischchen aufräumt. Im Hotel oder auf Prospektfotos sieht man nie Stapel von Alltagsgegenständen, die den Eindruck stören. Denken Sie an das visuelle Rauschen und räumen Sie einfach alles, was Sie griffbereit haben müssen, in eine geschlossene Schublade im Nachttisch. Auf der Ablage können Sie Platz lassen für eine kleine Pflanze, Ihren Wecker, ein Schälchen für Schmuck oder andere Dinge, die Sie nachts abnehmen müssen, das Buch, das Sie gerade lesen, sowie eine hübsche Karaffe mit einem schönen Trinkglas.

Mit Pflanzen einrichten

Lebendige Pflanzen sind oft ein wichtiger Bestandteil der Inneneinrichtung, nicht zuletzt weil sie einer Umgebung, die sonst hauptsächlich aus künstlichen Materialien besteht, eine Note von Natur geben. Abgesehen davon, dass man solche Topfpflanzen aufs Fensterbrett stellt, die zur Nutzung des Zimmers und der Lage des Fensters passen, kann man noch vieles andere tun, um mithilfe lebendiger, grüner Blätter ein gemütliches Gefühl im Haus zu erzeugen.

Der Unterschied zwischen mehrjährigen Pflanzen und Treibhausmassenware

Als ich die Fotos von diversen Wohnungseinrichtungen genau unter die Lupe nahm, um herauszufinden, weswegen ich manche Häuser einfach heimeliger fand als andere, fiel mir oft auf, dass die Pflanzen einen großen Unterschied bei der Gemütlichkeit eines Raums machten. Besonders deutlich war dieser Unterschied bei den großen, massiven Pflanzen, die schon ein paar Jahre auf dem Buckel hatten. Mehrjährige Pflanzen schenken einem Haus Charakter, vielleicht, weil sie wachsen und größer werden können und daher auf den ersten Blick den erwarteten Proportionen einer Pflanze auch mal zuwiderlaufen (lesen Sie mehr darüber auf S. 49 im Abschnitt über die Variation von Größen und Proportionen, um Dynamik in der Einrichtung zu schaffen). Die Treibhausmassenware leistet zwar auch einen Grün-Beitrag, aber ich habe gemerkt, dass es nicht derselbe Effekt ist, wie wenn Pflanzen in einem Zimmer wachsen durften und vielleicht auch noch ihre eigene Geschichte haben. Eine geerbte Pflanze oder eine Topfpflanze, die seit Ihrem Einzug dabei ist, bringen ja nicht nur ihre grünen Blätter ein, sondern auch Verbindung und Persönlichkeit.

Etwas Geerbtes und etwas Geschenktes

Möchte man etwas ältere Pflanzen besorgen, kann es ein guter Tipp sein, einmal Inventur bei den Topfpflanzen von Verwandten und Freunden zu machen – vielleicht haben sie ja irgendeine große Pflanze, die sie loswerden möchten und die bei Ihnen einziehen darf? Die Topfpflanzen verstorbener Menschen zu adoptieren, kann auch eine schöne Art sein, die Erinnerung an Nahestehende lebendig zu halten. Ich bereue bis heute, dass ich die Gliederkakteen meiner Großmutter nicht mitgenommen habe, aber damals war ich noch Studentin und hatte keinen Platz für sie. Ich tröste mich damit, dass ich an sie denke und mir innerlich ganz warm wird, wenn jetzt alljährlich meine eigenen Gliederkakteen blühen.

Gärtnereien und Spezialgeschäfte

Falls Sie über Ihre eigenen Kontakte keine älteren Pflanzen auftreiben können, würde ich Ihnen raten, eine Gärtnerei zu besuchen. Dort stehen öfter größere, massivere Pflanzen zum Verkauf, und wenn einmal keine auf Lager sind, kann man eindrucksvolle Exemplare bestellen. Glück haben könnten Sie auch bei einem Floristen oder in einem Spezialgeschäft, die etwas ausgefallenere Topfpflanzen verkaufen, welche nicht gnadenlos schnell im Treibhaus hochgezüchtet wurden wie bei den großen Pflanzenmarktketten.

Aufgemotzte Billigblumen

Haben Sie an Ihrem Wohnort oder vor einem Einrichtungsauftrag einfach nichts anderes als Massenware zur Verfügung? Dann greifen Sie zum Trick der Einrichtungsexperten, die Billigblumen aufmotzen: Kaufen Sie einen richtig großen Blumentopf und ein bisschen zusätzliche Erde und pflanzen Sie mehrere kleine Pflanzen so zusammen, dass sie aussehen wie eine große, üppige Einzelpflanze!

Was Sie bedenken sollten, wenn Sie Blumentöpfe kaufen

1) Wie groß ist Ihre Pflanze? Denken Sie an Größe und Proportionen und suchen Sie den richtigen Topf für die Pflanze aus, die Sie darin einpflanzen möchten. Verschiedene Pflanzen benötigen verschiedene Mengen Erde um ihre Wurzeln herum, fragen Sie deswegen am besten den Blumenverkäufer, welche Größe Ihr Topf haben sollte. Aus rein ästhetischer Perspektive lautet die einfache Daumenregel, dass die Höhe des Topfs in einem ausgewogenen Verhältnis zum sichtbaren Teil der Pflanze stehen sollte. Das ist eine gute Gelegenheit für die Anwendung der Drittel-Regel – gehen Sie also von ein Drittel Topf, zwei Drittel Pflanze aus.
2) Wer soll mehr Aufmerksamkeit bekommen – die Pflanze oder der Topf? Entscheiden Sie, wer der Star sein und wer im Hintergrund bleiben soll, und wählen Sie Material und Farbe des Übertopfs entsprechend aus.
3) Welcher Stil dominiert in dem Raum, in den Sie die Pflanze stellen möchten? Suchen Sie Farbe, Form und Dekor des Übertopfs im Hinblick darauf aus, wo die Pflanze stehen und wie sie hineinpassen soll.
4) Normalerweise sagt man, dass ein Übertopf circa zwei Zentimeter größer sein soll als der Topf, in dem die Pflanze eingepflanzt ist, damit es einen Zwischenraum gibt, in dem die Luft zirkulieren kann.
5) Größere Töpfe erfordern weniger Gießen, weil die Erde die Feuchtigkeit länger hält.

Stellen Sie Pflanzen ins Zimmer

Eine große Bodenpflanze im Wohnzimmer oder eine schöne Blumenampel im Bad können einen großen Unterschied bei der Wirkung der

Räume machen. Entfernen Sie das Gestell, an das Kletterpflanzen oft gebunden sind, und gestatten Sie der Pflanze, sich von einem Regal oder einem Vitrinenschrank herunterzuschlängeln. Topfpflanzen eignen sich auch gut dazu, auf einer Kommode, einem Sideboard oder dem Wohnzimmertisch Höhe in ein Arrangement zu bringen. Sollten Sie erwägen, eine Topfpflanze ein bisschen weiter in die Zimmermitte zu stellen, wo nicht allzu viel Tageslicht hinkommt, verwenden Sie eine Pflanze, die für Nordfenster geeignet ist. In Badezimmer-Umgebungen passen tropische Pflanzen, die es gerne sehr feucht haben. Welche Arten dort genau infrage kommen, hängt auch davon ab, ob Ihr Badezimmer Tageslicht hat oder nicht.

Tricks, mit denen sich Höhenunterschiede schaffen lassen

- Blumentische
- Kleine Bänke
- Sockel
- Alte Telefontischchen
- Übertöpfe mit Fuß
- Regale und Konsolen
- Hängende Blumenampeln
- Pflanzenwände
- An der Wand befestigte Ampeln
- Pflanzengardinen
- Wandvasen (also sich nach oben rankende Pflanzen)

Luftreiniger

Holen Sie sich ruhig Topfpflanzen ins Haus, die die Luft reinigen. Efeutute, Bogenhanf und Friedenslilien sind günstige, gute Pflanzen, die Schadstoffe wie Benzol und Formaldehyd aus der Luft filtern. Man bräuchte zwar angeblich sehr viele davon, um einen messbaren Effekt zu erzielen, aber ich finde immer: lieber ein bisschen als gar nichts.

Kaufen Sie Pflanzen, von denen Sie leicht Ableger nehmen können. Auf diese Art investieren Sie nicht nur in eine einzelne Topfpflanze, sondern können die Kosten für viele zukünftige Pflanzen sparen. Falls Sie sie nicht alle selbst behalten möchten, können Sie die Triebe eintauschen und mithilfe von Tauschhandel Ihren Pflanzenbestand langfristig abwechslungsreicher gestalten.

Evakuieren Sie Ihre Pflanzen, wenn Sie renovieren
Früher hieß es immer, dass es wichtig sei, seine Topfpflanzen ein paar Wochen zu evakuieren, wenn man zum Beispiel die Wände neu strich, tapezierte oder den Boden verlegte. Pflanzen können nämlich empfindlich auf starke Gerüche und Chemikalien reagieren. Natürlich möchte man hoffen, dass die Auflagen für Gift- und Partikelemissionen im Hausinneren durch frische Wandfarbe, Tapetenkleister und Bodenbehandlungsmittel im Laufe der Zeit strenger geworden sind. Doch sollten Sie um eine Pflanze besonders Angst haben, wäre es vielleicht besser, auf Nummer sicher zu gehen und sie irgendwo anders unterzubringen, bis nach der Renovierung die gesamte Wohnung gründlich ausgelüftet ist.

Teppiche und ihre Maße

Einrichtungsexperten und Raumausstatter behaupten, dass ein Teppich die fünfte Wand im Zimmer sei – das ist doch ein spannender Gedanke, oder? Vor allem für Leute, die ihre Wände nicht streichen oder tapezieren möchten. Welche Farbe, Form und nicht zuletzt Größe man für seinen Teppich auswählt, kann einen großen Unterschied ausmachen. Und wenn einem nicht ganz geheuer damit ist, eine permanente Veränderung in der Wohnung vorzunehmen, ist es vielleicht einfacher, einen gemusterten, bunten Teppich auszurollen.

Der Fehler, den ich am häufigsten beobachten kann, ist der, dass sich viele Leute Teppiche aussuchen, die im Verhältnis zu ihren Möbeln zu klein sind. Manche Haushalte besitzen nicht einmal Teppiche. Meistens aus dem Grund, weil sie so unpraktisch sind, vor allem unter Küchentischen. Den Argumenten dieser Teppichverweigerer entgegne ich immer mit einer Abwandlung der Redensart „Es gibt kein schlechtes Wetter, es gibt nur schlechte Kleidung", und beharre darauf, dass es immer einen passenden, praktischen Teppich gibt, man muss nur die richtige Qualität finden. Falls Sie Angst haben, dass sich unter dem Küchentisch Essensreste festsetzen, dürfen Sie das Schicksal eben nicht mit einem langflorigen Teppich herausfordern, sondern sollten ein von Natur aus robusteres Modell aus leichter Wolle verwenden. Aber den Boden völlig nackt zu lassen, ist selten eine gute Idee.

Normalerweise empfiehlt man auch, dass die Form des Teppichs sich an der Form der Möbel orientieren soll, die darauf stehen. Sonst entsteht ein visuelles Ungleichgewicht. Ein runder Esstisch passt oft am besten auf einen runden oder quadratischen Teppich, während ein rechteckiger oder ovaler Esstisch am besten auf einen länglichen Teppich passt. Im Wohnzimmer geht es mehr darum, welche Bereiche Sie schaffen wollen, aber es ist eine gute Grundregel, dass der Teppich „seine" Sitzgruppe am besten immer komplett umfassen sollte.

Doch welche Maße soll man nun verwenden? Das wird vor allem von der Größe des Zimmers und den Maßen der Möbel bestimmt. Empfohlen werden mindestens 20 bis 45 Zentimeter vom Teppichrand bis zur Wand.

Die Größe des Raumes

Der Teppich darf nicht zu klein sein, darf aber auch nicht die gesamte Bodenfläche einnehmen oder ein Zimmer ganz an sich reißen – es sei denn, es ist eine bewusste Wahl, um einen langweiligen oder verschlissenen Boden zu verbergen. Eine gute Richtschnur kann lauten: kleinere Teppiche für kleine Zimmer, größere Teppiche für große Zimmer.

Die Maße der Möbel

Die Größe des Teppichs richtet sich nach den Dimensionen der Möbel, die auf ihm stehen sollen. Eine Grundregel lautet, dass der Teppich nicht weniger als die Länge des Sofas oder des Esstischs abdecken soll. Am Esstisch gibt man gerne noch ein bisschen dazu, damit auch noch ein herausgezogener Stuhl auf dem Teppich steht. Es sollten mindestens alle vier Tischbeine Platz auf dem Teppich finden, sonst läuft man Gefahr, dass der Tisch ins Wackeln kommt, weil die Beine verschieden hoch stehen – zwei auf dem Teppich, zwei auf dem Boden. Manchmal macht einem ein kleines Zimmer einen Strich durch die Rechnung, aber dann muss man eben den größtmöglichen Teppich für seine Voraussetzungen kaufen.

Am besten ist es natürlich, sich seinen Teppich nach Maß zu bestellen.

Küche und Esszimmer

Hier sollten möglichst der Esstisch und sämtliche Stühle Platz auf dem Teppich haben – und zwar nicht nur, wenn man seinen Stuhl nah an den Tisch geschoben hat, sondern auch, wenn man ihn zurückgeschoben hat, um sich hinzusetzen. Normalerweise gibt man 60 bis 70 Zentimeter zur Größe der Tischplatte hinzu, um einen ausreichend großen Teppich zu erhalten, aber sicherheitshalber sollten Sie noch einmal die Tiefe der Stühle nachmessen und austesten, wie viel Teppichmaterial Sie benötigen, damit alle vier Beine innerhalb des Teppichrands bleiben, wenn die Stühle zurückgeschoben sind.

Rechteckige Tische

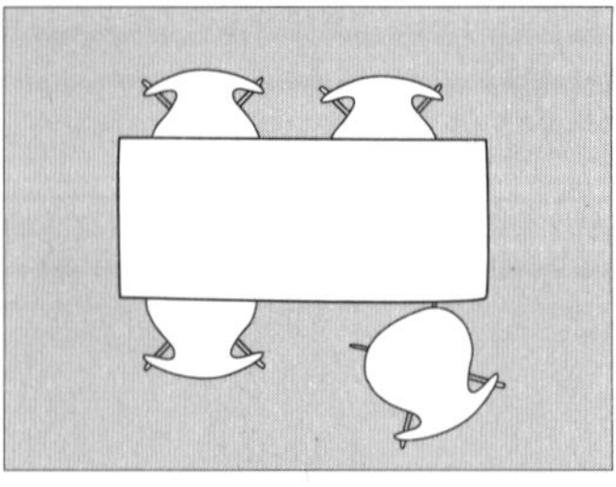

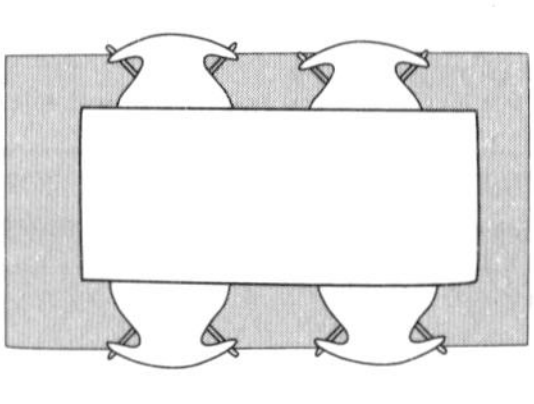

Wenn Sie an der Teppichgröße sparen, riskieren Sie, dass die halbe Sitzgruppe außerhalb landet, was für Ungleichgewicht und wackelnde Stuhlbeine sorgt. Außerdem laufen Sie Gefahr, dass die Stuhlbeine an der Teppichkante hängen bleiben, wenn Sie sich hingesetzt haben und näher an den Tisch heranrücken möchten.

Teppiche und Esstische

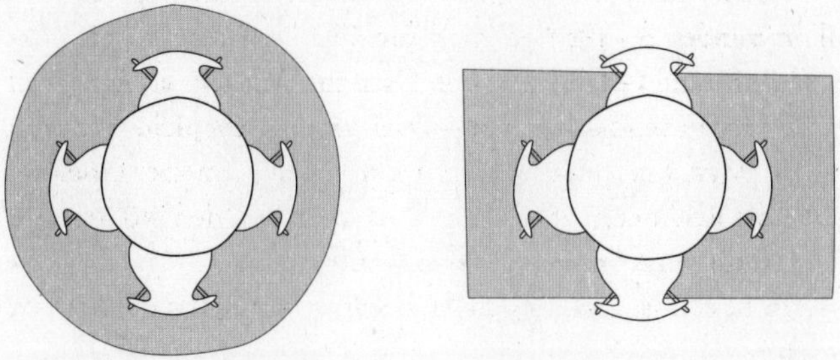

Denken Sie an die radiale Balance. Zu runden Tischen passen runde Teppiche meistens am besten.

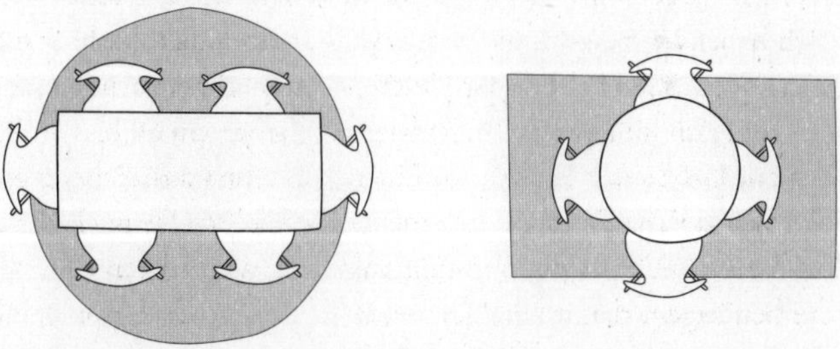

Die Kombination von rechteckigen Tischen und runden Teppichen sollte man vermeiden, ebenso rechteckige Teppiche und runde Tische.

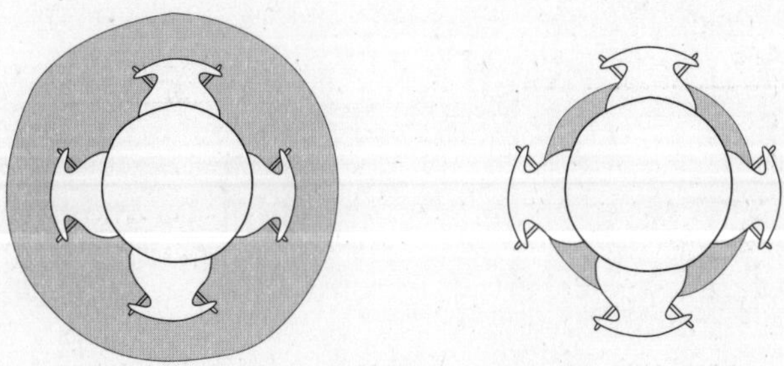

Rechnen Sie 60–70 Zentimeter zur Außenkante der Tischplatte hinzu, sodass auch hervorgezogene Stühle noch auf dem Teppich stehen.

Wenn Sie die Maße Ihres Teppichs berechnen wollen, vergessen Sie nicht, auch eventuelle Türen zu berücksichtigen, die ins Zimmerinnere aufgehen; Zimmertüren und Türen an TV-Möbeln und niedrigen Vitrinenschränken. Das gilt besonders, falls Sie auf einen Teppich mit dickem Flor spekulieren. Dieser wäre einer flach über den Boden aufgehenden Tür schnell im Weg.

Wohnzimmer

Im Wohnzimmer geht man normalerweise von der dort vorhandenen Sitzgruppe aus und lässt sie über die Größe des Teppichs entscheiden. Für gewöhnlich heißt es, dass ein Teppich möglichst nicht kürzer sein sollte, als das Sofa lang ist, weil der Teppich den Möbeln keine Basis gibt, wenn er kleiner ist als die Möbelstücke, die er einrahmen soll. Am besten sollte er an den Seiten ein klein wenig überstehen. Stehen Ihre Möbel mitten im Zimmer, sollte der Teppich alle Sitzmöbel der Gruppe umschließen. Steht Ihr Sofa an einer Wand, kann es ausreichen, wenn die vorderen Beine des Sofas auf dem Teppich stehen.

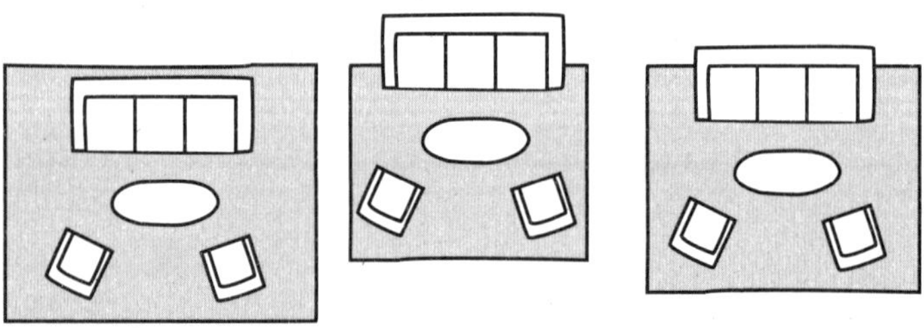

Entweder lassen Sie ein Drittel der Möbelgruppe auf dem Teppich stehen (zum Beispiel die vorderen Beine des Sofas) oder Sie lassen ein Drittel des Sofas (zum Beispiel die hinteren Beine) hinten über den Teppich herausragen.

Schlafzimmer

Suchen Sie einen Teppich aus, der im Verhältnis zum Zimmer und zu Ihrem Bett wohlproportioniert wirkt. Wenn man ein großes Schlafzimmer oder breitere Durchgänge neben dem Bett hat, kann man sich vielleicht einen größeren Teppich als Basis leisten, aber man könnte auch an die Drittel-Regel denken, und oft möchte man Teppiche, die zur Breite des Bettes passen. In einem kleineren Schlafzimmer nimmt man nicht so sehr Rücksicht auf die Ausmaße des Bettes, sondern eher auf die Größe des gesamten Zimmers und auf die übrige Möblierung, wenn man einen Teppich mit harmonischen Proportionen sucht.

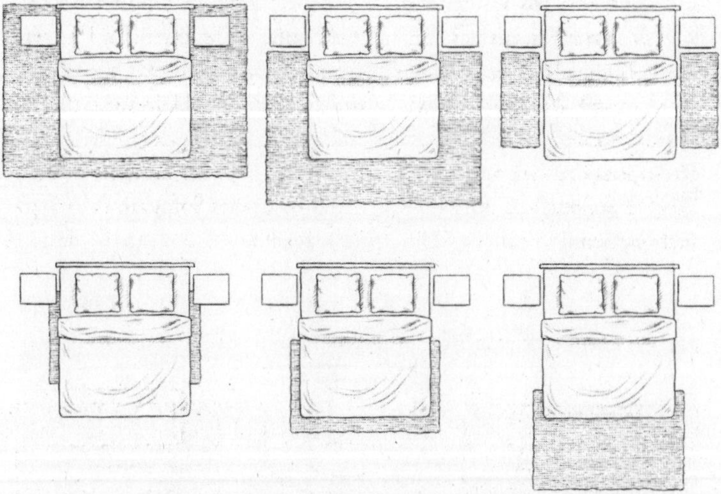

Raumausstatter empfehlen normalerweise, dass man entweder einen größeren Teppich wählt, der rechts und links jeweils 60–70 Zentimeter über die Bettkante herausragt, sodass er auch noch unter die Nachttische passt, oder zwei kürzere Läufer zu beiden Seiten des Doppelbetts. Auf diese Art halten Sie den empfohlenen, frei begehbaren Raum neben dem Bett frei und müssen die Füße morgens beim Aufstehen nicht auf den kalten Boden setzen. Außerdem schaffen Sie damit einen visuellen Anker für das große Möbelstück Bett. Meiden Sie einen Teppich, der unter dem Bett verschwindet, oder ein Modell, das nur unter dem Fußende herausragt.

Wenn Sie finden, dass es mit dem Papiertrick nicht so gut funktioniert, können Sie die verschiedenen Abmessungen von Teppichen und Möbeln zusammen ausprobieren, indem Sie die Umrisse mit Klebeband auf dem Boden markieren.

Flur

Der Flur ist oft der meistbegangene Bereich der Wohnung, deswegen ist es wichtig, hier eine Teppichqualität zu wählen, die eine gewisse Strapazierfähigkeit aufweist. Da der Flur aber oft nur begrenzt Raum bietet und viele Türen von ihm abgehen, empfiehlt man hier für gewöhnlich gerade, längliche Teppiche, die keinen allzu langen Flor haben und ein gewisses Maß an Schmutz und Sand gut aufnehmen. Es kann auch praktisch sein, wenn sich der Flurteppich umdrehen lässt, weil er ja nur zu schnell Flecken bekommt. Vermeiden Sie im Flur Fransen, denn die gehen schnell kaputt, wenn man jeden Tag drauftritt. Verwenden Sie stattdessen einen Teppich mit festen Kanten.

Badezimmer

Die für Ihr Badezimmer passende Teppichgröße hängt ein bisschen von Größe und Form des Zimmers ab, aber auch davon, wo die festen Möbel platziert sind. Doch da man normalerweise eine Durchgangsbreite von mindestens 70 Zentimetern im Badezimmer empfiehlt, wird auch bei der Standardgröße für Badezimmerteppiche davon ausgegangen. Denken Sie an die Proportionen und berücksichtigen Sie den Raum als Ganzes, wenn Sie Ihren Teppich kaufen. Wenn Sie unschlüssig sind, lautet mein bester Rat, dass Sie den Teppich vors Waschbecken legen, denn hier steht man am häufigsten.

Schöne Teppiche verleihen einem langweiligen Boden Charakter.

Elsa Billgren

Mehr über Teppiche

- Sie können Ihren Teppich nach Maß bestellen oder auch eine maßgeschneiderte Lösung in der gewünschten Form für die Voraussetzungen Ihrer Wohnung bekommen, indem Sie einen neuen oder alten Teppich kürzen und dann ketteln lassen.
- Haben Sie sich in einen hochflorigen Teppich verliebt, der ein bisschen zu klein ist, oder finden Sie keinen Teppich, der die erforderliche Größe hat? Dann greifen Sie zum Zwillingstrick: Kaufen Sie einfach zwei Exemplare und kleben Sie sie an der Unterseite mit Silbertape zusammen. Oder legen Sie einen Gleitschutz darunter, damit sie nicht verrutschen können.
- Handgeknüpfte Teppiche können verschieden aussehen, je nachdem, ob die Faser in Richtung Fenster zeigt oder umgekehrt. Falls Sie mit der Farbe nicht zufrieden sind, drehen Sie den Teppich einfach um 180 Grad!
- Hat Ihr Teppich hässliche Druckstellen bekommen? Feuchten Sie ein Handtuch mit lauwarmem Wasser an und betupfen Sie die zusammengedrückten Fasern oder bearbeiten Sie die Oberfläche mit heißem Dampf. Sie können die Oberfläche auch vorsichtig mit einer grobzinkigen Bürste kämmen.
- Sonneneinstrahlung und Verschleiß können das Aussehen des Teppichs beeinträchtigen. Denken Sie daran, die Teppiche jedes Jahr einmal umzudrehen, damit sie gleichmäßig ausgebleicht und abgenutzt werden.
- Teppiche können helle Flecken auf Holzböden hinterlassen, weil sie das Tageslicht blockieren, sodass das Holz nicht gleichmäßig nachdunkelt. Schieben Sie die Teppiche ab und zu beiseite oder rollen Sie sie zusammen, damit auch der Boden unter dem Teppich seinen Anteil an Sonneneinstrahlung abbekommt.
- Wenn man Fußbodenheizung hat, sollte man handgetuftete Teppiche lieber vermeiden, denn es besteht die Gefahr, dass die Wärme den Kleber an der Unterseite des Teppichs so aufheizt, dass er sich löst und der Teppich kaputtgeht.
- Denken Sie an den Kontrasteffekt. Hellere Teppiche heben dunklere Möbel hervor und umgekehrt.
- Anti-Rutsch-Matten halten dünne Teppiche dort, wo sie liegen sollen.

Eine Vasengarderobe aufbauen

Wie viele und welche Art Vasen sollte man eigentlich besitzen?

Mein bester Tipp lautet: Zunächst sollten Sie am besten von den Schnittblumen ausgehen, die Sie richtig gerne mögen und am häufigsten kaufen. Nichtsdestoweniger glaube ich, dass es wichtig ist, Vasen für die gängigsten Formen von Blumensträußen zu Hause zu haben, denn man kann ja auch mal einen Strauß zum Geburtstag bekommen oder wenn man Gäste eingeladen hat, und dann wäre es doch furchtbar traurig, so einen schönen Strauß in eine unvorteilhafte Vase zu stecken.

Wenn Sie von einigen der häufigsten Blumenstraußformen ausgehen – Höhe, Breite und Wasserbedarf –, können Sie in Ihren Schränken besser Inventur machen und sehen, welche Vasen Sie eventuell noch kaufen sollten.

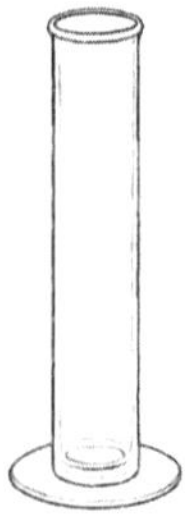

Hohe Vase mit schmaler Öffnung

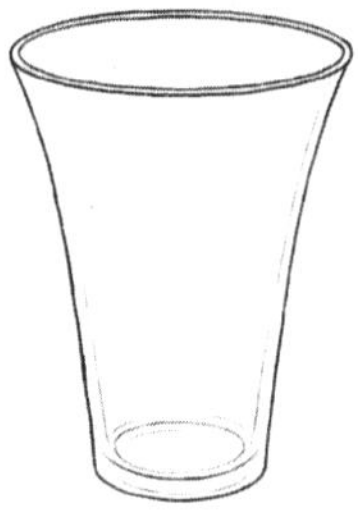

Kübelvase

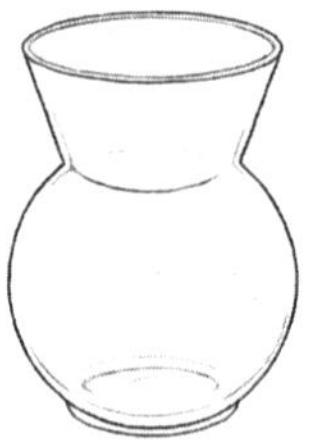

Taillierte Vase mit großer Öffnung

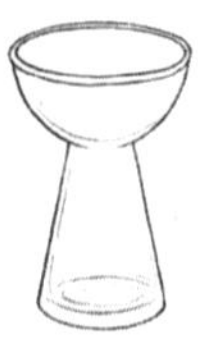

Zwiebelvase

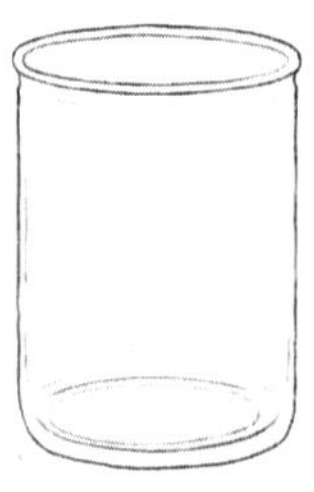

Zylindervase

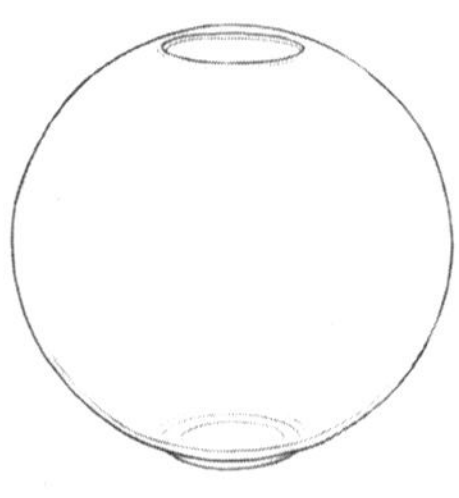

Kugelvase mit schmaler Öffnung

Eine einzelne Schnittblume

Einzelne Blumen brauchen Vasen mit schmaler Öffnung, die einen einzelnen Stängel halten können, ohne dass dieser den Halt verliert oder abknickt.

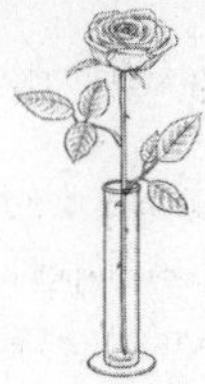

In der Mitte gebundene und große Sträuße

Klassische Bouquets, die in der Mitte zusammengebunden werden, zum Beispiel Tulpensträuße, oder moderne, üppigere Riesensträuße, brauchen eine Vase, die zum einen die Stängel stützt, gleichzeitig aber dem Blattwerk oben genug Platz zur Entfaltung lässt.

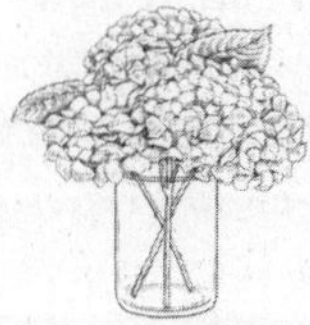

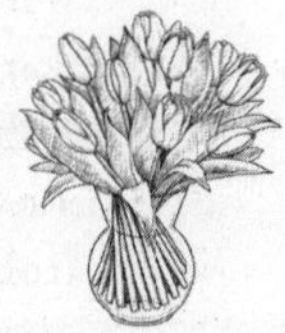

Langstielige Schnittblumen und Zweige

Schnittblumen mit langen Stängeln, zum Beispiel Rosen- oder Liliensträuße, benötigen meistens eine leicht kübelförmige Vase mit einem gewissen Gewicht, damit sie fest stehen und nicht kippen. Lange Zweige, wie Kirsch- oder Magnolienblüten, brauchen eine Vase mit schmaler Öffnung, damit die Form des Arrangements erhalten bleibt.

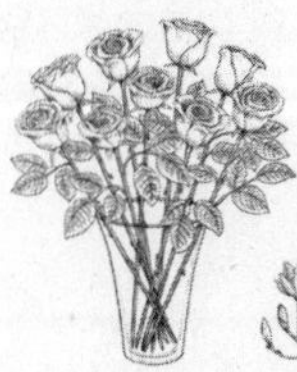

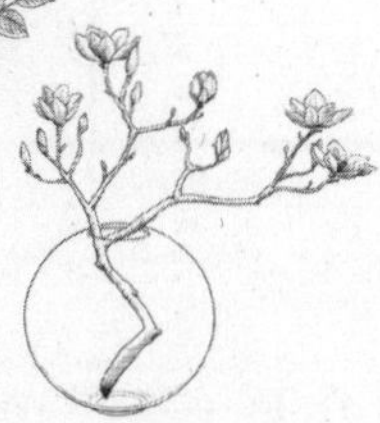

Knollen und Zwiebeln

Für Knollen oder Blumenzwiebeln, die nicht so viel Wasser benötigen, sind spezielle Hyazinthen- oder Amaryllisvasen in Sanduhrform ratsam, die Zwiebel und Wurzeln vom Wasser trennen.

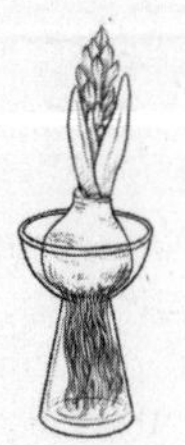

Sichtschutz

Viele moderne Häuser haben große Panoramafenster und Glasflächen, die vom Boden bis zur Decke reichen, stehen aber gleichzeitig sehr nahe an anderen Grundstücken oder Häusern. Deswegen hat man häufig das Problem, dass einem Passanten oder Nachbarn in die Wohnung schauen können. Abgesehen von Gardinen und Schirmen gibt es noch andere clevere Maßnahmen, um diesem Problem abzuhelfen. Wer ein eigenes Grundstück mit Garten bewohnt, kann sich auch außerhalb des Hauses Sichtschutz aufstellen. Das sorgt im Haus für ein ganz besonderes Gefühl von Abschirmung.

Dünne Stoffgardinen, die Licht durchlassen, aber keine Blicke von außen zulassen.

- Lamellenjalousien
- Raffrollos (die man übrigens auch von unten nach oben montieren kann)
- Lamellenvorhänge
- Rollos
- Holzjalousien
- Fenstergardinen, die nur den unteren Teil der Scheibe bedecken
- Selbstklebender Plastikfilm auf der Scheibe
- Fensterläden
- Frei stehender Sichtschutz auf dem Fensterbrett, wie kleine Wandschirme aus Papier oder Plexiglas
- Fensterregale: Früher montierte man oft ein Regalbrett unter dem Fenstersturz – vielleicht wäre das auch bei einzelnen Fenstern denkbar, bei denen man von draußen zu direkt hineinschauen kann?

Beleuchtungstrick

Lampen, die auf dem Fensterbrett stehen, von oben herabhängende Fensterlampen oder eingelassene Strahler verringern den Einblick, weil sie einen Lichtkegel aufs Fensterbrett richten. Dieser Kegel lenkt die Aufmerksamkeit ein wenig vom beleuchteten Zimmer ab.

Große Zimmerpflanzen

An großen Fenstern ohne Fensterbrett können voluminöse Bodenvasen, üppigere Zimmerpflanzen und Zimmerbäumchen mit großen Blättern das Tageslicht filtern, aber auch vor Einblicken schützen. In Häusern mit Panoramafenstern kann es nötig sein, gruppenweise größere Pflanzen aufzustellen, einen Blumentisch oder eine Blumentreppe, um die Höhe der Pflanzen zu variieren.

Kletterpflanzen

Kletternde und rankende Topfpflanzen können zu einem geschützteren Gefühl in allzu einsehbaren Küchen- oder Badezimmerfenstern beitragen wie zum Beispiel Efeu, Efeutute, Porzellanblume und Silberrebe. Auch klassische Blumenampeln mit einer rankenden Grünpflanze, zum Beispiel Jasmin, können sich ganz wunderbar eignen.

Stillleben auf dem Fensterbrett

Bücherstapel und Dekorationsobjekte auf dem Fensterbrett, zwischen Topfpflanzen und Lampen, versperren den Einblick ein wenig.

Stoffbespannte Rahmen

Kaufen Sie Spannrahmen und befestigen Sie Stoff darin, zum Beispiel Spitze. Auf diese Art erhalten Sie einen mobilen Sichtschutz, den Sie bei Bedarf ans Fenster lehnen oder hängen können.

Möbel

Wenige massive Möbel, die Sie an oder in die Nähe eines großen Panoramafensters stellen, gewähren Sichtschutz, ohne den Lichteinfall zu blockieren. Gut geeignet dafür sind Servierwagen aus Glas und niedrige, frei stellbare Sideboards, die von beiden Seiten schön aussehen.

Sichtschutz außerhalb des Hauses

- Büsche, Hecken, Bäume und andere Pflanzen
- Bretter und Zäune
- Steinmauern
- Spaliere und Wandschirme
- Geflochtene Weiden- oder Bambusmatten
- Blumenkästen in verschiedenen Höhen

Fernseher und Heimelektronik kaschieren

Obwohl die Technik sich ständig weiterentwickelt und verfeinert wird, scheinen sich viele an ihren Fernsehern oder an den großen Lautsprechern, Subwoofern, Heimkinosystemen und Kabeln zu stören. Die Geräte sind oft einfach ein Dorn im Auge. Wie kann man dieses Problem beim Einrichten lösen, wenn man nicht ohne diese Dinge leben mag?

Im Folgenden finden Sie ein paar Tricks, wie Sie es schaffen, dass die Technik in Ihrer Wohnung ein bisschen Verstecken spielt.

Kabelcamouflage

Am allerbesten kann man Kabel verstecken, indem man sie innerhalb der Wand verlaufen lässt. Wenn das nicht möglich ist, sind hohle Bodenleisten die zweitbeste Alternative. Diese kann man als Meterware kaufen und sogar recht passabel streichen, wenn man die richtige Grundierung und Farbe verwendet. Hat man nicht die Möglichkeit, seine Kabel unsichtbar zu verlegen, sollte man welche finden, die sich der Farbe von Wand oder Tapete am besten anpassen. Bei hellen Wänden sollte man nach Möglichkeit weiße Kabel wählen. Bei dunklen Wänden gilt das Gegenteil. Lassen Sie die Kabel nicht hängen, sondern strecken Sie die sichtbaren Kabel und befestigen Sie sie in regelmäßigen Abständen mithilfe spezieller Kabelbefestigungen und mit Clips. Verstecken Sie überschüssiges Kabel, damit es nicht in Knäueln auf dem Boden liegt. Man selbst nimmt es zwar am Ende fast nicht mehr wahr, aber es ist hinderlich beim Putzen, und Kabelsalat am Boden sieht selten besonders hübsch aus.

Verstecken Sie den Fernseher in einer Bilderwand

Fernseher sind oft dunkel, vor allem, wenn sie gerade nicht benutzt werden. Wenn sie dann so ganz allein auf einem Fernsehtisch stehen, wirken sie oft wie ein großes schwarzes Loch im Zimmer. Verstecken Sie den Fernseher, indem Sie eine Bilderwand mit verschiedenen Motiven dahinter hängen, dann kann er ein bisschen mit diesem Hintergrund verschmelzen.

Schwächen Sie den Kontrast durch eine farbige Wand ab

Eine andere Methode, mit der sich das schwarze Loch eines ausgeschalteten Fernsehers, große schwarze Lautsprecher und störende Surroundsysteme besser verbergen lassen, besteht darin, die Wand in einer dunkleren Farbe zu streichen. Je geringer der Kontrast, desto weniger sieht man die störende Technik.

Fernsehschrank und Bücherregale

Man kann fertige TV-Möbel kaufen, bei denen der Fernseher integriert ist oder in denen er bei Nichtbenutzung versenkt wird, aber vielleicht möchten Sie die Technik ja auch in einem Bücherregal oder einem Schrank montieren, der Ihnen gut gefällt? Auf diese Art ist der Fernseher versteckt, wenn Sie ihn nicht sehen möchten. Denken Sie daran, dass ein Monitor ein Stück nach vorne kommen muss und am besten mit der Vorderkante des Schrankes abschließen sollte, damit alle, die davorsitzen, ihn auch ungehindert sehen können, ohne Türen oder andere Sichthindernisse. Vergewissern Sie sich auch, ob der Schrank gut in der Wand verankert ist, damit das ganze Konstrukt nicht umkippt. Auch sollten die technischen Geräte nicht so viel Wärme abstrahlen, dass sie einen Brand verursachen könnten. Ich habe auch schon Lösungen gesehen, bei denen man einen dünneren Schrank für den Fernseher gebaut hat, mit Türen, die in derselben Farbe gestrichen waren wie die Wand dahinter, sodass das Gerät fast nicht zu sehen war.

Vorhänge

Machen Sie es doch wie im Kino – verstecken Sie die Technik hinter einem Vorhang, wenn sie nicht benutzt wird! Alles, was Sie dafür benötigen, ist eine an der Decke montierte Vorhangschiene mit Vorhängen, die Sie einfach vorziehen können, wenn der Fernseher aus ist.

Küchen- und Badrenovierung light

Was kann man tun, wenn man sich eine optische Veränderung in Küche oder Bad wünscht, ohne gleich die Handwerker zu rufen, die alles rausreißen und neu bauen?

Die Außenflächen renovieren – und zwar in der Lightversion!

Hier kommen meine besten Tricks, um Räume mit an der Wand montierten Möbeln zu modernisieren. Sie funktionieren auch, wenn Sie zur Miete wohnen oder nur sehr wenig verändern möchten. Allerdings müssen Sie in einer Mietwohnung immer zuerst den Vermieter um Erlaubnis fragen!

Küchenrenovierung light

Möchten Sie Ihre Küche ohne größere Eingriffe modernisieren, so gibt es ein paar Tricks.

- Nehmen Sie die Schranktüren ab und geben Sie sie zum Umlackieren oder bemalen Sie sie selbst mit einem guten Farbroller und Holzfarbe.
- Wechseln Sie alle Handgriffe und Beschläge. Die alten können Sie weiterverkaufen oder einem Second-Hand-Geschäft geben.
- Wechseln Sie das Deckenlicht. Nehmen Sie die Plafondlampe oder die Leuchtröhren ab, die in Neubauten meistens standardmäßig eingebaut sind, und montieren Sie stattdessen eine längere Schiene mit Strahlern, mit denen Sie zielgerichtet beleuchten können.
- Überdecken Sie Kacheln, deren Muster oder Farbe Ihnen nicht gefällt, mit speziellem Fliesendekor. Es ist ein bisschen Fummelarbeit, aber wenn man es ordentlich macht, kann es lange halten

und lässt gleich die gesamte Küche besser aussehen. Falls Ihnen der Gedanke von Plastik und Aufklebern nicht so behagt, können Sie auch Fliesen mit spezieller Grundierung und Farbe übermalen. Erkundigen Sie sich im Farbgeschäft, dort kann man Ihnen weiterhelfen.

- Haben Sie keine Möglichkeit, den Küchenschrank umzumalen? Dann können Sie vielleicht eine einzelne Wand in der Küche andersfarbig streichen? Man unterschätzt oft, wie leicht man damit eine Veränderung erzielen kann, auch wenn man keine starken Farben mag. Schon mit einem leichten farblichen Kontrast können Schranktüren und die gesamte Küche völlig anders wirken.
- Kaufen Sie einen Flurteppich, um einen langweiligen Boden zu verstecken. Das ist meistens günstiger, als einen größeren Teppich zu kaufen, aber es ist mindestens genauso wirkungsvoll. Und wenn Sie ein größeres Tischtuch auf den Tisch legen, schaut niemand mehr auf den Boden darunter.
- Regale und offene Regalbretter anzubringen, ist auch eine Methode, den Look der Küche zu verändern. Falls Sie zur Miete wohnen, können Sie vielleicht eine Schranktür aushängen und die Regale im Hängeschrank als offenen Stauraum verwenden. Gehört Ihnen die Wohnung selbst, steht es Ihnen frei, in Fliesen zu bohren, dann können Sie die Hängeschränke abnehmen und irgendwo in der Küche Regalbretter an die Wand hängen.

Badrenovierung light

- Ich kenne kein Badezimmer, dem ein größerer Spiegel über dem Waschbecken nicht guttun würde. Das ist eine günstige Art, mehr Raum in einem tristen Badezimmer zu schaffen.
- Neue Beleuchtung. Wenn es um das Badezimmer geht, ist es natürlich wichtig, die aktuellen Regeln für die IP-Schalter in Feuchträumen zu lesen, bevor Sie eine Lampe wechseln. Aber ansonsten ist es relativ einfach, eine neue Lampe aufzuhängen. Eine neue Deckenlampe kann einen Raum gleich völlig anders beleuchten.

- Viele Menschen, die in Mietwohnungen leben, ärgern sich, wenn das Badezimmer in Farben gehalten ist, die ihnen gar nicht gefallen. Wenn Sie die Farbe stört, können Sie den Trick mit den Fliesenaufklebern auch in Feuchträumen anwenden und einen größeren (einfarbigen) Flickenteppich kaufen, der den Boden bedeckt und den Farbeindruck ein wenig abmildert.
- In Mietwohnungen gibt es manchmal keine Waschbecken mit Unterschrank. Möchten Sie dies ändern, müssen Sie hierzu nichts an die Wand montieren, allerdings brauchen Sie einen Klempner, der Ihnen die Rohre entsprechend umlegt. Heben Sie die alten Rohre aber auf und bauen Sie sie beim Ausziehen wieder ein.
- Oft kann man Haken wechseln, ohne neue Löcher in die Wand zu bohren. Drehen Sie die alten heraus und montieren Sie neue an derselben Stelle.
- Falls Sie die Toilettenschüssel nicht wechseln können, können Sie trotzdem in einen etwas besseren Toilettensitz investieren als den Plastikring, der in vielen Mietwohnungen und Neubauten Standard ist. Es gibt sie in verschiedenen Farben, aus Holz oder Holzimitat, sollten Sie dies vorziehen.
- Richten Sie sich zusätzliche Stauräume ein. Stellen Sie ein kleines Regal ins Bad, um mehr Platz für Dinge zu schaffen (falls eines hineinpasst, ohne dass das Bad zu eng wird). Montieren Sie offene Regalbretter hinter der Toilette. Benutzen Sie die Rückseite der Tür, um Handtücher und Morgenmäntel aufzuhängen, indem Sie oben eine Türgarderobe einhängen, oder hängen Sie eine Leiste mit Haken in vorgebohrte Löcher, um weitere Haken unterzubringen.

> Sind die Fugen verfärbt und hässlich? Mit einem Fugenstift können Sie schnell und einfach alte Fugen in Dusche und Bad auffrischen. Suchen Sie sich einen Stift, dessen Farbe wasserlöslich und giftfrei ist und gleichzeitig ein Anti-Schimmel-Mittel enthält. Bevor Sie das komplette Bad damit bearbeiten, sollten Sie ihn an einer unauffälligen Stelle ausprobieren, zum Beispiel hinter der Badewanne, damit Sie wirklich den richtigen Farbton treffen.

Für Kinder und mit Kindern einrichten

Wenn man Kinder bekommt, bedeutet das oft eine große Umstellung – nicht nur in der Familie, sondern auch im Haus. Selbst wenn man nicht bereit ist, Kompromisse zu schließen, und die Einrichtung so belassen möchte, wie sie immer war (das ist der übliche Ansatz bei frischgebackenen Eltern, die Wert auf schöne Inneneinrichtung legen), endet es meistens doch damit, dass einige Anpassungen vorgenommen werden müssen. Vielleicht nicht sofort, aber spätestens sobald das Kind anfängt zu krabbeln oder gehen lernt. So wie sich der Alltag und die Bedürfnisse verändern, muss man nicht selten neue praktische, manchmal rein sicherheitsbedingte Maßnahmen ergreifen. Außerdem steht man oft vor einer neuen Herausforderung – der Einrichtung eines Kinderzimmers.

Ein Zimmer in ständiger Veränderung

Beginnen wir mit der Feststellung, dass bei einem heranwachsenden Kind nichts konstant bleibt. So wie sich die Gewohnheiten und Abläufe bei jedem neuen Entwicklungssprung ändern, so verändern sich auch die Bedürfnisse und Wünsche. Rechnen Sie also damit, dass das Kinderzimmer im Laufe der Jahre garantiert ein paar Mal angepasst werden muss. Überlegen Sie nicht nur, wie das Zimmer aussehen soll, sondern auch, welche Kindheitserinnerungen Sie Ihrem Kind mitgeben möchten. Mir hat es sehr geholfen, über meine eigenen Vorlieben nachzudenken und darüber, was ich von meinem eigenen Kinderzimmer in Erinnerung habe, zum Beispiel welche Details und Farben ich in mir trage – und was ich an den Zimmern meiner Freunde immer bewundert habe. Das kann Ihnen unerwartet viel Inspiration geben, als Ergänzung zu all den durchgestylt modernen Bildern von Kinderzimmern in Zeitschriften und in den sozialen Medien.

Richten Sie kniend ein

Begeben Sie sich in die Perspektive des Kindes, wenn Sie sein Zimmer einrichten, platzieren Sie Regale, Schubladen und Möbel auf Augenhöhe des Kindes. Wenn Sie verstehen möchten, wie anders ein Kind sein Zimmer sieht, gibt es einen guten Trick: Richten Sie es kniend ein!

Suchen Sie sich Ihre Fokuspunkte

Werden Sie nicht kurzsichtig, wenn Sie das Kinderzimmer einrichten. Man hängt sich leicht an praktischen Details auf, mit all den kleinen Legoteilen und Spielsachen und Büchern, die dort Platz finden sollen – aber vergessen Sie nicht, auch im Kinderzimmer ganz bewusst Fokuspunkte zu suchen. Hier sind drei schnelle Veränderungen, die einen Riesenunterschied ausmachen können:

1) Richten Sie das Zimmer mit einer gemusterten Tapete oder einer farbig gestrichenen Akzentwand ein.
2) Kaufen Sie einen großen, angenehmen Teppich für den Boden, der das Zimmer gleich ganz anders aussehen lässt und auf dem die Großen besser sitzen können, wenn am Boden gespielt wird.
3) Hängen Sie eine schöne große Deckenlampe auf, um einen unmittelbaren Blickfang zu schaffen.

Schaffen Sie auch Platz für Große

Eines bedenkt man vielleicht gar nicht so, bis man selbst Kinder hat (sprich: bis man selbst einen steifen Nacken gekriegt hat, weil man schief und krumm sitzen musste, während man endlose Gute-Nacht-Rituale absolviert oder stundenlang vorgelesen hat): Auch im Zimmer für die Kleinsten muss Platz für Große sein. Viele Kinder mögen nicht ganz allein spielen, also ist ein bequemer Sessel, in den sich ein Elternteil oder ein größeres Geschwisterkind tagsüber, abends oder nachts setzen kann, nicht ganz verkehrt. Möchte das Kind, dass Sie sich beim Schlafen oder beim Zu-Bett-Bringen zu ihm legen, ist es vielleicht die Investition wert, ein breiteres Bett zu kaufen (vielleicht 1,20 Meter statt der üblichen 80 bis 90 Zentimeter). Auf diese Art liegen Sie nicht so gedrängt, und alle können nachts gut schlafen.

Möblieren Sie nicht zu viel

Im Gegensatz zu anderen Zimmern ist es bei einem Kinderzimmer von Vorteil, wenn man an der Wand entlang möbliert, denn das schafft Bodenfläche, auf der Platz zum Spielen ist. Sorgen Sie dafür, dass die Kinder buchstäblich Raum für Spiel und Fantasie haben, und vergessen Sie nicht, auch im Kinderzimmer an den Einrichtungsrhythmus zu denken. Gibt es geplante Leerstellen oder ist alles zugestellt? Vermeiden Sie zu viele Möbel im Zimmer, greifen Sie lieber zu flexiblen Lösungen, die immer wieder an Alter und Spiel des Kindes angepasst werden können.

Kojen und Höhlen

Seien Sie im Kinderzimmer großzügig mit Kuschelecken. Richten Sie ein kleines, gemütliches Zimmer im Zimmer (eine Ecke oder eine Höhle) mit Kissen und weichen Accessoires her, wo das Kind still spielen, lesen oder einfach nur ruhen kann.

Ordnung halten

Helfen Sie Ihrem Kind, selbst Ordnung zu halten, indem Sie ihm schöne Kisten kaufen, die schnell und problemlos Spielsachen, Kleinkram und Lego schlucken – und zwar auf seiner Höhe. Sonst würde Ihr Kind Sie immer brauchen, um sein Zimmer aufzuräumen.

Einrichtungstricks für Eltern

- Benutzen Sie den Tabletttrick! Sie müssen nicht alle schönen Dinge aus Ihrem Zuhause entfernen, um die Sie Angst haben, bloß weil Sie jetzt Kinder bekommen. Stellen Sie sie im ersten Jahr einfach an einen sichereren Ort (sprich: außer Reichweite), entweder immer oder während ihrer wachen Stunden. Als unser erstes Kind zwischen ein und drei Jahre alt war, befand sich die Dekoration unseres Wohnzimmertischs (ein paar Kerzenständer, ein paar kleine Keramikvasen, eine Streichholzschachtel aus Zinn und ein bisschen Kleinkram) immer auf einem Tablett, sodass ich die Sachen ganz rasch beiseitestellen und später wieder hervorholen konnte, wenn unser Sohn eingeschlafen war.
- Machen Sie es sich selbst leicht, indem Sie Ihre Staumöglichkeiten optimieren – nicht nur im Kinderzimmer. Besorgen Sie sich Körbe für Spielsachen in allen Zimmern, in denen sich auch das Kind aufhält. Die Körbe müssen nicht ausdrücklich für Kinder sein. In der Küche ist dieser „Korb" vielleicht eine separate Schublade in Kinderhöhe, im Wohnzimmer ist es vielleicht ein Schemel mit Stauraum unter der Sitzfläche.
- Kaufen Sie Möbel mit abnehmbaren, maschinenwaschbaren Bezügen. Wenn das nicht möglich ist, kaufen Sie einen Überwurf, der dieselbe oder eine ähnliche Farbe hat wie das Sofa, und breiten Sie ihn bei Bedarf zum Schutz darüber.
- Suchen Sie Teppiche aus, auf denen Flecke nicht so schnell sichtbar sind.

- Kleiderroller mit Klebeband eignen sich ideal, um kleine Perlen, feine Glitzerpartikelchen und Bastelmaterial von Tischtuch, Teppich, Polstern und anderen Orten zu entfernen.
- Schützen Sie den Teppich unter dem Küchentisch vor gekleckertem Brei, indem Sie einen durchsichtigen Bodenschutz für Bürostühle darauflegen. Man kann solch einen Schutz auch in Kinderläden kaufen, aber in der Büroabteilung ist er meistens günstiger (und größer).
- Feuchttücher entfernen Farbspuren von gestrichenen Möbeln und Wänden. Auch mit Fensterputzmittel und Spülmittel lässt sich so einiges entfernen.
- Ziehen Sie einen dünnen Strumpf über das Staubsaugermundstück und saugen Sie damit Legosteine hervor, die an schwer zugänglichen Stellen gelandet sind, zwischen Sofakissen oder den Zotteln eines flauschigen Teppichs.

7

Kaufberatung

Gibt es irgendeinen Trick, wie man die langlebige Liebe von der blinden Leidenschaft unterscheiden kann, wenn man Möbel und Accessoires einkauft? Wie vermeidet man Fehlkäufe und investiert stattdessen in Dinge, die länger halten?

Im Laufe der Jahre habe ich eine ganze Menge Nieten gezogen, aber ich habe auch ein paar Tricks gelernt, wie ich die Spreu vom Weizen trennen kann, und nicht zuletzt eine fundiertere Einschätzung, was mich auf lange Sicht teuer und was mich billig kommt.

In diesem Kapitel habe ich ein paar von meinen persönlichen Strategien zusammengestellt sowie ein paar clevere Tipps, die ich von anderen übernommen habe.

Investitionsstrategien für alle, die sich für Inneneinrichtung interessieren

Was dem optischen Verschleiß über die Jahre standhalten wird, ist natürlich eine sehr individuelle Frage, aber ich glaube, man legt die solideren Grundlagen für eine langlebige Liebe und hat bessere Chancen, in gute Stücke zu investieren, wenn man gedanklich folgende Punkte durchgeht, bevor man zuschlägt:

Passform und Komfort

In der Mode spricht man oft davon, wie wichtig es ist, von seinem eigenen Körpertyp auszugehen, damit ein Kleidungsstück (beziehungsweise sein Träger) richtig zur Geltung kommt. Ganz abgesehen von Kleidungsstil oder herrschenden Trends – man möchte schließlich nicht in Schuhen herumlaufen, die mehrere Nummern zu groß sind, und ein BH, der einem in die Haut schneidet, ist auf die Dauer auch nicht bequem. Doch in Einrichtungsfragen ist diese Denkweise überhaupt nicht so selbstverständlich. Da erlebe ich, dass wir vor der Optimallösung oder unseren praktischen Voraussetzungen viel leichter die Augen verschließen und öfter gegen unser besseres Wissen Sachen aussuchen – weil sie trendiger, lustiger, cooler, hübscher, billiger sind oder weil wir uns so wunderbar frei und furchtlos fühlen, wenn wir keine Rücksicht darauf nehmen, ob etwas zu groß, zu klein, zu eng oder zu lang ist.

Wenn Sie anfangen, auf die Passform und den Komfort in Ihrem Zuhause Rücksicht zu nehmen, können Sie sich viele Fehlkäufe und kurzlebige Liebhabereien ersparen. Was passt am besten zu den Voraussetzungen und der Größe des Zimmers? Welches Material eignet sich am besten, wenn Sie überlegen, wozu ein Möbelstück benutzt werden soll?

Klassiker

Auch die Möbel und Accessoires, die heute als Klassiker gelten, waren irgendwann einmal neu und galten in ihrer Zeit als bahnbrechende Newcomer. Im Gegensatz zu anderen vorübergehenden Trends haben diese Stücke ihre Epoche jedoch überlebt und sind Designikonen geworden, obwohl ihre Blütezeit oder ihr Kontext nicht mehr existieren. Ein gemeinsamer Nenner, den ich bei vielen dieser langlebigen Klassiker sehe, ist der, dass sie oft ein Gestaltungslevel besitzen, das heißt, dass sie in ihrer Konstruktion oder ihrem Bau eine unverwechselbare oder qualitativ hochwertige Eigenheit aufweisen.

Falls es Ihnen schwerfällt, solche Aussagen in der Gegenwart zu treffen und sich durch die zeitgenössischen Möbel zu arbeiten, ist es vielleicht sicherer, wenn Sie auf bewährte Karten aus der Vergangenheit setzen und Möbel aus früheren Stilepochen kaufen. In diesem Fall können Sie sich anlesen, welche Stücke wirklich dieses Gestaltungslevel besitzen und einen guten Weiterverkaufswert haben.

Qualität

Die Antiquitäten von morgen werden wohl kaum aus dem Fundus der massenproduzierten Billigkisten von heute kommen, von den Möbeln aus Pressspanplatten, die mit dünnem Furnier überzogen werden, weil ihnen ganz einfach die solide Konstruktion fehlt, die eine Reparatur möglich machen würde. Risse und Schäden sind schwer zu beheben, weil man die Oberfläche nicht schleifen kann. Viele hochmoderne Möbel werden außerdem nur für einen begrenzten Zeitraum verkauft. Deswegen kann man auch keine Ersatzteile oder austauschbaren Elemente nachkaufen, die die Lebenszeit der Möbel noch einmal verlängern könnten, wenn sie zunehmend verschleißen.

Massive Holzmöbel aus handwerklicher Produktion zu kaufen, ist eine Art, wie man in seine Einrichtung investieren kann, denn ihr Wiederverkaufswert ist meistens höher als der von massenproduzierten Möbeln, die aus Halbfabrikaten hergestellt werden.

Worauf kann man das Augenmerk richten, wenn man Qualitätsmöbel sucht, die länger halten sollen? Hier ist ein Leitfaden, der sowohl bei neuen als auch bei gebrauchten Stücken funktioniert – also Details, nach denen Sie sowohl bei nagelneuen als auch älteren Möbeln Ausschau halten können.

Kaufen Sie	**statt**
Massivholz	Furnier, Pressspanplatten
Europäische Hölzer, mit FSC-Siegel	Tropische Hölzer
Holz mit CITES-Siegel	Nichtzertifizierte und/oder seltene Hölzer wie Jacaranda, Palisander
Geölte, geseifte, gewachste Oberfläche	Lackierte Oberfläche
Natürliche oder umweltfreundliche Farbe	Konventionelle Malerfarbe
Pflanzlich gegerbtes Leder	Chromgegerbtes Leder
Abnehmbare, waschbare Bezüge	Feste Bezüge
Umweltfreundliche Textilien wie Leinen, Baumwolle, Wolle	Synthetische Materialien, Plastik
Lyocell (Tencel) oder recycelten Polyester	Neues synthetisches Material

Kosten pro Benutzung

Billige Möbel und Accessoires zu kaufen, ist im Moment des Erwerbs natürlich günstiger, wird langfristig aber extrem teuer. Ich habe mir eine Investitionsstrategie angewöhnt, bei der ich nicht nur auf die unmittelbaren Kosten oder das Preisschild an einem Designklassiker schaue, sondern mir immer einen eigenen Vergleichspreis ausrechne, basierend auf den geschätzten Kosten pro Benutzung, errechnet für die anzunehmende Lebensdauer des Stückes. Wenn Sie den Einkaufspreis umlegen auf

weil
Ist leichter zu reparieren. Altert mit schöner Patina.
Dem europäischen Klima/der Luftfeuchtigkeit hierzulande optimal angepasst. Haltbar. Aus verantwortungsvoller Forstwirtschaft. Zurückzuverfolgen.
Der Verkauf ohne CITES-Zertifikat kann illegal sein.
Wasserabweisend, lässt das Holz jedoch atmen. Ein Kratzer kann geschliffen/repariert werden.
Umweltfreundlicher. Weniger Chemikalien. Schönerer Glanz.
Weniger Schadstoffe und giftige Chemikalien.
Leichter zu pflegen, daher höhere Lebensdauer.
Haltbarer. Weniger Chemikalien bei der Herstellung. Enthält kein Mikroplastik, das am Ende die Natur verschmutzt.
Geringerer CO_2-Ausstoß

die Zahl der Jahre, die ein handwerklich hergestellter, qualitativ hochwertiger Designklassiker wahrscheinlich benutzt werden kann, wird es selten günstiger sein, ein Möbel aus Massenproduktion mit niedrigerem Anschaffungspreis zu kaufen. Denn Letzteres ist vielleicht trendy, besitzt aber keinen echten Wiederverkaufswert und verursacht Ihnen außerdem wahrscheinlich noch Kosten, wenn Sie es am Ende auf der Mülldeponie entsorgen, weil man es nicht reparieren kann.

Es ist wichtig, Holzarten auszusuchen, die in unserem Klima funktionieren. Große Unterschiede zwischen Temperatur und Luftfeuchtigkeit in der natürlichen Umwelt des Holzes und im Klima des Hauses, in dem Sie es aufstellen möchten, können bewirken, dass sich das Holz verzieht oder austrocknet und Risse bekommt.

Transportable Einrichtung

Da wir meistens ein bis mehrere Male in unserem Leben umziehen und sich unser Geschmack in dieser Zeit wahrscheinlich auch ein bisschen verändert, lohnt sich die Überlegung, in welche Möbel und Accessoires wir investieren möchten und mit welchen wir vielleicht noch ein bisschen warten. Was Ihre Entscheidungen lenken soll, können Sie nur selbst wissen, und das wichtigste Element für einen guten Kauf ist immer noch ein gutes Bauchgefühl. Generell ist es aber ein guter Tipp, zu Anfang am meisten Geld in die Dinge zu stecken, die Sie mitnehmen können, also Dinge, die nicht auf Größe oder Form Ihrer jetzigen Wohnung zugeschnitten sind. Das meiste, was nicht an der Wand befestigt ist, in den Kofferraum eines Autos passt und nicht von den Voraussetzungen Ihrer derzeitigen Wohnung abhängt, ist eher eine Investition wert. Kunst, Designlampen, Kerzenleuchter, klassische Vasen, Porzellan, Besteck und Stühle sind Beispiele für Gegenstände, die man sein ganzes Leben lang mitnimmt, vom ersten Studentenzimmer bis ins Altersheim.

Spickzettel für Flohmarktfunde

Es gibt reichlich Gelegenheiten, auf Flohmärkten zu stöbern, aber auch auf Internetbörsen lassen sich schöne Funde machen. Ich finde es toll, sich dort umzuschauen, aber wenn ich in einem Raum voller Sachen stehe oder vor einem leeren Suchfeld auf einer Versteigerungs-App, werde ich schnell betriebsblind. Aus dem Grund habe ich mir den schlauen Trick gewiefter Flohmarkthaie angewöhnt, immer einen Spickzettel im Handy zu haben, auf dem ich laufend notiere, was ich noch brauche oder wonach ich beim nächsten Flohmarktbesuch einmal Ausschau halten möchte.

Ein anderer Trick, den ich von Einrichtungsprofi Elsa Billgren gelernt habe, besteht darin, ausgehend von einem Begriff zu suchen – das kann ein bestimmtes Geschäft sein, ein Mensch, ein Promi oder eine Epoche, deren Stil Ihnen gefällt. Wenn Sie Ihre Augen so auf die richtige Frequenz einstellen, haben Sie die Chance, secondhand zu finden, was Sie suchen. Wenn man auf dem Gebrauchtmarkt einkaufen möchte, muss man ein bisschen umdenken. Wenn man durch Läden streift, haben diese reihenweise dieselben und ähnliche Sachen in den Regalen. Aber je mehr man übt, gebraucht zu kaufen, desto besser wird man, und mit einem Spickzettel in der Hand oder auf dem Handy wird es einfacher, sich zu seinem Flohmarktfund vorzuarbeiten!

Wertsteigerung bei Vintage-Möbeln

Wenn Sie in ältere Möbel investieren möchten, gibt es ein paar Dinge, auf die Sie achten sollten, weil Sie bei verschiedenen Vintage-Objekten sogar zur Wertsteigerung beitragen können.

Provenienz

Dass ein Objekt aus einem bestimmten Kontext stammt oder einer bestimmten Person gehört hat, kann eine potenzielle Wertsteigerung des Objekts bedeuten. Manche Auktionshäuser führen Sammelauktionen durch, wenn staatliche Immobilien renoviert oder abgerissen werden, und manchmal kann man beobachten, wie Gegenstände aus Promi-Wohnungen versteigert werden. Dann sollte man die Dokumentation gut aufheben, die diese Provenienz belegt, damit Sie sie vorlegen können, wenn Sie das Stück wiederverkaufen möchten.

Patina

Wie ein Möbelstück oder Accessoire gealtert ist, kann wertsteigernd wirken, nicht zuletzt, wenn es ein Verschleiß ist, den man nicht mechanisch oder künstlich erzeugen kann. Das nennt sich Patina, und sie wird oft in den Texten der Auktionskataloge genannt.

Prototypen
Bestimmte Schreiner, Künstler und Töpfer fertigen ihre Entwürfe dreidimensional, bevor sie in Produktion gehen, und mit etwas Glück kann man eine Vorlage für ein bekanntes Möbelstück ergattern oder einen einmaligen Prototyp, der nie in Produktion gegangen ist. Solche Objekte bekommt man nicht so leicht, und das schlägt sich im Preis nieder, jetzt, aber auch auf lange Sicht.

Sondermodelle und limitierte Editionen
Begrenzte Auflagen, die zum Beispiel im Zusammenhang mit Jubiläen oder Kooperationen hergestellt wurden, heißen oft Sondermodelle oder limitierte Editionen. Nach einer Weile haben sie meist einen gewissen Sammlerwert, egal ob sie von einem exklusiven Hersteller stammen oder aus den kurzlebigeren Kollektionen von IKEA.

Nummer einer limitierten Auflage
Wenn man Lithografien und Kunstdrucke kauft, ist es wichtig, sich die Nummer anzuschauen. Die Höhe der Auflage beeinflusst die langfristige Wertsteigerung (eine kleine Auflage bedeutet einen höheren Wert), aber auch welche Seriennummer man ergattert hat: Je niedriger die Nummer, desto besser.

The bitterness of poor quality remains long after the sweetness of low price is forgotten.

Benjamin Franklin

Mein Prioritätenprinzip

Im Laufe der Jahre habe ich ein eigenes Prinzip oder Gedankenmodell entwickelt, das mir hilft, mir meine Prioritäten klarzumachen, wenn ich Sachen für meine Wohnung kaufen möchte. Folgendermaßen denke ich und verhalte ich mich, wenn ich Produkte verschiedenster Art betrachte:

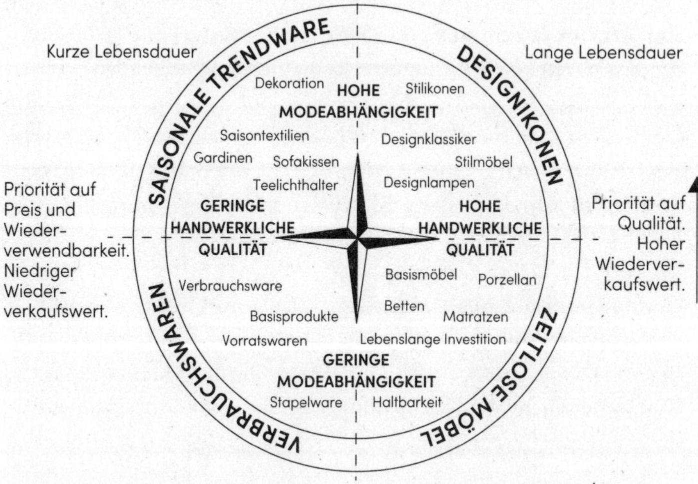

Hohe Modeabhängigkeit + geringe handwerkliche Qualität = kurze Lebensdauer

Das meiste von dem, was mit Ausdrücken wie „die Farbe/das Material/das Must-have des Frühjahrs/des Winters“ umschrieben wird, kann man für gewöhnlich unter Saisontrends einordnen. Diese Gegenstände werden größtenteils in Massenauflage und aus billigem Material industriell gefertigt, was zur Folge hat, dass ihre Qualität schlechter ist, sie wenig Originalität besitzen und oft eine kürzere Lebensdauer und einen niedrigen Wiederverkaufswert haben. Ich vermeide es, größere Möbelstücke mit diesen Eigenschaften zu kaufen, sondern nehme stattdessen lieber kleinere Accessoires aus recycelbaren Materialien oder Secondhandware. Wenn etwa ältere Messingkerzenleuchter gerade im Trend liegen, gibt es ja bereits alte, die man kaufen kann. Und das ist immer besser als solche, die neu produziert wurden und ihre Patina in der Massenfabrikation verpasst bekommen haben.

Hohe Modeabhängigkeit und hohe handwerkliche Qualität = größere Wahrscheinlichkeit einer längeren Lebensdauer
Bei Möbeln und Accessoires, die sowohl eine hohe Modeabhängigkeit als auch eine hohe handwerkliche Qualität haben, besteht die Chance, dass sie ihre Zeit überdauern und einen Secondhandwert haben oder später sogar als Designikonen eingestuft werden. Hier setze ich die Priorität auf Produkte, die aus Materialien mit von Natur aus längerer Lebensdauer hergestellt sind oder mit einem historisch sicheren Wert, zum Beispiel massive Metalle wie Messing und Kupfer oder Handwerksarbeiten wie mundgeblasenes Glas.

Geringe Modeabhängigkeit und geringe handwerkliche Qualität = kurze Lebensdauer
In diese Kategorie sortiere ich Objekte ein, die im Haus ein anonymes Dasein führen oder vielleicht in regelmäßigen Abständen immer wieder ausgetauscht werden müssen, zum Beispiel Verbrauchsmaterial, Vorratswaren, Türmatten, Boxen und Kerzen. Ich lege die Priorität darauf, dass die Dinge aus umweltfreundlichen, haltbaren Materialien hergestellt sind, die nach Benutzung wieder in den Recyclingkreislauf wandern, gegen Pfand zurückgegeben werden oder irgendwie wiederverwertet werden können.

Geringe Modeabhängigkeit und hohe handwerkliche Qualität = größere Wahrscheinlichkeit einer längeren Lebensdauer
In diese Kategorie sortiere ich Dinge ein, die oft eine untergeordnete Rolle in der Einrichtung spielen, aber mit denen man eine Investition auf Lebenszeit tätigt, etwa die Wahl des Bettes oder der Matratze, des Alltagsgeschirrs oder Bestecks. Hier finde ich es weniger wichtig, das Augenmerk auf den Trendgehalt zu richten, denn man möchte schließlich, dass man sich ein Leben lang an diesem Möbelstück oder

dem Accessoire erfreut. Wenn man nach der handwerklichen Qualität geht, haben die Objekte oft auch einen hohen Wiederverkaufswert. Deswegen wäge ich die Parameter in dieser Kategorie sorgfältig gegeneinander ab und setze meine Prioritäten entsprechend. Sogar so etwas Persönliches wie ein Bett kann immer noch einen passablen Wert auf dem Secondhandmarkt erzielen, wenn man in ein handgemachtes Qualitätsbett mit hoher handwerklicher Qualität investiert hat – im Gegensatz zum industriell hergestellten Massenprodukt.

8

Standardmaße und Proportionen

Es ist zwar wunderbar, wenn man sich beim Einrichten seiner Wohnung völlig von Lust und Laune leiten lässt, aber es ist auch wichtig, auf Abstände und Ergonomie zu achten, damit im Alltag keine unnötigen Reibungspunkte entstehen. Im folgenden Abschnitt habe ich Ihnen Zimmer für Zimmer ein paar gängige Empfehlungen und Schlüsselmaße zusammengestellt, die zu kennen hilfreich sein kann.

Ergonomie im Haus

Schweden war schon immer ein Vorreiter, was die Forschung zu Wohnungen und häuslicher Ergonomie angeht. Anfang der Vierzigerjahre wurde hier ein staatlich gefördertes Forschungsinstitut gegründet, das umfassende Studien anstellte und die Konsumenten aufklärte, wie sie einen guten Wohnstandard erzielen konnten. Unter anderem beobachtete man systematisch die Küchenarbeit in schwedischen Wohnungen und machte auf dieser Basis Vorschläge für neue Standards und Baunormen, um die Ergonomie der Haushaltsarbeit zu verbessern.

Aus der Gleichstellungsperspektive hat sich seit der Mitte des letzten Jahrhunderts viel getan. Damals waren viele Frauen noch Hausfrauen und arbeiteten in Umgebungen, die vom ergonomischen Standpunkt aus nicht optimal waren. Die damals entwickelten neuen Baunormen rührten daher, dass man das Zuhause als Arbeitsplatz betrachtete. Dies hat letztlich dazu beigetragen, dass unsere Häuser heute besser durchdacht und sicherer und an die Tätigkeiten angepasst sind, die wir zu Hause ausüben müssen, auch wenn es nicht mehr so häufig vorkommt, dass eine Person sich in Vollzeit um den Haushalt kümmert.

Die Maße, die ich Ihnen im Folgenden gebe, sind eine Mischung aus Baunormen, generellen Richtlinien und teils einfach nur gute Ratschlägen. Man muss nicht millimetergenau einrichten. Was als richtig gilt, kann auch variieren, so wie die Mode. Aber indem wir Platz für unseren Körper schaffen, eine gewisse Ellbogenfreiheit und einen Aktionsradius, um uns in einem Haus zu bewegen, ersparen wir uns oft Störmomente im Alltag. Die Maße sind Empfehlungen und Beispiele, die Ihnen helfen können, wenn Sie eine Wohnung einrichten oder anpassen möchten beziehungsweise wenn Sie etwas einbauen möchten und nicht instinktiv wissen, welche Höhe oder welcher Platz optimal wäre.

Lesetipp: Möchten Sie unbedingt mehr über Baurichtlinien und Standards für Wohngebäude erfahren? Dann schauen Sie doch mal in die Bauentwurfslehre von Ernst und Peter Neufert!

Eine Wohnung aus Papier

Heutzutage gibt es viele digitale Lösungen, eine Skizze von seinem Grundriss zu machen und vor Umzug, Renovierung oder Hausbau verschiedene Einrichtungsalternativen auszuprobieren. Möchten Sie trotzdem lieber mit Papier und Stift arbeiten? Dann drucken Sie sich eine Kopie von Ihrem Grundriss im Maßstab 1:100 aus (den benutzen auch die meisten Baufirmen und Makler bei den Skizzen in ihren Exposés). Schneiden Sie dann Papiermodelle Ihrer Möbel und Accessoires im gleichen Maßstab aus. So können Sie ganz einfach verschiedene Platzierungen ausprobieren, um sich ein Bild zu machen, wo Engstellen entstehen könnten und welche Maße die optimalen Möbel für Ihr Haus haben sollten.

Beim Maßstab von 1:100 entspricht ein Zentimeter auf dem Papier einem Meter in der Realität. Auf einem karierten Block sind die Karos meistens einen halben Zentimeter breit.

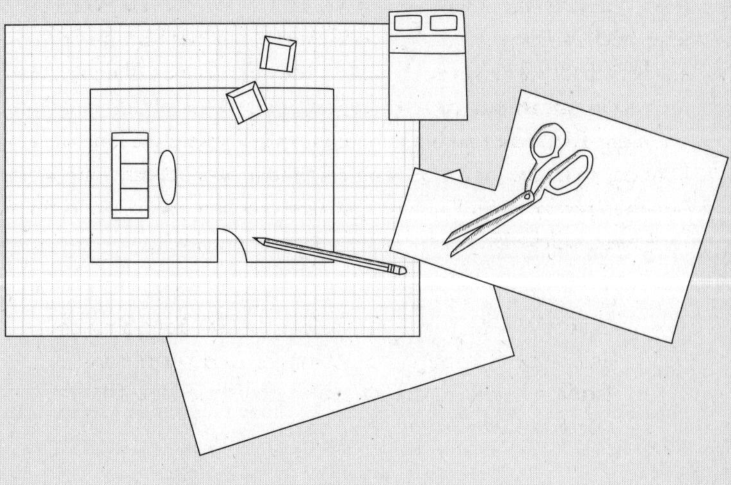

Natürlich kann man geteilter Meinung darüber sein, überhaupt über Standardempfehlungen. Manche finden es albern, sich in etwas so Privatem wie dem eigenen Heim um Richtlinien zu scheren, andere hingegen wissen eine gewisse Richtschnur zu schätzen. Ich finde es interessant, dass wir die Bedeutung der Ergonomie an unserem Arbeitsplatz nicht viel mehr respektieren – dabei verbringen wir doch deutlich mehr Zeit zu Hause als an der Arbeit.

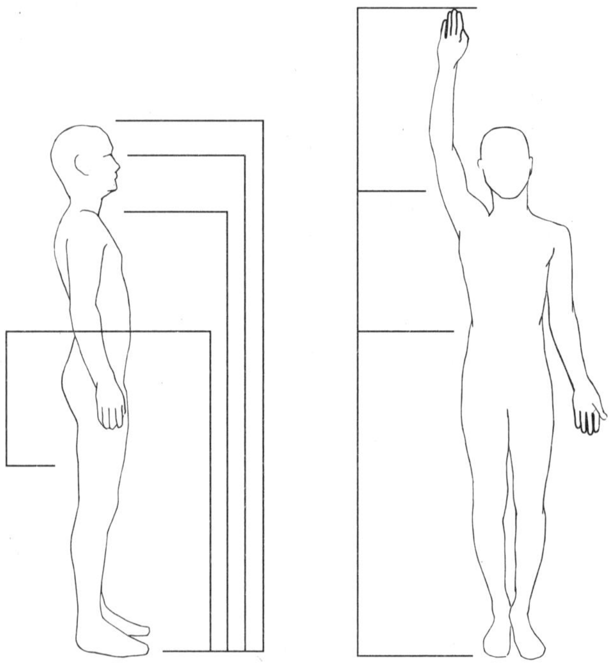

Die Lehre von den Körpermaßen des Menschen nennt sich Anthropometrie. Sie wird vor allem angewendet, wenn man Standardisierungen und Normen erlässt, ist aber auch eine wichtige Inspirationsquelle für Möbeldesigner und Innenarchitekten, damit sie bei ihrer Arbeit eine funktionale, aber auch komfortable Umgebung für den Menschen schaffen.

In der Anthropometrie berücksichtigt man zum Beispiel die Beinlänge und die Spannweite der Arme, um Reichweite, Abstände und Raumbedürfnis beurteilen zu können. Dass es Branchengepflogenheiten und Standardgrößen gibt, die sich auf verschiedene Körperformen beziehen, kommt uns selbstverständlich vor, wenn es sich um Kleidungsstücke dreht, vielleicht weil bei ihnen die Größe grundsätzlich angegeben ist. Bei der Einrichtung eines Hauses ist es allerdings genauso wichtig, dass man für kleine ebenso wie für große Menschen ein funktionales Zuhause bauen kann, ohne unnötige Hindernisse und zu enge Durchgänge.

> **!** Wenn Sie eine Einrichtung planen, vergessen Sie nicht, bei Stücken wie Schränken und Kommoden die variablen Maße mit einzukalkulieren, das heißt, wie viel Platz das Möbel einnimmt, wenn die Türen geöffnet und die Schubladen herausgezogen sind. Ansonsten riskieren Sie, dass Sie die Wohnung unpraktisch möblieren, so dass sie andere Dinge beiseiteräumen müssen, um einen Schrank öffnen zu können. Rechnen Sie immer einen Öffnungsradius vor dem betreffenden Möbelstück ein, dann vergessen Sie auch nicht, ihn ebenso in die Berechnung Ihrer Durchgänge und benachbarter Möbelstücke mit einzubeziehen.

Flur

Entrée, Flur, Eingangshalle, Vorhaus – es gibt ihn mit allen möglichen Namen und Abmessungen. Der gemeinsame Nenner ist jedoch der, dass es der Raum ist, den wir als Erstes betreten, und die Stelle, an der alle vorbeimüssen, wenn sie ins Haus kommen. Ich habe einmal gelesen, dass der Flur „die Schleuse zur Außenwelt" ist. Mit dieser Formulierung im Hinterkopf stufen Sie es vielleicht auch als wichtig ein, dass

Sie hier mehr bieten als eine nichtfunktionale Engstelle. Hängt die Garderobe in der richtigen Höhe? Ist sie groß genug für Jacken und Mäntel? Wie viel Platz braucht man für die eigenen Schuhe und die der Gäste? Hier sind ein paar Tipps für Sie:

- Eine Garderobe montiert man für gewöhnlich in einer Höhe von 1,80 Meter.
- Vergessen Sie nicht, das längste Kleidungsstück zu messen, das in Ihrer Familie getragen wird, bevor Sie ein Schuhregal unter die Garderobe stellen. Längere Mäntel können 1,40 bis 1,60 Meter vom Haken bis zum obersten Regalbrett benötigen.
- Kleiderbügel sind meistens 40 bis 45 Zentimeter breit, und das Kleidungsstück, das man darauf hängt, nimmt noch ein bisschen mehr Platz weg. Wenn man die Jacke herunterzieht, beginnen die Bügel oft zu schaukeln. Lassen Sie also lieber ein bisschen Platz nach hinten, damit die Bügel nicht die Wand hinter der Garderobe zerkratzen.
- Wie viele Jacken passen an die Garderobe? Für eine gefütterte Jacke, die mit dem Bügel an einer Kleiderstange hängen soll, sollten Sie mit circa zehn Zentimeter Stangenlänge rechnen.

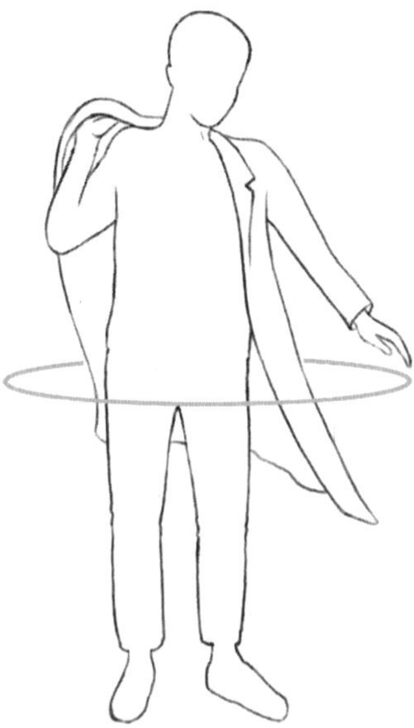

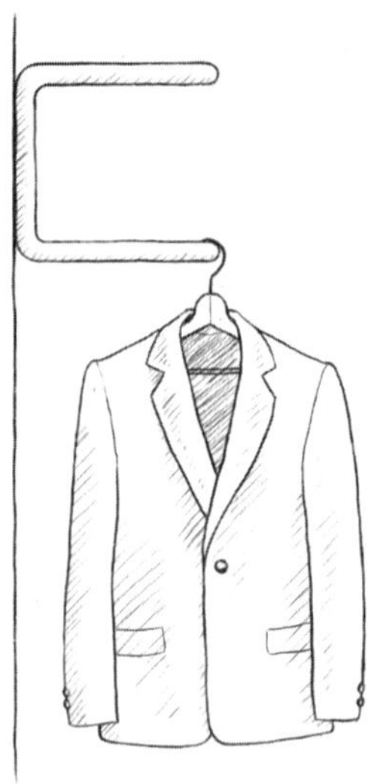

- Rechnen Sie mit circa 30 bis 35 Zentimeter Breite für jeden Hut, Käppi oder Fahrradhelm, der auf der Ablage Platz haben soll.
- Ein Schuhregal braucht mindestens 32 Zentimeter Tiefe, um auch Platz für größere Schuhe zu bieten.
- Eine gute Richtlinie für eine tiefer angebrachte Leiste mit Garderobenhaken sind 90 bis 100 Zentimeter über dem Boden.
- Ein Garderobenschrank ist ungefähr 60 Zentimeter tief. Dieses Maß ist nicht zufällig gewählt, sondern entspricht dem Raum, den das Kleidungsstück einnimmt, wenn es frei hängt (die Breite des Bügels plus die Dicke des Stoffes kalkuliert man normalerweise mit 55 Zentimetern). Für Schränke mit Schiebetüren, die auch noch Platz für voreinander verlaufende Türen benötigen, bedeutet das dann oft eine totale Tiefe von 68 Zentimetern.
- Wenn Sie einen Flur einrichten, ist es wichtig, nicht zu eng zu möblieren, damit noch eine gewisse Bewegungsfreiheit zum Anziehen bleibt. Rechnen Sie mit einem Platzbedarf von circa 90 Zentimetern, wenn sich ein erwachsener Mensch allein eine Jacke anzieht.

Badezimmer

Bei der Renovierung von Feuchträumen und Badezimmern sollte man ohnehin die Hilfe eines Fachmanns in Anspruch nehmen, aber es kann trotzdem praktisch sein, gewisse bewährte Standardmaße zu kennen, wenn man die Einrichtung plant oder loses Inventar dazukauft. Wie hoch hängt man die Stange für den Duschvorhang, und auf welcher Höhe bringt man die Haken für die Handtücher an?

- Die empfohlenen Maße für eine Dusche betragen 80 mal 80 Zentimeter.
- Die Stange für den Duschvorhang wird meistens 2 bis 2,20 Meter hoch gehängt (wobei man sich natürlich auch ein bisschen nach der Deckenhöhe und Länge des Duschvorhangs richten sollte).

- Das Standardmaß eines Duschvorhangs beträgt 1,80 mal 2 oder 1,80 mal 1,80 Meter.
- Der Duschvorhang sollte nicht bis auf den Boden reichen, weil das schnell unhygienisch wird. Er darf aber auch nicht zu hoch hängen, weil der Spritzschutz sonst nicht mehr gewährleistet ist. Vergessen Sie nicht, die Ringe oder Haken ebenfalls in Ihre Berechnung mit einzubeziehen, wenn Sie welche anbringen möchten.
- Der Toilettenpapierrollenhalter befindet sich für gewöhnlich 60 bis 70 Zentimeter über dem Boden.
- Haken für kleinere Handtücher werden meist in einer Höhe von 1 bis 1,20 Meter befestigt, während die Haken für größere Badehandtücher höher angebracht werden müssen, ungefähr bei 1,50 bis 1,60 Meter, denn sie sollen schließlich nicht den Boden berühren, wenn man sie aufhängt.
- Wäschekörbe sind meistens 60 bis 70 Zentimeter hoch.
- Denken Sie an den Radius der Badezimmertür, falls sie nach innen aufgeht – damit Sie dort keine Wäschekörbe oder andere Möbelstücke hinstellen und Engstellen schaffen.
- Normalerweise empfiehlt man im Bad eine Durchgangsbreite von mindestens 70 Zentimetern.

Küche

Überraschend häufig sieht man Küchenkonstruktionen in Neubauten, bei denen überhaupt keine ergonomischen Kenntnisse berücksichtigt worden sind. Schöne, aber hoffnungslos unpraktische Lösungen, bei denen der Herd am einen Ende der Küche steht und die Spüle am anderen. Schrecklich nervig, weil man dann mit dem Topf in der Hand den ganzen Raum durchqueren muss, um das Nudelwasser abzugießen.

Es gibt Baunormen und Standardvorgaben, aber auch ganz allgemein bewährte Empfehlungen, die einem sehr helfen können, wenn man so ein großes, anspruchsvolles Projekt wie die Renovierung einer Küche angehen möchte. Die wichtigste ist wahrscheinlich das Prinzip des Arbeitsdreiecks, das sich so zusammenfassen lässt, dass Herd, Kühlschrank und Spüle nur einen Schritt voneinander entfernt sein sollten. Denn zwischen diesen drei Punkten bewegt man sich am meisten, wenn man in einer Küche arbeitet.

Man könnte ein ganzes Buch ausschließlich über Küchenplanung schreiben, aber ich gebe Ihnen hier lediglich ein paar Maße, die Sie kennen sollten, bevor Sie einen groben Entwurf angehen. Ich empfehle jedoch, dass Sie für alle fest montierten Elemente in Küche und Bad trotzdem einen Experten konsultieren.

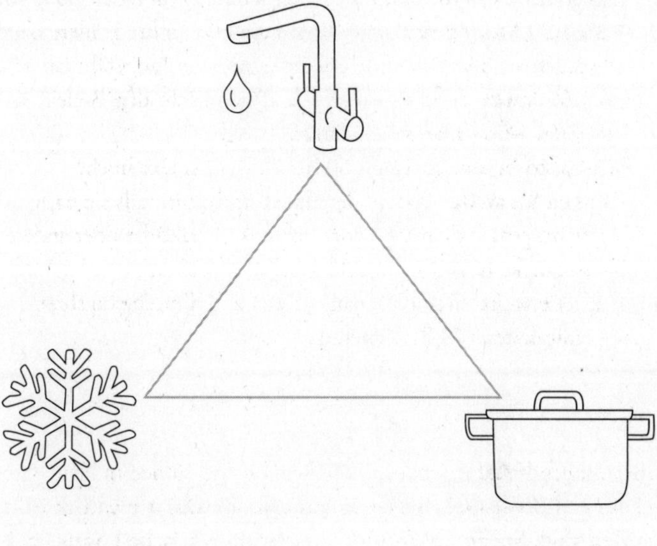

Arbeits- und Abstellflächen

- Die Küche sollte eine 80 bis 120 Zentimeter breite Arbeitsfläche zwischen Spüle und Herd bieten. Das ist eines der wichtigsten Maße, damit sich die Küche nicht eng und unpraktisch anfühlt.
- Die Standardtiefe für die Arbeitsplatte liegt bei 60 Zentimetern. Bei Bedarf und falls Sie die Möglichkeit haben, können Sie auf 70 Zentimeter erhöhen, um eine geräumigere Arbeits- und Abstellfläche zu bekommen.

- Die Standardhöhe einer Arbeitsplatte beträgt 90 Zentimeter. Das bietet eine bequeme Arbeitshaltung für eine mittelgroße Person.
- Der Abstand von der Arbeitsplatte zum Hängeschrank sollte mindestens 50 Zentimeter betragen, sonst läuft man Gefahr, sich beim Zubereiten der Mahlzeiten den Kopf anzuschlagen.
- Es ist immer gut, wenn man bei Kühl- und Gefrierschrank, aber auch beim Ofen eine Abstellfläche hat. Denken Sie daran, dass Sie bei Herd und Ofen eine hitzebeständige Fläche brauchen und dass es gut ist, wenn sich der Kühlschrank zu einer Abstellfläche hin öffnet.
- Planen Sie genügend Ellbogenfreiheit ein. Stellen Sie zum Beispiel den Herd nicht direkt neben die Wand oder einen Schrank – für gewöhnlich empfiehlt man mindestens 20 Zentimeter freie Fläche zu beiden Seiten eines Herdes, damit man bequem daran kochen kann.

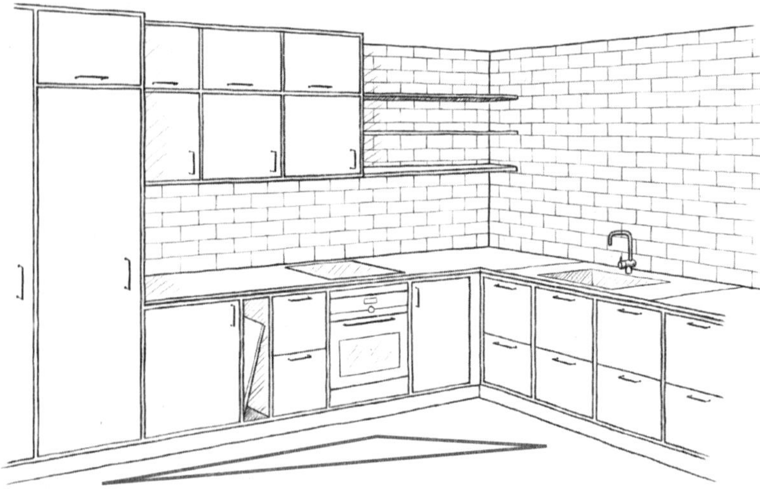

Durchgänge und freie Flächen

- Vor Ofen und Spülmaschine benötigen Sie mindestens 1,20 Meter freien Durchgang, um die Klappe aufmachen und davor stehen zu können. Vermeiden Sie es, die Spülmaschine an eine Stelle zu setzen, an der man häufig vorbeimuss, denn eine Klappe, die offen steht, während man Porzellan ein- oder ausräumt, kann leicht zur Stolperfalle werden.
- Vor normalen Schränken und Schubladen reichen 1,10 Meter freier Durchgang.
- In Küchen, in denen sich zwei Arbeitsflächen gegenüberliegen, funktioniert ein Durchgang von 1,20 Meter Breite, aber meistens sind 1,40 Meter vorzuziehen, damit zwei Leute gleichzeitig in der Küche arbeiten können, ohne sich gegenseitig anzustoßen.

Andere Maße

- Eine gute Grundregel für die Platzierung von Steckdosen in der Küche lautet, dass man normalerweise pro 1,50 Meter Wand eine Doppelsteckdose benötigt. Manche Steckdosen, zum Beispiel für eine Kaffeemaschine, die permanent eingesteckt bleibt, müssen sich in Höhe der Arbeitsplatte befinden, während andere für Küchengeräte, die nur ab und zu verwendet werden, auch unter dem Hängeschrank sein können. Vergessen Sie auch nicht die Steckdose am Boden für den Staubsauger und einen Elektroanschluss an der Decke und am Fenster für die Beleuchtung.

Wenn Sie einen bezogenen Esszimmerstuhl verwenden, muss die Sitzhöhe vom zusammengedrückten Sitzpolster aus gemessen werden. Ist die Polsterung sehr weich, dann sinkt sie stark ein, sobald Sie sich hinsetzen, deswegen ist so ein Stuhl nicht so hoch wie ein fest gepolsterter. Daher muss man von dort messen, wo man tatsächlich sitzt, nicht von der Oberfläche des unberührten Polsters.

Essplatz

Egal, ob der Esstisch in der Küche steht oder in einem separaten Esszimmer – es gibt ein paar wichtige Standardmaße, die man im Hinterkopf behalten sollte, wenn man dafür sorgen möchte, dass man sich bequem hinsetzen und aufstehen, aber auch ohne unnötige Störungen das Essen und die Gesellschaft genießen kann.

- Ein Esszimmerstuhl sollte eine Sitzfläche von 40 mal 50 Zentimetern haben und eine Sitzhöhe von 40 bis 45 Zentimetern.
- Die Tischplatte des Esstischs sollte 72 bis 75 Zentimeter hoch sein. Der Abstand zwischen der unteren Zarge des Tischs bis zum Boden sollte mindestens 63 Zentimeter betragen, damit Stuhl- und Menschenbeine Platz haben und alle bequem sitzen können.
- Denken Sie daran, nicht von der Oberseite der Tischplatte zu messen. Hat der Tisch eine dicke Platte oder eine sehr breite Zarge, läuft man Gefahr, dass er gegen die Oberschenkel drückt und wesentlich weniger Beinfreiheit lässt, deswegen: Messen Sie an der richtigen Stelle!
- Zwischen Stuhlsitz und Tischplatte sollten ungefähr 30 Zentimeter liegen. Die Sitzhöhe kann je nach Hersteller unterschiedlich ausfallen, deswegen messen Sie alle Teile genau nach, bevor Sie Tisch und Stühle von zwei verschiedenen Serien kaufen. Wenn Sie einen älteren Tisch kaufen oder erben, ist es ratsam, seine Maße zu nehmen, damit Sie Stühle mit den richtigen Maßen für diesen Tisch dazukaufen können.

- Ein runder Esstisch für vier bis fünf Personen sollte einen Durchmesser von mindestens 1,10 Meter haben, ein Tisch für sechs Personen mindestens 1,20 Meter und ein Tisch für acht Personen mindestens 1,50 Meter.
- Für wie viele Personen reicht die Tischfläche? Rechnen Sie mit 60 mal 35 Zentimeter pro Person, damit Platz für Teller, Besteck und Gläser ist. Dieses Maß wird nicht von der Breite des Stuhls vorgegeben, sondern vom Bewegungsradius der Arme. Ein rechteckiger Esstisch sollte mindestens 80 Zentimeter breit sein.
- Berechnen Sie unbedingt auch die Platzierung der Tischbeine mit ein, wenn Sie abmessen, wie viele Gäste Sie an einen Esstisch setzen können. Wenn die Tischbeine nämlich anders platziert oder sehr schräg sind, helfen einem die bloßen Außenmaße der Tischplatte nicht viel weiter.
- Lassen Sie zwischen den Essmöbeln und der Wand oder anderen Möbeln einen Abstand von mindestens 70 Zentimetern, damit Sie die Stühle problemlos herausziehen und sich hinsetzen können. Stehen sie neben einer Kommode mit Schubladen, dann denken Sie daran, den Abstand auszumessen, wenn die Schubladen offen sind (insbesondere wenn Sie diese Kommode im Laufe eines Abendessens tatsächlich aufmachen möchten).
- Zwischen Essmöbeln und Arbeitsplatte in einer Küche sollte man ein bisschen mehr Platz zugeben, um einen Öffnungsradius für Schranktüren und Schubladen zu lassen. Rechnen Sie deswegen mit circa 1,20 Meter zwischen der Esstischkante und angrenzenden Schränken.

> **!**
> **Schauen Sie sich Ihren Kauf von allen Seiten an!**
> Wenn Sie sich einen Tisch aussuchen, vergessen Sie nicht, sich auch die Unterseite der Tischplatte anzuschauen. Es ist ärgerlich, wenn man mit Strumpfhosen oder Kleidungsstücken an ungeschliffenen Holzbrettern, hervorstehenden Schrauben oder piksenden Flächen hängen bleibt.

Wohnzimmer

Im Wohnzimmer sollen häufig sowohl Sofa und Sessel Platz haben als auch ein Esstisch mit Stühlen. Für eine funktionale Einrichtung ist es wichtig, den richtigen Abstand zwischen den Möbeln zu lassen, damit man einerseits ungehindert durchgehen, andererseits eine Tasse aus der Hand stellen kann, ohne vom Sofa aufstehen zu müssen. Hier sind ein paar gute Richtlinien, die Sie im Hinterkopf haben sollten, wenn Sie ein Wohnzimmer planen:

- Ein Sofa sollte nicht breiter sein als zwei Drittel der Wand, vor der es steht. Mit einem größeren Modell wirkt der Raum sonst schnell beengt und zugestellt.
- Ein Couchtisch sollte nicht breiter sein als zwei Drittel der totalen Breite des Sofas. Wenn man ein extrem breites Sofa hat, kann es hübscher sein, zwei kleinere Tische dazuzustellen oder drei Satztische in verschiedenen Höhen, die man untereinander schieben kann. So vermeidet man den Eindruck von allzu viel parallelen Linien auf einmal.
- Eine gute Höhe für einen Couchtisch liegt (bei normaler Sofahöhe) bei circa 40 Zentimetern, und es sollten mindestens 30 bis 40 Zentimeter Platz zwischen Sofa und Tisch bleiben, damit man sich problemlos hinsetzen, trotzdem aber noch eine Zeitung aus der Hand legen oder eine Tasse abstellen kann, ohne sich zu sehr strecken oder jedes Mal aufstehen zu müssen.
- Andere Möbel brauchen vielleicht ein bisschen mehr Platz, damit man ungehindert zwischen ihnen hindurchgehen kann. Nehmen Sie 50 bis 60 Zentimeter zwischen den Möbeln als Ausgangspunkt.
- Stellen Sie die Möbel so, dass man sich gut sehen und hören kann, wenn man sitzt. Ein gedachter Radius von zweieinhalb bis drei Metern ist meistens genau richtig. Wenn man weiter voneinander entfernt sitzt, wird es schwer, sich zu unterhalten, und wenn man zu dicht aufeinandersitzt, kann sich das unangenehm nah anfühlen.

- Ein Fußschemel oder Sitzpouf sollte nicht höher sein als das Sofa, am besten etwas niedriger, damit er im Gleichgewicht bleibt und man die Füße bequem darauf legen kann.
- Bücherregale sollten mindestens 30 Zentimeter tief sein, um Platz für normal große Bücher zu bieten, gerne auch 40 Zentimeter, wenn Sie größere Foto- oder Kunstbände unterbringen möchten. Taschenbücher sind oft nicht breiter als elf Zentimeter und passen deswegen auch in Regale mit geringerer Tiefe.
- Vergessen Sie nicht, freien Durchgang vor Balkontüren einzuplanen und die Wege in und aus dem Zimmer freizulassen, wenn Sie es möblieren. Ihre Einrichtung sollte nicht haarscharf mit Zimmer- oder Türöffnungen abschließen. Lassen Sie mindestens zehn Zentimeter vor den Durchgängen frei.
- Die Maße der verschiedenen Modelle von Sofas und Sesseln variieren, aber man sollte mindestens mit 60 Zentimetern Breite für einen Sitzplatz rechnen.

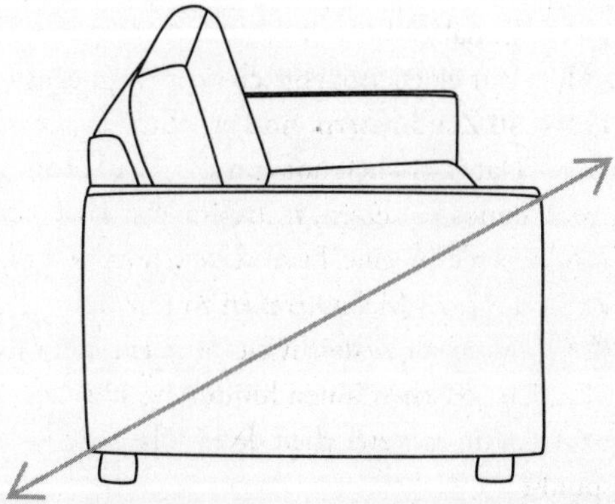

Vergessen Sie nicht, die Innenmaße des Fahrstuhls und die Breite der Türen sowie des Treppenhauses zu messen und sie mit dem diagonalen Durchmesser der Möbel zu vergleichen, bevor Sie größere Möbelstücke wie ein Sofa oder ein Doppelbett bestellen. Falls Sie in einem Haus wohnen, kann es nützlich sein, die Maße der Haustür im Auge zu behalten, aber auch den Wendekreis in Flur und Treppenhaus oder auf anderen möglichen Wegen, über die Sie größere Möbel ins Erdgeschoss oder in ein anderes Geschoss transportieren möchten. Sollte es zu eng sein, um die Möbel über die normalen Zugangswege hineinzutransportieren, gibt es vielleicht ein größeres Fenster oder einen Balkon im Obergeschoss, zu dem Sie sperrige Möbel hochtransportieren und so ins Haus bringen können.

- Denken Sie daran, dass die Glühbirne in einer Lampe mit blendfreiem Schirm so platziert sein muss, dass sie niemand blenden kann, der im Wohnzimmer auf dem Sofa oder den Sesseln sitzt.
- Ein großer Kronleuchter, unter dem Sie noch hindurchgehen möchten, muss mindestens 2 Meter hoch hängen. Wenn es ein Kronleuchter mit Haltern für echte Kerzen ist, muss man vorsichtig sein, wenn man sie anzündet, denn wenn sie zu nah an der Decke sind, verfärben die Kerzen diese, schlimmstenfalls besteht sogar Brandrisiko.

Schlafzimmer

Im Schlafzimmer sind die Maße nicht so wichtig wie in einer Küche, die schließlich funktional sein soll, aber es gibt trotzdem gewisse Richtlinien, die zu kennen ratsam sein kann, wenn man den Raum so harmonisch und praktisch wie möglich gestalten möchte. Wenn es ein Zimmer gibt, in dem man keinen Stress und vorprogrammierte Probleme haben möchte, dann wohl dieses, in dem man sich entspannen und ausruhen möchte.

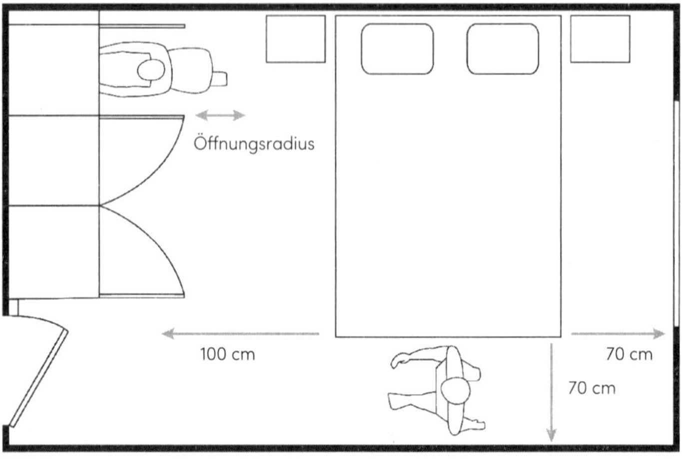

Damit ein Schlafzimmer sich nicht zugestellt anfühlt, sollte das Bett zunächst einmal Abmessungen haben, die zur Größe des Zimmers passen. Ob ein Zimmer für ein Doppel- oder Einzelbett berechnet ist, ist normalerweise nicht schwer zu deuten, wenn man sich anschaut, wie der Architekt einen Neubau geplant hat. Doch für Leute, die renovieren und den Grundriss verändern oder den Verwendungszweck der Zimmer abändern, könnte es eine Überlegung wert sein, an die empfohlene Mindestgröße für ein Schlafzimmer zu denken und daran, wie viel Luft ums Bett herum sein muss, damit man ungehindert hineinsteigen und aufstehen kann. Wo und wie hoch man Lampen, Nachttische und andere Möbel im Verhältnis zum Bett platziert, kann ebenfalls das Gefühl und die Funktion beeinflussen. Ich habe Ihnen im Folgenden ein paar wichtige Standardmaße fürs Schlafzimmer zusammengestellt.

- Betten mit einer Breite von 80 Zentimetern bis 1,40 Meter sind Einzelbetten und für eine Person vorgesehen. Betten mit einer Breite von 1,60 bis 1,80 Meter sind Doppelbetten und für zwei Personen gedacht.
- Der Grundgedanke ist der, dass man zwischen Kopf und Kopfende am besten zehn Zentimeter Luft haben soll, ebenso zehn Zentimeter zwischen den Füßen und dem Fußende des Bettes. Wenn Sie über 1,90 Meter groß sind, empfehlen viele Bettenhersteller daher ein Bett von 2,10 Meter Länge. Die Standardlänge beträgt meistens zwei Meter.
- Die Höhe von Betten variiert ein wenig zwischen den verschiedenen Herstellern und Modellen. Normalerweise heißt es, dass 55 bis 60 Zentimeter eine bequeme Höhe für ein Bett sind, aber wenn Sie gemütlich auf Ihrer Bettkante sitzen möchten, sind 45 bis 50 Zentimeter zweckmäßiger. Kontinentale Betten können manchmal bis zu 75 Zentimeter hoch sein (Matratze und Beine mit eingerechnet), Darauf sollte man achten, wenn man vorhat, die Kinder bei sich schlafen zu lassen, solange sie noch sehr klein sind. Wenn sie nachts nämlich aus dem Bett fallen, ist das eine ziemliche Höhe.

- Wie soll man mit den Lampen neben dem Bett verfahren? Das kommt darauf an, ob Sie oft im Bett lesen oder ob die Lampen vor allem als Hilfsbeleuchtung dienen, bevor man ins Bett steigt. Wenn Sie sowohl im Sitzen als auch im Liegen lesen, wäre eine Lampe gut, die sich in der Höhe und zu den Seiten hin verstellen lässt. Die optimale Platzierung an der Wand verschraubter Lampen wird vom Bettrahmen und von dem Abstand von der Matratze bis zum Boden bestimmt, denn davon hängt ab, wo in sitzender oder liegender Position die Augenhöhe landet. Vermeiden Sie blendendes Licht sowohl für den Lesenden als auch für den, der eventuell danebenliegt und einzuschlafen versucht.
- Normalerweise strebt man an, Betten so zu stellen, dass man neben der Längsseite eine freie Fläche von mindestens 70 Zentimeter Breite hat (Abstand zur nächsten Wand), auf einer Längsseite eines Einzelbetts beziehungsweise zu beiden Seiten eines Doppelbetts. Denken Sie daran, seitlich noch etwas mehr zuzugeben, wenn dort ein Kleiderschrank steht, damit der Öffnungsradius der Türen berücksichtigt ist und sie nicht mit dem Nachttisch kollidieren.
- Die optimale Höhe für einen Nachttisch wird von der totalen Höhe des Betts bestimmt, Beine und Matratze eingerechnet. Das Standardmaß liegt zwischen 50 und 70 Zentimetern.
- Die optimale Höhe einer an der Wand montierten Lampe wird von der Höhe der Matratze bestimmt. Als die Architektin Karin Espinosa Morel 300 Hotelzimmer für ein Architekturbüro in Brüssel zeichnete, fand sie folgende kluge Formel für die optimale Höhe: Messen Sie 20 Zentimeter von der Matratzenfläche nach außen und dann 60 Zentimeter nach oben, und montieren Sie die Lampe dann so, dass die Glühbirne an dieser Stelle landet.

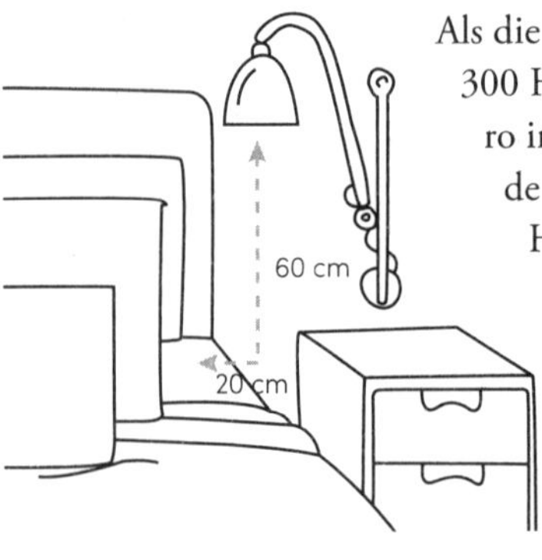

- Wenn Sie die Maße für die Möblierung Ihres Schlafzimmers berechnen, bedenken Sie, dass Bettrahmen und gepolsterte Kopf- oder Fußenden den Abmessungen der Matratze noch ein paar zusätzliche Zentimeter hinzufügen.
- Das Kopfende eines Bettrahmens oder ein freies Kopfende sollte mindestens 20 Zentimeter über die Matratze emporragen, um die Wand zu schützen und die Kopfkissen an Ort und Stelle zu halten.
- Wenn Sie ein eigenes Stockbett bauen, sollte der Abstand zwischen den Betten so groß sein, dass ein Erwachsener sich aufsetzen kann, ohne sich den Kopf anzuschlagen.

Arbeitszimmer

Egal ob Sie studieren oder von zu Hause arbeiten oder Ihr Heimbüro hauptsächlich für Ihr Hobby nutzen – es kann sehr nützlich sein, über die Ergonomie nachzudenken, damit Sie keine Nacken- oder Rückenprobleme bekommen, während Sie stundenlang am Tisch sitzen. Aus eigener Erfahrung kann ich Ihnen auch den Tipp geben, eine Tischplatte für den Schreibtisch zu wählen, die groß genug ist, um sowohl Computer als auch Bücher und Schreibblock unterzubringen, falls Sie Ihre Notizen oder Ihre Kursliteratur in der Nähe brauchen. Hier sind ein paar gute Standardmaße für das Arbeitszimmer.

- Schreibtische sollten eine Tischplatte von 75 mal 120 bis 150 Zentimeter haben, um Platz für Computer und Arbeitsmaterial zu bieten. Aber auch eine Fläche im Anschluss an die Arbeitsfläche, auf der man Hände und Arme aufstützen kann, ist ratsam. Haben Sie vor, einen Computer auf den Tisch zu stellen, so sollte die Tiefe des Schreibtisches mindestens 80 Zentimeter betragen, wenn Sie einen Flachbildschirm aufstellen, und circa einen Meter für einen Rechner mit tieferem Bildschirm.
- Die Arbeitshöhe für einen Schreibtisch liegt normalerweise bei 75 Zentimetern, bei Bildschirmarbeit sollte sie etwas niedriger sein.

Wenn Sie oft viele Gäste zum Essen einladen, könnte es eine gute Idee sein, einen Schreibtisch auszusuchen, dessen Tischplatte genauso breit ist wie Ihr Esstisch, damit Sie ihn bei größeren Festen als zusätzlichen Tisch nutzen können.

- Der Schreibtischstuhl sollt eine Sitzfläche von 40 mal 50 Zentimetern bieten und eine Sitzhöhe von 41 bis 45 Zentimetern haben
- Ein normaler Schreibtischstuhl mit Beinen benötigt circa 70 Zentimeter Radius von der Schreibtischkante aus gemessen. Ein Drehstuhl kommt oft mit einem Radius von 60 Zentimetern aus.
- Ein Drehstuhl mit Rädern benötigt jedoch einen größeren Radius, weil die Rollen auf dem Boden gleiten können. Rechnen Sie für so ein Modell also mit den gleichen Maßen wie für einen festen Schreibtischstuhl, damit das Aufstehen und Hinsetzen nicht so umständlich werden.
- Eventuelle Armlehnen am Schreibtischstuhl sollten leicht höhen- und seitenverstellbar und gegebenenfalls leicht abnehmbar sein, sodass man sie an die Person anpassen kann, die auf dem Stuhl sitzt.
- Unter dem Schreibtisch sollte genügend Platz für Beine und Knie sein. Vermeiden Sie breite Zargen, einen Fuß in der Mitte oder Dokumentenschränke, die Ihren Beinen im Weg sein könnten.

Waschkeller

Damit die Arbeit im Waschkeller problemlos laufen kann, gibt es bestimmte Maße, nicht zuletzt für das lose Inventar. Verkleinern Sie den Arbeitsraum vor Maschinen mit Frontlader nicht mit herumstehenden Wäschekörben oder riesigen Papierkörben, die Sie jedes Mal wegschieben müssen, wenn Sie die Maschinen befüllen oder leeren möchten, und vermeiden Sie es, den Raum enger zu machen als nötig. Im Folgenden finden Sie ein paar Richtlinien, die Ihnen bei der Planung Ihres Waschkellers helfen können.

- Vor jeder Maschine und jedem Schrank ist eine Arbeitsfläche erforderlich. Eine gute Daumenregel sind 1,50 mal 1,50 Meter.
- Der Abstand zwischen der Unterkante der Luke zum Boden sollte mindestens 50, eher 75 Zentimeter betragen, damit sich die schwere, nasse Wäsche bequem einfüllen oder herausholen lässt.
- Denken Sie an den Öffnungsradius von Schranktüren, wenn Sie einen Frontlader kaufen, aber auch an den Radius der Tür, die in den Waschkeller führt, damit Sie sie auch dann problemlos aufmachen können, wenn sich jemand bei geschlossener Tür im Raum aufhält.

9

Planen Sie Ihr eigenes Einrichtungsprojekt

Wenn man inspirierende Bilder und Schnipsel sammelt, um eine Collage zu schaffen, die das gewünschte Endergebnis visualisiert, bezeichnet man das als Moodboard. Das kann so aussehen, dass man ein paar Fotos zusammenträgt, die einem gefallen, um davon ausgehend einen Plan zu machen. Ich glaube allerdings, dass die meisten, die so etwas schon ausprobiert haben, sich irgendwann auch einmal verfahren haben. Es ist gar nicht so leicht, wie es vielleicht aussieht, am Ende etwas Verwendbares aus den hübschen, aber oftmals chaotisch zusammengewürfelten Bildern und Ideen zu machen, von denen man fasziniert ist. In diesem Kapitel finden Sie verschiedene Tipps und Überlegungen, die Ihnen den Planungsprozess erleichtern können und zum Gelingen Ihres Moodboards beitragen.

Das Moodboard

Professionelle Einrichtungsberater erstellen immer ein Moodboard, bevor sie mit einem Projekt loslegen. Zweck der Sache ist zum einen der, verschiedene Ideen auszutesten und so lange zu experimentieren, bis man ein gutes Konzept gefunden hat – aber auch, um das Gefühl und den Stil zu verdeutlichen, den man in seinem Projekt für andere verwirklichen möchte, vielleicht einen privaten Kunden oder Auftraggeber. Ein Moodboard nützt also nicht nur Ihnen selbst im Planungsprozess, sondern ist auch super, wenn Sie andere Personen (Familienmitglieder, Handwerker oder Fachverkäufer) in Ihre Pläne einweihen möchten. Indem Sie deutlich visualisieren, wie Sie sich das Ganze vorstellen, machen Sie es anderen leichter, Ihnen Ratschläge zu machen und zu helfen.

> Falls Sie Ihr Moodboard in physische Form gebracht haben, kann es einfacher sein, ein Foto davon im Handy dabeizuhaben. So müssen Sie nicht immer die ganze Tafel durch die Gegend schleppen. Auf diese Art haben Sie außerdem Ihre Ideen immer zur Hand in Situationen, in denen Sie spontan etwas finden und selbst die Erinnerung auffrischen müssen, um Fehlkäufe zu vermeiden.

Die Trichter-Technik

Moodboards lassen sich in verschiedenen Phasen eines Einrichtungs- oder Bauprojekts anlegen. In der Frühphase sind sie normalerweise noch abstrakt und drehen sich mehr um Gefühle und eine grobe Grundidee, weniger um konkrete Vorstellungen und detaillierte Vorschläge. Je näher der Abschluss der Arbeit rückt, umso konkreter werden sie meistens, dann werden sie fast schon zu Einkaufslisten.

Wenn man ein Haus einrichten möchte, das bereits gebaut ist, oder einen einzelnen Raum in einer bestehenden Wohnung, hat man mehrere vorgegebene Voraussetzungen, mit denen man arbeiten muss, aber es gibt auch Fingerzeige im Exterieur, die einem weiterhelfen können (Stilepoche, Materialwahl, Farben der Fassade und der Nachbarhäuser) – das hilft, sich von den abstrakteren Gedanken zu lösen, und dann kommt man schneller weiter und arbeitet detaillierter an der Visualisierung.

Je nachdem, in welcher Phase Ihres Projekts Sie stecken oder wie sicher Sie sich Ihres eigenen Stils sind, können Sie den Prozess wie einen Trichter sehen, durch den Sie das filtern, was für Sie das Wichtigste ist. Sind Sie sich nicht sicher, müssen Sie vielleicht zu Anfang mehr Zeit investieren, um Ordnung in die abstrakten Gedanken und Visionen Ihrer zukünftigen Behausung zu bringen – sind Sie sich über die Voraussetzungen jedoch schon im Klaren, wird ein Moodboard eher als eine Art Einkaufsliste in Form von Bildern fungieren.

Tortenstücke

Beginnen Sie mit der Überlegung, wie Ihr Zimmer benutzt werden wird. Gehen Sie ruhig von dem Frageformular im Kapitel über die Bedürfnisanalyse aus. Wie sieht das Leben dort aus, wie möchten Sie es gerne haben? Bei manchen ist es selbstverständlich, auf welchen Funktionen die Priorität liegen wird, bei anderen ist es ein bisschen schwieriger.

Machen Sie ein Kreisdiagramm und zeichnen Sie die Aktivitäten, die im Zimmer stattfinden sollen, als verschieden große Tortenstücke ein. Überlegen Sie, wie viele Stunden pro Tag oder pro Woche auf die jeweilige Aktivität verwendet werden, oder gewichten Sie die Größe der Tortenstücke nach dem Aspekt, was sich für Sie am wichtigsten anfühlt. Auf diese Art können Sie sich leichter eine Übersicht verschaffen und auf dieser Basis Ihre Prioritäten bestimmen und die Bedürfnisse verstehen, die die neue Einrichtung bedienen muss.

Elemente eines Moodboards

Gibt es irgendein Universalrezept für ein Moodboard? Nein. Das macht jeder anders. Manchen fällt es leichter, das Endergebnis in der Fantasie vor sich zu sehen, während andere viel mehr Hilfe brauchen. Ich habe ein paar Elemente aufgeführt, die meist gut geeignet sind, aber nicht alles ist ein Muss. Sie entscheiden, was Sie brauchen.

1. Gefühl/Zielvorstellung

Versuchen Sie, deutliche Zielvorstellungen des Lebensstils und des gewünschten Feelings zu visualisieren. Wenn Sie das Wohnzimmer verändern möchten, wäre es vielleicht angebracht, darüber nachzudenken, wie Sie es gerne benutzen würden, wenn es einmal fertig ist. Stellen Sie sich einen Abend mit Gesellschaftsspielen am Kamin vor? Wünschen Sie sich gemütliche Filmabende mit der Familie auf einem bequemen Sofa? Oder träumen Sie vielleicht von wunderschönen Festen mit vielen Gästen und Platz für einen großen Esstisch? Suchen Sie nach Fotos und Bildern, die das Gefühl und die Aktivitäten symbolisieren, die Sie sich in Ihrem Endergebnis wünschen.

Erst wenn Sie Ihre Bedürfnisse umrissen und Ihre Zielvorstellungen formuliert haben, wird es Zeit, dort anzupacken, wo die meisten beginnen, nämlich mit der Recherchephase.

Gehen Sie auf die Jagd nach inspirierenden Bildern. Seien Sie nach allen Seiten offen und heben Sie alles auf, von hübschen Zimmern zu geschickten Lösungen und hübschen Farben oder Details, bei denen Ihr Herz ein bisschen höher schlägt. Abgesehen von Zeitschriften, Katalogen und Broschüren ist das Internet eine unschlagbare Quelle der Inspiration – aber genau deswegen müssen Sie sich eben auch über Ihre Bedürfnisse und Ihre Zielvorstellungen im Klaren sein, bevor Sie etwas überstürzen. Denn in dieser Phase passiert es einem nur zu leicht, dass man in die Irre läuft.

Gleichzeitig muss es auch erlaubt sein, das zu tun, vorübergehend jedenfalls. Die Überlegung ist ja gerade die, dass Sie experimentieren und Ihren Geschmack erforschen sollen, um festzustellen, was Sie wollen. Also rechnen Sie damit, dass Ihre Gedanken ein paar zusätzliche Runden drehen werden, bevor Sie zum Kern dessen vorgestoßen sind, was Sie wirklich wollen und mögen.

2. Exterieur

Gibt es irgendetwas in der Architektur des Hauses oder im Exterieur, was Ihrem Einrichtungsprojekt weiterhelfen kann? Eine Fassadenfarbe, ein Material, eine Stilepoche oder eine Geschichte, die Ihnen als Ausgangspunkt dienen kann?

3. Stilistische Schlüsselhinweise

Wenn Sie lange genug Fotos von eingerichteten Wohnungen angeschaut haben, wird sich am Ende herauskristallisieren, dass Sie zu einer bestimmten Art von Interieur tendieren. Die Herausforderung liegt dann darin, weiter zu sieben und Dinge zu streichen, um Ihre Vision noch deutlicher hervortreten zu lassen.

- Seien Sie ehrlich: Was mögen Sie am liebsten und welche Ideen haben Sie im Grunde nur aufbewahrt, weil Sie vielleicht jemand anders beeindrucken wollten? Entfernen Sie alles, was sich nicht hundertprozentig nach Ihnen selbst anfühlt.
- Was ist (mit ein bisschen Fantasie, Ausdauer und Prioritäten) durchführbar – und was ist unerreichbar, auch wenn Sie sich wirklich ins Zeug legen? Es gibt keinen Grund, Bilder von Dingen aufzubewahren, die Ihnen nur auf die Stimmung drücken, weil sie tatsächlich unmöglich umzusetzen sind.
- Seien Sie (ein bisschen) rational. Was passt in Ihre jetzige Lebenssituation und was wird in den nächsten Jahren schnell unpraktisch werden? Ich glaube, dass viel Frust in dieser Situation daher stammt, dass wir im Vergleich zu unserem Alltag oft unrealistische Visionen haben. Auch wenn es schrecklich traurig und bodenlos öde ist, seine Träume immer gleich auf den Boden der Realität zurückzuholen, glaube ich, dass wir davon manchmal tatsächlich profitieren können – um nett zu uns selbst zu sein. Das Leben besteht aus verschiedenen Phasen. Wovon Sie träumen, funktioniert vielleicht im Moment noch nicht – aufgrund Ihrer finanziellen Lage, weil die Kinder noch zu klein sind, weil Sie zu weit pendeln müssen oder irgendetwas anderes, was Ihre schönen Pläne einfach sabotieren würde. Es ist in diesem Fall besser, die Tatsachen anzuerkennen und die Gedanken fallen zu lassen, statt dagegen anzukämpfen. Arbeiten Sie mit Ihren eigenen Voraussetzungen und nicht dagegen.

Wenn Sie die Auswahl Ihrer Bilder und Impressionen reduziert haben, fällt es leichter, ihren Inhalt zu dechiffrieren. Warum sind Sie an genau diesem Foto hängen geblieben? Welche Elemente in den Bildern bilden Ihren Stil? Was sind die Schlüsselelemente Ihres Stils, die Sie brauchen, um etwas Ähnliches in Ihrem Zuhause zu kreieren? Sie können Hinweise finden, indem Sie nach dem gemeinsamen Nenner suchen, der auf den Fotos immer wiederkehrt:

- Möbelwahl und tonangebende Accessoires
- Deutliche Silhouetten/Formen (zum Beispiel drapierte oder schlichte Textilien)
- Details wie Bilderwände oder einzelne Kunstwerke
- Beleuchtung und Lampen, die Stimmung und Stil schaffen
- Teppiche und Böden
- Pflanzen (üppige oder schlichte)
- Feeling (zum Beispiel Bohemien oder minimalistisch)
- Farbspektrum (warm oder kalt)

Fällt es Ihnen schwer, die Bilder zu deuten? Gehen Sie das Bildmaterial durch und schreiben Sie Stichwörter auf. Machen Sie eine Liste der Dinge, an denen Sie hängen geblieben sind, und setzen Sie ein Häkchen, sobald Sie noch eines sehen. Deutlicher als so können Sie es gar nicht machen.

4. Vorhandenes Mobiliar

Ich glaube, viele machen bei ihren Moodboards den Fehler, dass sie ihr bereits vorhandenes Mobiliar nicht berücksichtigen. Es kommt schließlich selten vor, dass man für ein Zimmer wirklich alles neu kauft, und es ist weder ein besonders realistischer noch machbarer Plan, wenn man nur ein Moodboard mit den neuen Dingen anlegt, die man dem Bestand hinzufügen will.

Wenn Sie Ihr Zuhause farbiger gestalten möchten, ist es viel besser, von Ihren Erbstücken oder Accessoires auszugehen, mit denen Sie schon lange leben und die Sie niemals ausrangieren möchten. Dann fällt es Ihnen zum einen leichter, Ihre neuen und alten Dinge miteinander zu vereinen, zum andern landen Sie bei einer Farbpalette, die höchstwahrscheinlich über Jahre halten wird, weil sie nicht auf einem Saisontrend basiert, sondern auf Dingen, die Ihnen wirklich am Herzen liegen.

Um ältere Möbel oder Accessoires in Ihr Moodboard zu integrieren, können Sie nach Fotos im Netz suchen, die den Sachen ähneln, die Sie bereits besitzen (ein Tipp: Schauen Sie sich auf den Seiten von Auktionshäusern um), oder machen Sie schlichte Fotos mit dem Handy und drucken Sie sie aus, damit Sie nicht vergessen, Ihre alten Möbel in den Prozess mit einzubeziehen.

5. Die Farbpalette

Der nächste Schritt besteht darin, sich zu überlegen, mit welchen Farben Sie sich am wohlsten fühlen. Rufen Sie sich ruhig noch einmal den Abschnitt über Sinneseindrücke und Empfindlichkeit auf S. 19 ins Gedächtnis. Spielen Sie mit verschiedenen Farbkombinationen, bis Sie eine finden, die sich für Sie richtig anfühlt. Auf diese Art erarbeiten Sie, welche Farben oder welche Farbpalette die endgültige Einrichtung haben soll.

6. Die Materialpalette

Mit welchen Materialien möchten Sie arbeiten? Die einführenden Fragen im Kapitel über Stilanalyse können Ihnen vielleicht ein paar Hinweise geben, aber versuchen Sie zu definieren, welche Materialien Sie in erster Linie in Ihrem Zuhause haben möchten. Mögen Sie lieber helles oder dunkles Holz? Ziehen Sie warme oder kalte Metalle vor (Chrom, Silber, Zinn, Messing oder Kupfer)? Mögen Sie natürliche Materialien mit Patina oder pulverlackierte, geschlossene Flächen? Zu einem physischen Moodboard kann man sich oft Proben von Bodenbelägen, Naturstein und Leisten von Herstellern oder Händlern besorgen lassen. Die Entscheidung über das Material wird Ihnen auf dem weiteren Weg viele andere Entscheidungen erleichtern, von den Möbeln bis zu kleinen Beschlägen und Griffen.

7. Die Textilpalette

Verschiedene Texturen sind wichtig, wenn sich ein Zuhause gemütlich anfühlen soll. Textilien eignen sich prima, um für Abwechslung zu sorgen, deswegen könnten Sie auf Ihrem Moodboard auch darüber nachdenken, welche Arten von Textilien Sie in Ihrem Zimmer oder Ihrer

Wohnung integrieren möchten. Mögen Sie Samt und schweren Brokat oder leichten Voilestoff und kühle Leinenlaken? Suchen Sie Bilder oder sammeln Sie richtige Stoffproben von dem, was Sie gerne in Ihr Interieur einbringen möchten.

8. Sinnlichkeit

Nur zu leicht bleiben wir bei einem Einrichtungsprojekt an dem hängen, was die Augen sehen. Aber wie soll der Raum empfunden werden? Denken Sie an alle Sinne. Wie soll es sich anfühlen, diese Einrichtung anzufassen? Wie soll es im Haus oder in diesem einen Raum duften und warum? Welche Geräuschkulisse und Akustik sind Ihnen wichtig? Haben Sie irgendwelche Kindheitserinnerungen oder Assoziationen, die Sie wecken möchten?

Making nice is not enough.

Lotta Agaton

Schlusswort

Einrichtung ist toll, aber sie kann auch schwierig sein. Es ist eben eine heikle Angelegenheit, weil es dabei so viel um Meinungen und Geschmäcker geht. Einerseits behauptet man oft, dass es keine Regeln gibt. Andererseits wird es meiner Meinung nach im Gespräch mit Einrichtungsberatern und Architekten ziemlich deutlich, dass es doch einen gewissen Konsens im Hinblick auf Proportionen, Komposition und Harmonie gibt. Doch scheint es schwerzufallen, diesen in Worte zu fassen. Ob man nun mit einem Professor spricht oder mit einem Laien – man bekommt selten geradlinige, einfache Antworten.

Mein Anliegen mit diesem Buch war es daher, nach bestem Wissen und Gewissen die vielen verschiedenen, manchmal widersprüchlichen Faustregeln zu vereinfachen und zu erklären, die in der Einrichtungsbranche gängig und bewährt sind.

Außerdem fehlte mir immer der ergonomische Blickwinkel auf die moderne Ästhetik. Eine Inneneinrichtung soll schließlich nicht nur schön anzuschauen sein, sie sollte auch bequem und funktional für den menschlichen Körper sein – doch wie dieses Ziel erreicht werden soll, ist nicht immer ganz klar. Aus diesem Grund habe ich viel Zeit darauf verwendet, verschiedene Empfehlungen von Standardmaßen zu sammeln und aufzugliedern, damit sie einfacher zu verstehen sind – nicht zuletzt für Leute, die an so etwas vielleicht noch nie einen Gedanken verschwendet haben.

Sie brauchen natürlich nicht alle Tipps aus meinem Buch gut zu finden oder anzuwenden. Doch wenn Sie irgendetwas hiervon mitgenommen haben, was Ihnen hilft, sich in Ihrem Zuhause am Ende ein kleines bisschen wohler zu fühlen, dann war mir die ganze harte Arbeit an diesem Buch die Mühe wert. Wie heißt es so schön? There's no place like home.

Viel Glück mit Ihrem Zuhause,
Frida

Quellen und Lesetipps

Albers, Josef. 2013. *Interaction of Color.* Yale University Press

Andersson, Lena. 2016. *Färgsättning inomhus.* 2. Aufl. Ica Bokförlag

Andersson, Thorbjörn u. Edlund, Richard. 2004. *Kataloghuset – Det egna hemmet i byggsats.* Byggförlaget (in Kooperation mit Jönköpings läns museum, Kalmar läns museum u. Smålands museum)

Björk, Cecilia; Nordling, Lars u. Reppen, Laila. 2009. *Så byggdes villan – Svensk villaarkitektur från 1890 till 2010.* Formas

Bodin, Anders; Hidemark, Jacob; Stintzing, Martin u. Nyström, Sven. 2018. *Arkitektens handbok.*

Boverkets byggregler – Föreskrifter och allmänna råd. *2017:5.* 2017. Svensk Byggtjänst

Broström, Ingela; Desmeules, Eric et al. 2007. *Stora boken om inredning – Från möblering och ljussättning till dekoration och fönsterarrangemang.* Infotain & Infobooks

Conran, Terence. 2014. *Einfach entspannt wohnen.* Deutsche Verlags-Anstalt

Edwards, Betty. 2004. *Color. A Course in Mastering the Art of Mixing Colors.* Tarcher/Penguin

Fredlund, Jane u. Bäck, Bertil. 2004. *Moderna antikviteter.* Ordalaget

Fridell Anter, Karin u. Svedmyr, Åke. 2001. *Färgen på huset.* Formas

Fridell Anter, Karin et al. 2014. *Färg & ljus för människan – i rummet.* Svensk Byggtjänst

Gospic, Katarina u. Sjövall, Isabelle. 2016. *Neurodesign – Inredning för hälsa, prestation och välmående.* Langenskiöld

Gudmundsson, Göran. 2006. *Invändig renovering.* Gysinge centrum för byggnadsvård

Gudmundsson, Göran. 2009. *Handbok No. 9, reservdelar till gamla hus.* Gysinge centrum för byggnadsvård

Klarén, U., Fridell Anter, K., Arnkil, H. & Matusiak, B. 2011. *Percifal – Perceptual spatial analysis of colour and light.* https://www.konstfack.se/PageFiles/20012/PERCIFAL-eng.pdf

Kondo, Marie. 2013. *Magic Cleaning. Wie richtiges Aufräumen Ihr Leben verändert.* Rowohlt

Markmann, Erika. 1999. *Zimmerpflanzen-Pflege.* Gräfe & Unzer

Miller, Judith. 2012. *Miller's 20th Century Design.* Mitchell Beazley

Neufert, Ernst u. Neufert, Peter. 2018. *Bauentwurfslehre: Grundlagen, Normen, Vorschriften.* Springer Vieweg

Nylander, Ola. 2002. *Architecture of the Home.* Academy Press

Nylander, Ola. 2018. *Svensk bostadsarkitektur – Utveckling från 1800-tal till 2000-tal.* Studentlitteratur AB

Paulsson, Torsten. 1990. *Färgen i måleriet.* Ica Bokförlag

Piippo, Kai u. Ångström, Emma. 2010. *Ljussätt ditt hem.* Ica Bokförlag

Ridderstrand, Stellan u. Wenander, Vicki. 2018. *Byggnadsvård för lägenheter 1880–1980.* Gård & Torp/Bonnier Fakta

Rybczynski, Witold. 1987. *Home. A Short History of an Idea.* Penguin

Schmitz-Günther, Thomas. 2000. *Lebensräume. Der große Ratgeber für ökologisches Bauen und Wohnen.* Könemann

Snidare, Uuve. 1998. *Leva med färger.* Bonnier Alba

Wahlöö, Anna. 2017. *Att göra en klassiker – En studie av fenomenet moderna möbelklassiker i en samtida svensk kontext.* Symposion

Wei, Lu. 2016. *Andrum – Skapa ett harmoniskt och organiserat hem.* Pagina

Wilhide, Elisabeth. 1998. *Lighting.* Ryland, Peters & Small.

Wänström Lindh, Ulrika. 2018. *Ljusdesign och rumsgestaltning.*

Webseiten

bbgruppen.se/kophjalp/montagehojder/byggnadsvard.se
byggfabriken.se
energimyndigheten.se
ncscolour.com
omboende.se
sekelskifte.se
sis.se/standarder/
smartbelysning.nu
stadsmuseet.stockholm.se
trivselhus.se (Grundriss des Hauses „Fagersta, B031")
viivilla.se

Interviews mit Experten und Beratern

Eva Atle Bjarnestam, Expertin für Designgeschichte und Autorin
Robin Barnholdt, Gebäudekonservator
Hildur Bladh, Farbexpertin
Kelley Carter, Journalist mit Schwerpunkt Einrichtung
Åsa Fjellstad, Lichtexpertin
Louise Klarsten, Farbexpertin bei ColourHouse AB
Karin Lindberg, Tapetenexpertin
Dagny Thurmann-Moe, Farbexperte

Die Vorlagen für die Illustrationen stammen von Ateljé Lyktan, Asplund, Ballingslöv, Br. Krüger, Fritz Hansen, Flos, Gubi, Hay, Iittala, Kay Bojesen Denkmark, Kristina Stark, Louis Poulsen, Pendul, Skruf, Stolab, Swedese, Vola, Örsjö Belysning.

Die Autorin

Frida Ramstedt gehört zu den erfolgreichsten Innendesignern Schwedens und ist weltweit als Innendesignerin, Dozentin und Trendberaterin tätig. Darüber hinaus schreibt sie Skandinaviens ersten und meist gelesenen Innenarchitektur-und-Design-Blog »Trendenser.se«, für den sie 2016 den »The Elle Decoration Award« für »Best Interior Design Blog« erhielt. Frida gehört zu den populärsten Innendesign-Influencern national wie international. Deutschland ist unter den Top 5 Ländern, die Frida auf Pinterest and Facebook folgen.

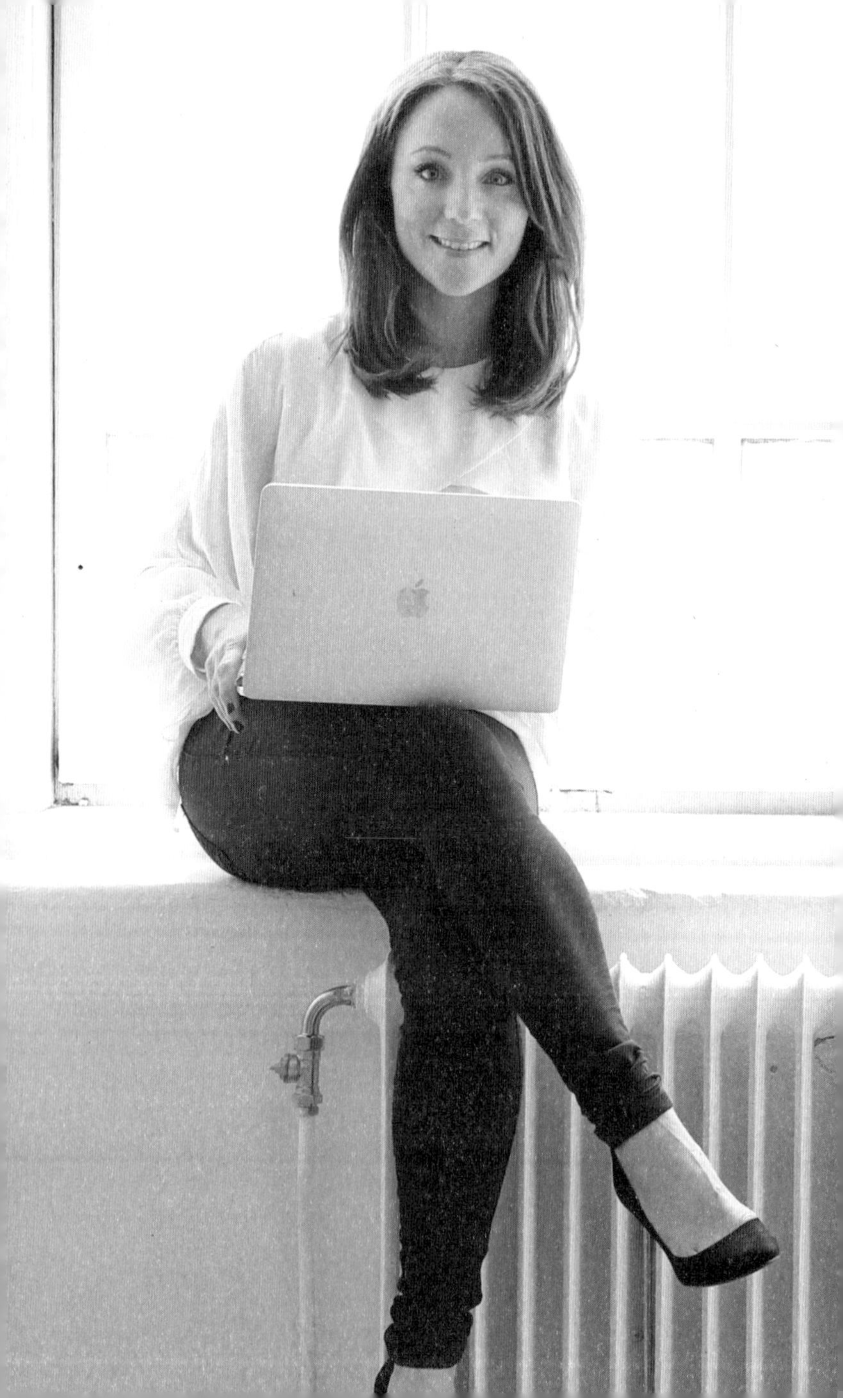

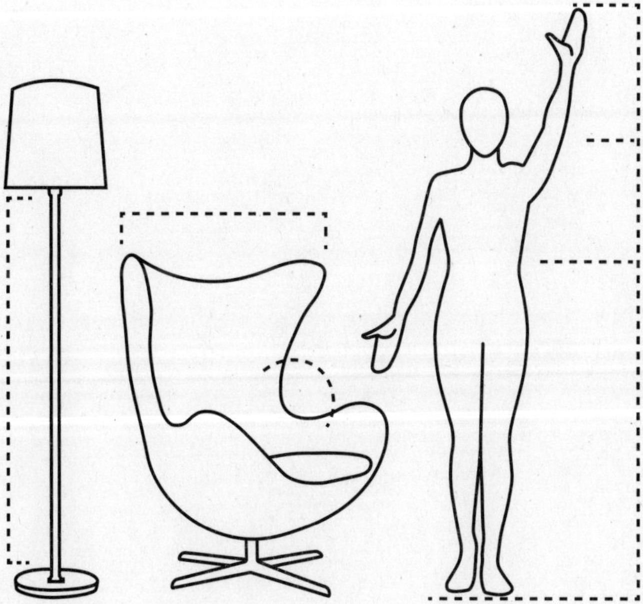